国家宣言丛书

中国方案

CHINA CONCEPTION

张新平 著

辽宁人民出版社

ⓒ 张新平　2019

图书在版编目（CIP）数据

中国方案/张新平著．—沈阳：辽宁人民出版社，2019.5

（国家宣言）

ISBN 978-7-205-09511-6

Ⅰ．①中…　Ⅱ．①张…　Ⅲ．①中国特色社会主义—社会主义建设模式—研究　Ⅳ．①D616

中国版本图书馆CIP数据核字（2019）第000171号

出版发行：辽宁人民出版社
　　　　　地址：沈阳市和平区十一纬路25号　邮编：110003
　　　　　电话：024-23284321（邮　购）024-23284324（发行部）
　　　　　传真：024-23284191（发行部）024-23284304（办公室）
　　　　　http://www.lnpph.com.cn

印　　刷：辽宁新华印务有限公司
幅面尺寸：170mm×240mm
印　　张：14.75
插　　页：2
字　　数：200千字
出版时间：2019年5月第1版
印刷时间：2019年5月第1次印刷
责任编辑：马　辉　董　喃
装帧设计：丁末末
责任校对：刘宝华
书　　号：ISBN 978-7-205-09511-6
定　　价：60.00元

CHINA
CONCEPTION

张新平

  中共党员，兰州大学马克思主义学院院长，教授，法学博士，博士生导师，宝钢优秀教师，享受国务院政府特殊津贴。兼任教育部政治学类教学指导委员会委员，教育部高校思想政治理论课教指委委员，甘肃省高校思政课教指委副主任，全国政治学会理事，全国高校国际政治研究会常务理事，甘肃省科学社会主义学会副会长，甘肃省委理论宣讲团成员，《兰州大学学报》编委，《和平与发展》研究中心特约研究员。主要从事马克思主义理论、政治学、中国对外关系的教学和研究工作。先后在《光明日报》《世界经济与政治》等报刊发表学术论文50余篇；主编《政治学原理新编》《当代中国与世界》等4部教材；主编《马克思主义中国化最新理论成果十题》（十册）；出版《地缘政治视野下的中亚民族关系》《世界各国政治制度概论》《中国廉政史话·人物卷》《中国特色大国外交战略》等著作；主持省部级科研项目8项，校级项目多项。曾获甘肃省高校社科成果二等奖，甘肃省第十一届、十四届优秀社科成果奖，甘肃省高校"优秀思想政治工作者"称号，兰州大学"隆基教学名师"称号，"甘肃省教学名师"称号，"全国高校思想政治理论课教师影响力人物"称号，兰州大学"师德标兵"称号。

国家宣言丛书
— NATIONAL MANIFESTO SERIES —

编委会

韩喜平　纪亚光　张新平　肖贵清

吴宏政　马国柱　杨永富　许科甲

蔡文祥　张　洪

/ 总序 /

总序 CHINA CONCEPTION

改革开放40周年之际,中国发展进入了新时代、提出了新思想、踏上了新征程。习近平总书记在党的十九大报告中明确提出:"中国特色社会主义进入新时代,意味着近代以来久经磨难的中华民族迎来了从站起来、富起来到强起来的伟大飞跃,迎来了实现中华民族伟大复兴的光明前景;意味着科学社会主义在二十一世纪的中国焕发出强大生机活力,在世界上高高举起了中国特色社会主义伟大旗帜;意味着中国特色社会主义道路、理论、制度、文化不断发展,拓展了发展中国家走向现代化的途径,给世界上那些既希望加快发展又希望保持自身独立性的国家和民族提供了全新选择,为解决人类问题贡献了中国智慧和中国方案。"习近平新时代中国特色社会主义思想是当代中国化的马克思主义、是21世纪的马克思主义,是为中国人民谋幸福、为中华民族谋复兴的思想,更是为人类谋和平与发展的科学指引。

新时代承前启后、继往开来。新时代既是实现中华民族伟大复兴中国梦的时代,也是中国日益走近世界舞台中央、不断为人类作出更大贡献的时代。综观世界大势,国际环境波诡云谲,世界治理面临着各种挑战,世界经济复苏乏力、局部冲突和动荡频发、全球性问题加剧,这些问题的核心是发展问题,是人类"向何处去"的问题。针对如何走出发展迷局,如何解决发展难题的困惑,世界各国和国际组织越来越希望听到中国声音,越来越期盼看到中国方案,越来越渴求借鉴中国发展新文明。

中国与世界的互动和对世界的贡献,蕴含在中国从站起来到富起来,再到强起来的历史逻辑之中。中国的实践成就和文明成果是在"改革开放40年的伟大实践中得来的，是在中华人民共和国成立近70年的持续探索中得来的，是在我们党领导人民进行伟大社会革命97年的实践中得来的，是在近代以来中华民族由衰到盛170多年的历史进程中得来的，是对中华文明5000多年的传承发展中得来的，是党和人民历经千辛万苦、付出各种代价取得的宝贵成果"。进入新时代，"强起来"的中国，将为促进世界和平发展不断贡献中国智慧和中国力量。一个和平大国的"强起来"既是国家经济实力、科技实力、国防实力、综合国力的强，也是中国国际影响力和文化软实力的提升，更是要让人民的生活更加富裕美好。

文化兴，世界兴。新时代的世界意义核心在于中国的成功在思想文化和文明形态层面给世界更多贡献。这要求我们必须讲好中国故事，创建中国理论，传递中国声音，构建中国特色、中国风格、中国气派的哲学社会科学，这套"国家宣言"丛书正是在中国特色社会主义进入新时代这样的大背景下构思编写的。

丛书深入研究党的十九大精神，学习习近平新时代中国特色社会主义思想，立足党的十八大以来中国道路的成功经验，面向决胜全面建成小康社会、建设社会主义现代化强国的新征程，从"中国智慧""中国自信""中国理念""中国战略"和"中国方案"五个方面，向世界发出中国声音，以期能够为提升中国道路的世界影响力贡献绵薄之力。

《中国智慧》主要以中国优秀传统文化、中国共产党革命和建设的红色文化，尤其是改革开放以来的社会主义核心价值体系和核心价值观为考察对象，从深沉的中国价值的角度，思考中国道路在文化和价值观领域里的基本问题，该部分是丛书在思想高度和价值层面上的展示。

《中国自信》从中国近现代以来的发展历史的角度，从当代改革开放取得的实践成果出发，论证中国道路的正确性，提出中国道路自信的历史和现实依据，从马克思主义理论的科学性、中国改革开放思想的包容性、贯穿始终的人民性及面向世界的目标取向四个方面切入，突出中国道路自信、理论自信、制度自信和文化自信。

《中国理念》突出以新发展理念为主要内容的习近平新时代中国特色社会主义经济思想，思想是行动的先导，明确发展理念，才能制定出正确的发展战略，从而实现发展目标。进入新时代，中国共产党准确把握中国及世界发展格局的变化，提出创新、协调、绿色、开放、共享的发展理念，具有重要的理论、实践和世界意义。

《中国战略》聚焦习近平新时代中国特色社会主义思想，明确中国特色社会主义事业总体布局是"五位一体"，战略布局是"四个全面"，着重研究中国走向社会主义现代化强国的战略安排，明确"战略定位""战略方针""战略部署""战略对策""战略选择"等内容，论证中国战略的理论依据。

《中国方案》着眼于中国的国际担当和外交战略，审视西方发展道路的弊端，提供中国解决世界政治经济问题的方案，展示大国责任、贡献中国智慧，突出"一带一路"倡议的战略价值，推动构建人类命运共同体。

为了让更多的人了解"中国宣言"，本丛书遵循问题导向，坚持理论性与通俗性相结合，力图把基本原理、基本概念用更为接地气的语言表达出来，同时，力求用最简短的语言表达深刻的哲理问题。

韩喜平

2019年2月

总序 _001

第一章/
全球治理的中国方案：构建人类命运共同体

一、全球治理：困境、挑战、期待 _002

（一）全球化推动全球治理体系发生深刻变革 _002

（二）全球化深入发展对全球治理体系提出挑战 _005

（三）各国对未来人类社会发展充满期待 _008

二、传统全球治理理念先天不足 _010

（一）霸权主义难得人心 _010

（二）西方传统思维已落后于时代 _012

（三）"普世价值"主导下的全球治理方案众叛亲离 _014

三、全球治理的中国方案：人类命运共同体 _017

（一）从"和平共处"到"人类命运共同体" _017

（二）何谓"人类命运共同体"　　_020

（三）遵循"共商共建共享"的全球治理原则　　_024

（四）构建"人类命运共同体"的中国贡献　　_027

第二章/
构建相互尊重、合作共赢的新型国际关系

一、从"冲突对抗"到"合作共赢"　　_032

（一）从两极争霸到多极化进程　　_032

（二）从冷战对峙到相互依存　　_033

（三）从零和博弈到合作共赢　　_034

二、构建合作共赢的新型大国关系　　_035

（一）不冲突、不对抗，相互尊重、合作共赢的中美关系　　_036

（二）结伴不结盟、共同繁荣的中俄关系　　_037

（三）和平、增长、改革、文明伙伴的中欧关系　　_040

三、"亲、诚、惠、容"巩固睦邻友好与互利合作　　_042

（一）"亲、诚、惠、容"的周边理念　　_042

（二）全方位加强与周边国家的对话合作　　_044

（三）维护周边环境及地区局势的稳定　　_045

四、义利合一加强与发展中国家团结合作　　_047

（一）义利合一拓展全球伙伴关系网络　　_047

（二）真实亲诚加强中非合作　_048
（三）五位一体构建中拉新格局　_050
（四）丝路精神深化中阿合作　_051

五、平等相待推动国际关系民主化　_053
（一）支持联合国等全球性国际组织积极发挥作用　_054
（二）协调推动区域性国际组织发挥建设性作用　_055
（三）支持扩大发展中国家在国际事务中的代表性和发言权　_056
（四）推动构建公正合理的国际新秩序　_058

第三章
营造公道正义、共建共享的安全格局

一、国际安全的发展变化　_062
（一）地区热点问题此起彼伏　_064
（二）非传统安全是全球面临的新挑战　_067

二、当前全球安全治理中存在的问题　_071
（一）冷战思维根深蒂固，全球安全治理转型困难　_072
（二）全球安全治理面临诸多制度困境　_074
（三）国家间矛盾关系对全球安全治理形成牵制　_076
（四）全球安全边疆不断扩大，现有安全治理能力不足　_078

三、积极推动全球安全治理体系变革　_079
（一）新的国际安全环境呼唤新安全观　_079

　　（二）新安全观的内涵　_080

　　（三）新安全观的重大贡献　_082

　　（四）新安全观助推全球安全治理体系变革　_085

第四章 /
谋求开放创新、包容互惠的发展前景

一、全球经济发展的新动向新特征　_092

　　（一）全球经济增长动能不足，经济下行压力加大　_093

　　（二）全球经济发展不平衡加剧，结构性矛盾突出　_094

　　（三）全球债务危机加剧，全球金融风险激增　_094

　　（四）国际贸易持续低迷，贸易保护主义抬头　_095

　　（五）全球劳动力和大宗商品市场不稳，全球经济通缩风险上升　_096

二、西方新自由主义的失灵　_097

　　（一）新自由主义在全球范围的兴起与泛滥　_098

　　（二）新自由主义经济政策的恶果与弊端　_100

　　（三）全球经济治理体系变革与中国角色　_104

三、积极推动构建全球经济治理新格局　_105

　　（一）构建公正高效的全球金融治理格局　_106

　　（二）构建开放透明的全球贸易和投资治理格局　_108

　　（三）构建绿色低碳的全球能源治理格局　_111

　　（四）构建包容联动的全球发展治理格局　_113

四、"一带一路"倡议是全球经济治理的新模式　_116
（一）"一带一路"倡议的基本内涵、秉承原则与合作重点　_117
（二）国际社会积极支持和参与"一带一路"建设　_120
（三）"一带一路"建设成绩初现　_121

第五章 /
促进和而不同、兼收并蓄的文明交流

一、文明交流互鉴是维护世界和平的纽带　_124
（一）人类文明是多彩的、平等的、包容的　_124
（二）文明交流互鉴是推动人类社会进步的动力　_127
（三）文明交流互鉴是增进各国人民友谊的桥梁　_129

二、文明的冲突并不代表人类文明发展的方向　_131
（一）"文明冲突论"的基本观点、意义及缺陷　_131
（二）文明之间存在差异性　_137
（三）文明差异性并不必然导致文明之间的冲突　_138

三、促进人类文明相互尊重、交流互鉴与和谐共处　_141
（一）关于文明和谐共处的思想渊源　_142
（二）习近平主席的新文明观　_145
（三）促进人类文明交流互鉴是时代必然的要求　_148

第六章
构筑尊崇自然、绿色发展的生态体系

一、不能重走"先污染后治理"的老路　_154
（一）竭泽而渔的传统发展道路　_154
（二）层出不穷的全球生态问题　_157
（三）"以环境换经济"决不可取　_159

二、树立生态文明理念　_160
（一）中华人民共和国成立以来生态文明思想的形成和发展　_160
（二）"绿水青山就是金山银山"　_162
（三）打造人类生态命运共同体　_164

三、为全球生态治理贡献中国力量　_169
（一）解决自身环境问题　_170
（二）积极推动国际环保合作　_172
（三）全球生态文明建设任重而道远　_175

第七章
中国方案彰显负责任大国的自信、使命与担当

一、中国方案彰显中国智慧、中国特色、中国自信　_180
（一）中国方案彰显中国智慧　_180

（二）中国方案体现中国特色　　_183
　　（三）中国方案凸显中国自信　　_185

二、中国方案昭示社会主义大国的使命和担当　　_189
　　（一）中国方案体现社会主义大国使命　　_189
　　（二）中国方案昭示社会主义大国担当　　_192
　　（三）中国方案贡献社会主义国家价值　　_195

三、中国方案推动全球治理体制更加公正合理　　_197
　　（一）中国方案彰显治理新理念　　_197
　　（二）中国方案助推国际新秩序　　_199
　　（三）中国方案创新国际新规则　　_202

四、中国方案为人类探索更好社会制度提供新选择　　_204
　　（一）为发展中国家走向现代化提供借鉴　　_205
　　（二）为既想发展又想保持独立的国家和民族提供新选择　　_207
　　（三）为发展社会主义社会的国家提供了中国方案　　_208
　　（四）为解决人类社会发展问题提供中国智慧　　_210

参考文献　　_212

后记　　_218

中国方案 CHINA CONCEPTION

/ 第一章 /

全球治理的中国方案：构建人类命运共同体

回顾冷战结束以来近30年的发展历程,国际格局发生重大变化,世界形势正经历深刻复杂变革,各种全球性问题此起彼伏,经济全球化遭遇有史以来最严峻挑战。与此同时,一些国家对待全球化和全球治理的立场发生重大转变,传统全球治理体系出现裂痕并发生动摇,推动建立更加公正合理的国际秩序、变革全球治理体系成为时代的迫切需要。时代是思想之母,实践是理论之源。党的十八大以来,以习近平同志为核心的党中央,从世界和平与发展的大义出发,秉持共商共建共享的全球治理观,为促进世界经济可持续发展,为推动国际关系民主化和世界文化大繁荣,为推进社会公平正义和人与自然和谐共生,给出了打造人类命运共同体的中国方案,贡献了完善全球治理的中国智慧和力量,受到了国际社会高度评价和一致响应。

一、全球治理:困境、挑战、期待

汹涌澎湃的全球化浪潮,一方面促进了各国相互依存的加深,另一方面导致了一系列全球问题的产生,各国在走向全球治理的道路中遇到的困境和挑战史无前例。但我们不能因处境艰难而放弃梦想,不能因挑战严峻而放弃追求。困境激发创新,挑战蕴含机遇,这为变革全球治理体系提供了契机,人类对未来社会发展依然充满期待。

(一)全球化推动全球治理体系发生深刻变革

随着全球化的持续深化和蔓延,世界多极化趋势更加明显,经济全球化效应持续显现,文化多样化态势不断彰显,社会信息化进程加速推进,这种世界形势的发展变革决定了处理国际关系的复杂性。国际社会的复杂变化如连锁反应一般引起全球治理体系发生深刻变革,正如马克思所言:"随着经济基础的变更，全部庞大的上层建筑也或慢或快地发生变革。"①

首先，传统全球治理机制日渐乏力，变革全球治理体系成为时代必然。随着全球化的发展，全球关系仿佛一张纷繁交错的无形网，看似错综复杂，实则有规律可循，一个重要的原因就在于全球治理机制的作用。冷战后，以金砖国家为代表的新兴经济体迅速崛起，全球治理体系中国际力量对比发生重大变化。要想继续发挥全球治理机制的作用，就必须迎合这种力量对比态势的变化。但问题在于，现行的机制由发达国家主导，各国在全球治理体系中的地位极不平等，全球治理存在弊端，"在全球治理的诸多难点中，体制机制滞后问题十分突出"②。全球化发展带来的和平赤字、发展赤字、治理赤字，对人类构成了严峻挑战，目前以西方经济理论为基础的传统全球治理机制越来越式微，由此导致民族矛盾丛生、宗教冲突不断、领土纷争泛起、环境问题肆虐、恐怖主义横行、难民危机升级、网络安全堪忧、贫富差距拉大等，传统全球治理机制难以应对这些空前扩展的全球治理任务。如在应对2008年金融危机的问题上，倡导自由贸易的美国在危机面前背弃承诺，实行贸易保护主义，走向自己的反面，恰恰表明了治理机制在全球层面的失灵。如果依然延续旧的治理体系，那么全球治理的目标将难以实现。正如美国著名全球治理学者奥兰·扬指出的一样："我不觉得现在的趋势是反对全球治理，人们反对的只是一些现有的全球治理体系。"③当今全球治理体系存在的根本困境就是参与赤字和责任赤字，就参与赤字来说，许多行为体没有参与到现有的全球治理结构中去；就责任赤字来说，许多行为体往往乐于"搭便车"而不愿承担责任，由此导致当今世界全球治理体系陷入困境。④因此，只

---

① 《马克思恩格斯选集》第二卷，人民出版社2012年版，第33页。
② 李玉：《联合国全球治理机制有待完善》，载《中国社会科学报》，2017年6月21日，第1版。
③ 《对话全球治理学者奥兰·扬：或许严重环境危机才能唤醒人类》，网易新闻，2017年9月26，http://news.163.com/17/0926/19/CV9KEDDT000187VE.html。
④ 刘贞晔：《全球治理变革与全球学学科的构建》，载《国际观察》，2012年第1期，第25页。

有改革全球治理体系,才能摆脱全球治理困境。

其次,全球治理主体需要更加多元。全球治理体系是一个由不同类型的行为主体和运行机制所构成的复杂系统,其行为主体本应具有多样性的特点。然而,长期以来,经济全球化由西方发达国家主导,全球财富集中到少数发达国家手中,它们掌握着更多的话语权,这使得传统全球治理体系的行为主体更多是主权国家行为体,尤其体现西方发达国家的意志,渗透着浓厚的自由主义和强权色彩。随着全球化的加剧,各国依存度日益加深,全球治理体系的参与主体发生变化:一方面表现为各种新兴市场国家和发展中国家在全球治理体系中地位的上升;另一方面表现为过去单一的主权国家行为体逐渐成为全球治理众多行为体当中的一部分,各种国际组织、地区组织、政府组织、非政府组织、跨国公司、公民群体等非国家行为体与各国政府一道,共同推进全球治理体系向着更加公正合理的方向发展。单就新兴市场国家来看,他们在全球治理体系中地位的上升已成不可回避的事实。拿二十国集团(G20)来讲,它起初只是布雷顿森林体系框架内非正式对话的一种机制,对话的议题完全由八国集团(G8)设置与主导,新兴市场国家没有话语权。然而,2008年金融危机以后,开始举行二十国集团首脑会议,由G8加上新兴市场国家组成了G20,取代了老资格的G8,纠正以往有关全球经济治理中主体单一化的局面,这种历史性的飞跃反映了发展中国家不再是全球治理的"围观者"。全球治理主体的多元化,为国际社会改革全球治理体系带来了新机遇。

再次,全球治理理念需更趋科学合理。经济全球化长期由发达国家主导,标准和规则的制定多由发达国家操控,这就不可避免地使全球治理体系的制定渗透着西方发达国家的意志。全球治理的失灵,"一方面是利益使然,但在更深层面上是因为存在治理理念滞后这一严重问题,其中一元主义治理观、工具理性和二元对立思维方式最为明显"[①]。换句话说,在一元主义、工

---

① 秦亚青:《全球治理失灵与秩序理念的重建》,载《世界经济与政治》,2013年第4期,第9页。

第一章
全球治理的中国方案：构建人类命运共同体

具理性和二元对立思维的全球治理理念主导下，造成了全球治理体系的过度倾斜，最终导致国际秩序的畸形发展，全球治理实际成了"西方治理"，不符合人类长远利益。例如，美国是最早退出《京都议定书》的工业化国家，如今又宣布退出《巴黎气候协定》，就是这种不合理治理理念作用下的结果。治理的目的并不是治理本身，而是人类的福祉。也就是说，全球治理不是通过简单的国际谈判谋求一种利益交换和战略平衡，而是为了维护人类的共同利益和长远发展，关键在于通过谈判和协商的方式，自觉摒弃零和博弈和冷战思维，各国之间相互尊重、平等相待，国际社会普遍参与、共同治理，追求和平发展、合作共赢，推动全球化朝着均衡、普惠、共赢方向发展，构建更加公正合理的全球治理体系。从气候治理的搪塞推诿到经济治理的贸易保护，从挑起它国争端到转嫁本国危机，从插手别国内政到强行武装干涉等，都是由于不合理的全球治理理念在作祟。全球化的发展越来越表明，以美国为首的西方发达国家不能独自解决全球性问题，不能独自摆脱全球治理困境，必须转变传统全球治理理念，与各国携手合作。

可见，当前由西方主导的全球治理体系陷入困境，国际公共产品的供应严重不足，传统的治理机制日渐乏力。正如习近平主席所言："天下仍很不太平，发展问题依然突出，世界经济进入深度调整期，整体复苏艰难曲折，国际金融领域仍然存在较多风险，各种形式的保护主义上升，各国调整经济结构面临不少困难，全球治理机制有待进一步完善。"[①]

（二）全球化深入发展对全球治理体系提出挑战

随着全球化浪潮的进一步推动，世界整体性凸显，牵一发而动全身的国际格局已成既定事实，全球化的"双刃剑"效应持续波及全球，人们在得益于全球化带来繁荣的同时，对其造成的问题和挑战也倍感忧虑。全球化发展

---

① 习近平：《习近平谈治国理政》，外文出版社2014年版，第329页。

带来的挑战是多方面的，涉及人口、金融、资源、生态、网络、卫生、安全等众多领域，主要表现在经济、安全和生态三个方面，这就使得全球治理的难度空前加大。面对这些挑战，力不可支的当今全球治理体系可谓"屋漏偏逢连阴雨"。

首先，从经济方面来看，经济危机、贫富分化、资源短缺、发展不平衡、贸易保护主义等问题极易引发全球风险的发生，严重考验着国际社会应对经济风险和治理经济危机的能力。拿贸易保护主义来讲，全球经济低迷对世界各国经济造成了严重影响，为应对经济增长乏力的状况，各种贸易保护主义升温，逆全球化而行。值得关注的是，这种反全球化的行径更多滋生于西方发达国家，它们在遭遇就业压力、财政赤字、资本外流等问题时，不是通过加大技术研发、加强国际合作、吸引市场投资等举措来挽救经济萧条景象，反而力图转嫁危机，谋求自保。最典型的莫过于美国，作为全球最大经济体，本应在全球治理体系当中承担更多的责任和义务，但其反而置别国利益于不顾，罔视世界贸易规则和国际法，一意孤行推动贸易保护主义。如美国总统特朗普上任伊始就实行新的贸易保护政策（购买美国商品、雇用美国工人、限制海外投资等），这种以邻为壑的做法是对多边自由贸易制度的挑战，势必会扰乱国际市场，引发连锁反应，最终导致世界经济受损。

其次，从安全方面来看，粮食安全、网络安全、流行疾病、恐怖主义、难民危机、跨国犯罪等各种传统安全问题和非传统安全问题相互交织，在全球治理中各国心余力绌。以恐怖主义为例，其不仅是单纯制造恐怖事件，国际恐怖主义、宗教极端主义和民族分裂主义三股势力通常相伴而生，恐怖袭击事件是其最显性的表征，欧洲难民问题可以说是恐怖主义带来的次生危机。近年来国际局势的发展越来越表明，非传统安全与传统安全之间没有绝对的界限，任何一方的问题处理不当，都有可能带来地区动荡，威胁世界和平，究其原因与当前的全球治理体系不无关系。二战以来，以美国为首的西方发达国家长期主导全球治理体系，广大发展中国家处于全球治理的边缘，这一体系主要反映了发达国家的意志和利益，把西方价值观强加于他国，实行霸权主义政策，公然干涉别国内政（如美国攻打伊拉克等），其采取的一些不负责任和有失公允的行为增加了国际社会的不稳定性。因此，这对现行全球治理体系提出挑战，要求国际社会必须变革全球治理体系，世界各国休戚与共、同舟共济，建立有效的预防和合作机制。

再次，从生态方面来看，环境污染、气候变暖、臭氧层破坏、物种灭绝、土地沙漠化、土壤侵蚀等环境问题大范围扩展，在事关人类生存和发展的关键问题上，"搭便车"的心态对构建公正合理的全球治理体系构成了严峻挑战。可喜的是，国际社会已普遍认识到加大全球环境问题治理的紧迫性，近年来各国逐渐将绿色确定为本国经济发展的主色调，在顶层设计和基础落实的紧密结合中加紧发展绿色经济。但有些国家尤其是发达国家，为了追求经济增长、维护既得利益，盲目地抬高绿色壁垒，对全球生态责任敷衍了事或不屑一顾，使全球环境问题的治理遭遇瓶颈。例如在全球气候变化问题上，全球治理体系呈现出参与者多但责任履行不到位的特点，发展中国家生态责任的诉求难以得到充分重视，全球气候治理谈判在关于设立强制减排指标以及给予发展中国家资金、技术援助问题上，都曾陷入相互推卸责任和对抗的恶劣局面。另外，"推动全球环境问题治理需要投入高额成本，而得到的产出却可以共享，这使某些国家无形中产生狭隘心理，尽量让别国承担环境治理的成本，让自己成为'搭便车者'"[1]。诸如此类问题，需要加强国际合作，探寻更加有效的全球治理体系。

可以看出，在全球化的严峻挑战下，因维护既得利益而导致的次生危机也相继涌现，这就由内而外地对全球治理体系构成了双重挑战，使得全球治理更加举步维艰，国际社会要求变革全球治理体系的呼声与日俱增。如何应对这些历史性挑战，是未来一个历史时期中国和国际社会必须思考和解决的

---

[1] 张宇燕：《全球治理的中国视角》，载《世界经济与政治》，2016年第9期，第6页。

重大问题。

(三)各国对未来人类社会发展充满期待

人类共处一个地球,无论发达国家还是发展中国家,无论组织还是个人,无论官方还是民间,"让和平的薪火代代相传,让发展的动力源源不断,让文明的光芒熠熠生辉,是各国人民的期待"①。

和平的期待,主要体现在安全层面,各国期待安全稳定的发展环境。当前,逆全球化思潮泛滥,恐怖主义无孔不入,跨国犯罪大量发生,网络安全威胁加剧,和平受到的破坏比以往任何时候都更具有不确定性。和平利于进步,动荡难以发展,世界各国空前期待安全稳定的发展环境。对此,中国提出共同、综合、合作、可持续的新安全观,努力营造共建共享的安全格局,主张以对话解决争端、以协商化解分歧,统筹应对传统和非传统安全威胁,为当今世界"和平赤字"给出中国"药方",为维护世界持久和平提供了新的路径。多年来,中国始终坚持独立自主的和平外交政策,在国际上首倡"和平共处五项原则",高举和平、发展、合作、共赢的旗帜,坚持走和平发展道路,努力维护世界和平。"目前,中国累计派出3.6万余人次维和人员,成为联合国维和行动的主要出兵国和出资国"②,事实必将继续证明,中国将一如既往为世界和平安宁作贡献,将充分印证"世界好,中国才能好;中国好,世界才更好"的深刻哲理。

发展的期待,主要体现在经济社会层面,各国期待经济增长,提高生活质量。2008年至今,世界经济仍未从金融危机的阵痛中走出来,世界经济增长动能不足,全球经济发展不平衡,欧洲经济衰落并陷入严重的主权债务危

---

① 习近平:《共同构建人类命运共同体——在联合国日内瓦总部的演讲》,新华社,2017年1月19日,http://news.xinhuanet.com/world/2017-01/19/c_1120340081.htm.

② 习近平:《携手建设更加美好的世界——在中国共产党与世界政党高层对话会上的主旨讲话》,《人民日报》,2017年12月2日,第2版。

机就是鲜明写照。但科技始终在发展,历史总是在进步,人们看到,世界经济正在深度调整中缓慢复苏,各新兴市场国家和发展中国家迅速崛起,各国在经济合作中的领域不断扩大、程度不断加深等,这些发展的正能量,鼓舞和激励着世界各国对经济发展充满期待。宏观上讲,各国期待国际金融稳定,经济快速增长,物质财富增加;微观上看,各国期待本国经济增长,在教育、就业、医疗、养老、收入分配等方面取得长足发展,提高人民生活质量。岁不寒,无以知松柏;事不难,无以知君子。在经济全球化进程遭遇逆全球化寒流,忧惧惶恐侵蚀人们信心的时候,中国积极为世界贡献"一带一路""亚投行"等更多公共产品,帮助发展中国家改变命运,以自身发展带动各国共同进步,一如既往为世界共同发展作贡献。

文明的期待,主要体现在思想文化层面,各国期待摒弃狭隘发展理念,追求人类文明进步。放眼全球,不难看到,我们生活的世界依然充满挑战,贸易保护主义抬头,极端民族主义浮现,民粹主义肆虐,历史虚无主义泛滥等,根本原因在于狭隘的思想理念在作祟。面对这种僵化、保守、自私的思想观念,世界各国比以往任何时候都期待摒弃狭隘的发展理念,比以往任何时候都期待先进理念和伟大智慧的引领,比以往任何时候都期待开放的心态和博大的胸怀,这种期待,是对人类文明的崇高追求,是对人类命运的切实关怀。对此,中国主张要用全球视野和系统性思维解决问题,坚持通过对话、协商、合作找出路,寻求各方利益的最大公约数,最终实现合作共赢。如针对全球气候变化问题,中国主张"绿水青山就是金山银山",遵循共同但有区别的责任和各自能力原则,在全球气候治理中彰显中国担当。中国共产党将以开放的眼光、开阔的胸怀对待世界各国人民的文明创造,一如既往为世界文明交流互鉴作贡献。正如英国剑桥大学教授马丁·雅克所说:"中国提供了一种'新的可能',这就是摒弃丛林法则,不搞强权独霸,超越零和博弈,开辟一条合作共赢、共建共享的文明发展新道路。"

总之,真正的全球治理必须是全球性的,必须是世界各国根据《联合国宪章》和其他国际准则，为应对全球治理困境和挑战而采取的集体行动。"大道之行也，天下为公"，面对世界各国人民的美好期待，面对人类未来前途命运，国际社会有责任、有义务变革传统全球治理体系，为实现人类更好发展而贡献智慧和力量。

二、传统全球治理理念先天不足

长期以来，全球治理的"指挥棒"一直在西方世界内部传递，以此为主导的全球治理理念和治理体系在很大程度上影响着世界进程。这一全球治理体系对人类社会发展有过积极的一面，但走到今天，传统全球治理理念暴露出诸多弊端，预示着单凭西方文明引导人类发展的道路越走越窄，人类需要寻找更加适合自己的、更趋科学合理的新理念和新方案。

（一）霸权主义难得人心

"霸权主义"一词源于古希腊，原指个别大城邦对其他城邦的支配和控制。现今主要指在国际关系上，某些国家凭借强大的经济和军事实力，违反公认的国际关系准则，不尊重别国主权和独立，一味扩张自身势力范围，操纵国际事务，干涉他国内政，甚至进行武装侵略和占领，谋求一个地区或世界霸主地位的行径。其实质在于，"追求一国在国际社会的霸权利益，用本国利益取代他国利益，甚或将本国利益凌驾于全人类利益之上"[①]。谋求本国利益、推行霸权主义是美国的一贯做法。二战以后，英、法等老牌强国衰弱，美国逐渐成为世界强国，其霸权主义气焰更加旺盛。无论是冷战时期以"遏制政策"为中心的全球战略，还是冷战后的"参与和扩展战略""单边主义战略""亚太再平衡战略"，抑或当今的"印太战略"等，尽管美国全球战略几

---

① 杨玲玲：《美国霸权主义的演变及其实质》，载《中共中央党校学报》，2002年第3期，第107页。

第一章
全球治理的中国方案：构建人类命运共同体

经变更，但谋求世界霸主的目的从未改变，始终将美国利益凌驾于他国利益之上。

受霸权主义的影响，掺杂了霸权色彩的全球治理体系在世界范围内到处碰壁。一方面，全球治理中存在着以大欺小、恃强凌弱的现象，威胁世界和平与稳定。以美国为首的西方大国，喊着"维护和平"的口号，打着"保护人权"的旗帜，到处扮演世界警察的角色。比如在中东，美国蓄意颠覆别国政府，肆意发动战争，导致中东地区动荡不安，人民生活在水深火热之中，不仅没有给他国带来和平与稳定，反而阻碍了该地区和平发展进程。这种"人权高于主权"的理念和主张，实际上是把美国等西方发达国家的主权凌驾于别国主权之上，通过推行霸权来维护自身利益，既加剧了相关国家和地区的动荡局势，也助长了弱势国家对发达国家的仇恨情绪，中东地区频繁发生的恐怖袭击事件，就是美国霸权主义结出的恶果。另一方面，全球治理呈现出空前复杂和棘手的局面。由于各国历史不同，受经济水平、政治制度、文化传统、宗教信仰等因素的影响，相互之间难免存在问题和矛盾。通常来讲，这些问题都在各主权国家可承受的范围内，或者说，只要各国遵循《联合国宪章》宗旨和原则，恪守国际法和公认的国际关系准则，大都能够得到公正合理的解决。糟糕的是，受霸权主义影响，以美国为首的西方大国干涉别国内政，把一国内部的矛盾、国与国之间的摩擦等复杂化、扩大化，促使多种矛盾叠加，使全球治理难度急剧攀升。例如，在欧洲，美国部署反导系统，加剧该地区紧张局势；在亚洲，美国在南海制造争端，打破了南海原有的和平。诸如此类行为，引起国际社会强烈谴责，各国人民深恶痛绝。

历史洪流回旋跌宕，经验教训发人深省，在全球化深入发展的今天，以美国为首的西方大国，凭借霸权主义干涉下的全球治理体系而谋求自身利益，无法赢得人心，越来越难以提供具有正能量的公共产品。

（二）西方传统思维已落后于时代

当今世界正处于大发展大变革大调整时期，全球治理体系和国际秩序变革加速推进，各国相互联系和依存日益加深。在和平、发展、合作、共赢越来越明显的时代大势下，西方零和博弈、冷战思维和国强必霸等传统思维越来越跟不上时代步伐。

"零和博弈"也称"零和游戏"，指参与博弈的各方，在严格竞争下，一方的收益必然意味着另一方的损失，博弈各方的收益和损失相加总和永远为"零"，双方不存在合作的可能，其结果是一方吃掉另一方，整个社会的利益并不会因此而增加一分。本质上讲，这是一种典型的损人利己的思维方式，充满敌视的心态，将自己的幸福建立在另一方的痛苦之上。在国际关系实践当中，这种西方发达国家惯用的思维收效甚微。冷战后，美国在世界范围内寻找自己的假想敌，日益壮大的中国被其贴上了"敌人"的标签，针对中国时常采取遏制政策。时至今日，这种零和思维丝毫未减。如奥巴马曾在2015年接受《华尔街日报》采访时指出："如果美国不在亚洲制定贸易规则，那么中国就会制定，届时美国将被拒之门外。"在这种零和思维主导下，奥巴马力主加入TPP协定谈判。然而，不到两年，美国新任总统特朗普就签署第一份政令，正式宣布退出TPP。这表明，受零和博弈思维的影响，由美国主导的全球体系已经发生动摇，难以维护国际秩序的稳定。与美国固守零和博弈思维不同，中国顺应时代步伐，主张构建以合作共赢为核心的新型国际关系，推动构建人类命运共同体。在美国零和博弈思维频频受阻的情况下，中国主张的合作共赢理念越来越受欢迎。哥伦比亚大学教授、诺贝尔经济学奖获得者约瑟夫·斯蒂格利茨也表示，在全球治理方面，中国崛起给世界带来的是正能量，而不是零和博弈。

广义的"冷战思维"是冷战这一特定历史时期的产物，指在冷战期间，两个超级大国因争霸所形成的一种处理国际关系的思维模式。它建立在资产

第一章
全球治理的中国方案：构建人类命运共同体

阶级狭隘的国家主权与利益观念的基础上，是一套西方国际关系理论，其目的在于对社会主义国家进行遏制与挤压，在社会主义国家与资本主义国家的对抗与斗争中，逐渐成为双方共同认可的一种思维模式。狭义的"冷战思维"特指冷战结束后，西方大国特别是美国的保守势力妄图建立单极世界，推行霸权主义的一种意识与观念。目前的概念使用大多指狭义的概念。"从当代美国外交政策来看，美国当权者和战略家们并没有从冷战思维中完全解脱出来。"[1] 从历史与现实的双重角度来看，冷战思维的本质特点就是意识形态的对抗。坚持冷战思维的主体，惯于用自己的理念和价值去支配别国，进而谋求自身利益。历史的进步告诉我们，时代是思想之母。然而，在全球化深入推进的今天，以美国为首的西方大国依然固守冷战思维（美国重返亚太的战略就是表现之一），他们戴着有色眼镜看待与他们的意识形态和政治制度不同的国家，对这些国家进行遏制和挤压，一方面要求别国降低关税，实行自由贸易，另一方面自己却高举贸易保护主义大旗；一方面承认中国为世界经济增长贡献了重要力量，另一方面又制造"中国威胁论"。可见，无论是理论上还是实践中，美国都难掩其冷战思维的本色。世界本是丰富多彩的，不是非黑即白，在国际交往中并非势不两立，而是休戚与共的命运共同体。要想摆脱冷战思维造成的全球治理困境，必须改变冷战思维，寻求新的思维理念，探索新的发展道路。

"国强必霸"，简单来讲，就是指一个国家强大以后，必然会成为世界的霸主。这种观点认为，国强必霸是每一个走向强盛的国家都无法逾越的历史铁律。从500多年世界历史进程来看，西班牙、葡萄牙、荷兰、英国、法国、德国、美国等国家强大后纷纷谋求霸权，鉴于此，西方粗浅地认为，中国也无法摆脱国强必霸的命运。然而，仔细把脉历史即可发现，国强必霸只是根据西方大国崛起的历史而得出的局部结论。马克思曾在《给〈祖国纪

---

[1] 钮维敢：《我国学术界关于冷战思维研究现状述评》，载《社会主义研究》，2008年第5期，第128页。

事〉杂志编辑部的信》中，明确反对将西欧的发展模式不加分析地套用到俄国。同样，用这种既定思维观照中国，不仅理论上是错误的，而且实践中是无根据的。从理论上看，国强必霸本质上源于西方资本逐利的逻辑，"资本为实现利润最大化，其扩张的范围必然超出国家、民族的边界而流走于世界各地"①，进而促使西方大国霸权不断扩张。与此相反，历经5000多年而从未间断的中华文明，始终追求和传承和平、和睦、和谐的理念，"以和为贵""协和万邦"等和平思想已深厚根植于中华民族的精神世界，"强国只能追求霸权的主张不适用于中国，中国没有实施这种行动的基因"②。同时，当今中国社会主义的国家性质也决定了其不会谋求霸权。从实践来看，西方秉持国强必霸的思维逻辑，肆意宣扬"修昔底德陷阱"，对一些正在崛起的国家处处设防，尤其针对中国制造"中国威胁论"。截然不同的是，中国为推动构建人类命运共同体，实施"一带一路"倡议、创办亚投行、设立丝路基金、积极参与维和行动、无偿援助非洲国家等，造福世界人民，赢得国际好评，有力证明了国强必霸思维在中国不成立。显而易见，国强必霸思维已经成为改革全球治理体系的桎梏，变为构建公正合理的国际秩序的羁绊。

在合作共赢理念日益深入人心的今天，零和博弈、冷战思维、国强必霸等西方固有的思维逻辑，已经远远落后于时代。只有抛弃狭隘、陈旧的观念和思维，遵循人类社会发展规律，从世界各国的共同利益出发，才能找到一条真正适合人类发展的道路，否则，人类在和平与发展的进程中将步履维艰。

（三）"普世价值"主导下的全球治理方案众叛亲离

"普世"一词源于希腊文，这一概念最早是由基督教派为争夺在整个罗马

---

① 杨婷、陈曙光：《霸权的终结与世界秩序的重建——兼评"中国威胁论"》，载《广东社会科学》，2016年第5期，第72页。

② 《习近平对世界如是说》，载《人民日报》（海外版），2015年11月23日，第8版。

帝国的影响力而使用。"普世和价值合并使用，经历了由宗教化而学术化，继而政治化的过程。"① 马克思、恩格斯曾在《共产党宣言》中指出："任何一个时代的统治思想始终都不过是统治阶级的思想。"② 在资产阶级成为统治阶级并在世界范围内建立绝对优势地位之后，由于资本的逐利性，资产阶级进一步把本阶级的价值追求幻化为全人类的"普世价值"，由此导致全球治理体系也不可避免地受到西方资产阶级"普世价值"的主导。在当代，"普世价值"既是历史的延续，又增添了新的内涵。它泛指那些不分领域，超越宗教、国家、民族，对所有人所有时代都适用的价值，主要以一些西方国家大力倡导的人道、自由、民主、人权等为基本内容，西方极力宣扬其永恒性、普适性，并在世界范围内大肆推广。但透过现象看本质，西方本质上是"以推广和宣扬所谓的普世价值为手段，通过文化渗透、政治霸权，最终为资产阶级攫取经济利益服务"③。

从实际情况来看，西方推行的普世价值并没有给世界带来和平与稳定，完全走到了世界各国人民期待的反面。一是将"普世价值"主导下的全球治理体系泛化为各国必须遵循的原则，但这样做并未给他国带来自由、民主和人权，反而带来了战乱、贫穷和恐怖主义。拿"普世价值"主导下的民主和平论来讲，西方标榜自由民主制度更有利于世界和平，通过发动"颜色革命"来使他国建立西方所谓的民主政权。然而，那些革命成功的国家（如格鲁吉亚、乌克兰等），经济发展缓慢、政治腐败严重、社会动荡不安。二是在与别国进行经济往来以及构建全球经济治理体系时，把"普世价值"作为附加条件。在"普世价值"主导下，其构建了以世界银行、国际货币基金组织和世贸组织等经济组织为支撑的全球经济治理体系，尽管该体系在一定时期内促进了世界经济发展，但并没有达到国际社会的理想期待，金融危机的爆

---

① 许海：《认清"普世价值"的真实价值取向》，载《前线》，2017年第6期，第70页。
② 《马克思恩格斯选集》第一卷，人民出版社2012年版，第292页。
③ 金民卿：《走出"普世价值"论的迷障》，载《中国社会科学报》，2016年12月13日，第8版。

发和世界贫富分化等证明了其缺陷。三是凭借信息科技的优势，向别国尤其是发展中国家进行意识形态渗透。二战以来，美国意图在"普世价值"的掩护下，"减弱其他国家对美国推行意识形态外交战略的防范意识和抵触情绪，从而最终实现塑造别国民众价值观和意识形态的战略目标"①，苏联解体、东欧剧变等，深刻证明了"普世价值"的危险。一些西方人士以"普世价值"为基础，或鼓吹"历史终结论"，或渲染"文明冲突论"，或倡导"民主和平论"等，给谋求美好未来的各国蒙上了一层悲观色彩，但中国的良好发展、广大发展中国家的崛起以及世界文明的多元化越来越表明该理论的破产，就连一贯主张"历史终结论"的福山也开始批判资本主义制度的弊端。

事实证明，"文明多样性决定了政治制度的多样性，绝不存在什么'普世价值'"②。置身于全球化的世界各国，在经济、安全、文化等方面日益形成一个紧密相关的命运共同体，"普世价值"主导下的全球治理方案频遭诟病，越来越得不到响应。"普世价值"并不"普世"，合作共赢才是人类的方向。

总之，在全球化强劲发展的今天，以美国为首的发达国家，力图通过捍卫传统全球治理体系来维持其国际社会的绝对优势地位。他们以人道主义之名在全球推行自由民主制，实际却因实行霸权主义而不得人心；他们固守传统思维处理国际关系，实际却因落后于时代而难以奏效；他们鼓吹普世价值无比优越，实际却加剧了世界的矛盾与冲突，如此种种，我们可以看出，以美国为首的发达国家主导的全球治理理念和方案缺乏公平性、正义性，不具备广泛代表性，表现出先天不足、后天不良的态势，无法解决全球性问题，不能救世界于水火，不符合各国人民的期盼。大时代需要大格局，大格局呼唤大智慧。在中国特色社会主义进入新时代的历史条件下，中国作为负责任的世界大国有义务参与全球治理和全球治理体系建设。以习近平同志为核心

---

① 冯峰：《"普世价值"与美国全球战略》，载《现代国际关系》，2013年第7期，第32页。
② 杨光斌：《自由主义民主普世价值说是西方文明的傲慢》，载《求是》，2016年第19期。

的党中央,始终以马克思主义为指导,把为人类作出新的更大的贡献作为自己的使命,继承和弘扬中国优秀传统文化,吸收和创新西方优秀文明,提出构建人类命运共同体,为人类未来发展指明了方向、提供了方案。

三、全球治理的中国方案:人类命运共同体

在全球性问题层出不穷的今天,各国面临的形势十分严峻,面对的挑战异常复杂,发达国家主导的全球治理理念与全球治理体系越来越不适应时代发展要求,各国对全球治理新方案的需求比以往任何时候都更加迫切。回顾历史,每当人类进步与世界发展的关键时刻,尤其需要蕴含超常智慧、凝聚国际共识的先进理念和方案。当今社会,随着世界历史的推进,人类社会共生性逐渐增加,每个国家无论强弱、每个民族无论大小、每个个体无论远近,愈发显现为一个休戚与共、唇齿相依的命运共同体,尽管世界各国信仰有别、理念各异,但对未来人类社会发展的追求是一致的。"中国共产党是为中国人民谋幸福的政党,也是为人类进步事业而奋斗的政党。中国共产党始终把为人类作出新的更大的贡献作为自己的使命"[①]。为推进全球治理、维护人类利益,中国主张:坚持和平发展道路,推动构建人类命运共同体。

(一)从"和平共处"到"人类命运共同体"

一个国家实行什么样的对外政策、秉持什么样的外交理念,这与该国对国际秩序和世界格局的认识有着密不可分的关系。中华人民共和国成立至今,国际形势风云变幻,回首新中国60多年外交历程,可谓历经风雨,但无论国际形势如何变化、中国对外战略如何调整,中国独立自主的和平外交思

---

① 习近平:《决胜全面建成小康社会 夺取新时代中国特色社会主义伟大胜利——在中国共产党第十九次全国代表大会上的报告》,人民出版社2017年版,第57—58页。

想始终不变。60多年来,从"和平共处"到"人类命运共同体",中国以自身实际行动不断向世界表明维护世界和平、追求共同发展的立场和决心。

早在中华人民共和国成立初期,面对当时的国际形势,中国政府提出以"互相尊重主权和领土完整、互不侵犯、互不干涉内政、平等互利、和平共处"五项原则为基础,积极发展与世界各国的关系。在中国外交实践中,和平共处五项原则不断彰显出强大的生命力。和平共处五项原则发展至今,"已经成为国际关系基本准则和国际法基本原则,有力维护了广大发展中国家权益,为推动建立更加公正合理的国际政治经济秩序发挥了积极作用"[1]。

党的十一届三中全会以来,以邓小平同志为主要代表的中国共产党人,在冷静分析国际形势的基础上,作出了和平与发展是当今时代主题的科学论断。在此基础上,中国共产党和中国政府进一步发展了独立自主的和平外交政策。在独立自主的和平外交政策指导下,中国政府解决了一系列历史遗留问题,为中国现代化建设提供了和平稳定的国际环境,有力地推动了世界的和平发展,为国际关系理论作出了巨大贡献。

党的十三届四中全会以来,以江泽民同志为主要代表的中国共产党人,立足世纪之交,在继承邓小平外交思想的基础上,不断推进外交理论创新,主张尊重世界文明多样性,推动国际格局多极化与国际关系民主化。在涉及国家利益和人类命运的根本问题上,中国坚持原则性和灵活性相结合,顶住国际压力,广交朋友,打破西方"制裁",以实际行动昭示了中国维护世界和平、促进共同发展的信心和决心,为新世纪外交发展增添了新动力。

党的十六大以来,以胡锦涛同志为主要代表的中国共产党人,紧紧抓住重要战略机遇期,继续秉承维护世界和平、促进共同发展的外交宗旨,坚持用宽广的眼界观察世界,主张建设持久和平、共同繁荣的和谐世界。和谐世

---

[1]《习近平在和平共处五项原则发表60周年纪念大会上的讲话》,新华社,2014年6月29日,http://news.xinhuanet.com/politics/2014-06/28/c_1111364206.htm。

第一章
全球治理的中国方案：构建人类命运共同体

界的主张，表明了中国始终不渝走和平发展道路，进一步树立了良好的国际形象，为中国创造了更加有利的外部环境，为世界的和平与发展作出了新的更大贡献，开创了国际关系新局面。

党的十八大以来，以习近平同志为核心的党中央，统筹国内国际两个大局，高瞻远瞩，创新外交理念和实践，主张构建人类命运共同体。当今世界已发展为200多个国家和地区，约70亿人口，与以往相比，国际关系错综复杂、全球问题接连不断、两种制度长期并存，人类该向何处去？对此，中国早在2011年《中国的和平发展》白皮书中就首次提出，主张以"命运共同体"的新视角，寻求符合人类共同利益、促进人类共同发展的新方案。2012年11月，党的十八大报告进一步强调，要"倡导人类命运共同体意识"。党的十八大以来，习近平主席积极作为、从容应对，坚定奉行独立自主的和平外交政策，积极发挥建设性的引领作用，充分展现中国负责任大国形象。2013年3月，习近平主席在莫斯科国际关系学院演讲，第一次向世界传递了命运共同体的人类文明走向。2015年9月，在第七十届联合国大会上，习近平主席发表题为"携手构建合作共赢新伙伴，同心打造人类命运共同体"的重要讲话，全面阐述了人类命运共同体的内涵。为深入推动全球治理、维护世界和平、促进共同发展贡献了中国智慧，2017年1月，习近平主席在联合国日内瓦总部响亮提出："中国方案是：构建人类命运共同体，实现共赢共享。"2017年10月，党的十九大报告更加明确指出："坚持和平发展道路，推动构建人类命运共同体。"① 习近平主席将构建人类命运共同体上升到国家意志的高度，谱写了新时代中国特色大国外交的顶层设计，通过世界经济论坛、"一带一路"、亚投行、G20等付诸了实践，赢得了国际社会广泛赞誉，中国的朋友圈日益广泛和牢固。中国为改革全球治理体系而提出的独具东方

---

① 习近平：《决胜全面建成小康社会　夺取新时代中国特色社会主义伟大胜利——在中国共产党第十九次全国代表大会上的报告》，人民出版社2017年版，第57页。

智慧的方案,对凝聚世界和平共识、促进各国共同发展,具有重大的理论意义和实践价值。

总而言之,回顾中华人民共和国60多年外交历程,从和平共处五项基本原则到和平与发展的时代主题,从国际格局多极化和国际关系民主化到和谐世界,直至今天的人类命运共同体,中国外交思想一脉相承,既继承了中国共产党的优良外交传统,又兼收并蓄了西方优秀文明成果;既顺应了世界历史发展潮流,也体现了中国的大国担当,中国正从国际体系的旁观者成为参与者、建设者、贡献者和推动者。历史发展到今天,中国站在全人类命运相连的高度,倡导构建人类命运共同体,秉承共商、共建、共享原则推动全球治理,开创世界大同、天下为公的人类新文明,超越狭隘的民族国家观,人类命运共同体必将在经济全球化的新一轮浪潮中彰显其深厚价值意蕴。

(二) 何谓"人类命运共同体"

人类命运共同体,顾名思义,"就是每个民族、每个国家的前途命运都紧紧联系在一起,应该风雨同舟,荣辱与共,努力把我们生于斯、长于斯的这个星球建成一个和睦的大家庭,把世界各国人民对美好生活的向往变成现实"[1]。自党的十八大报告提出"倡导人类命运共同体意识"以来,以习近平同志为核心的党中央,无论在理论上还是实践中,始终积极推动构建人类命运共同体。在党的十九大报告中,习近平总书记再次强调,各国人民同心协力,构建人类命运共同体,建设持久和平、普遍安全、共同繁荣、开放包容、清洁美丽的世界。这既诠释了人类命运共同体的深刻内涵,也形成了构建人类命运共同体"五位一体"的总布局和总路径。

建立平等相待、互商互谅的伙伴关系,推动世界持久和平。面对不平衡

---

[1] 习近平:《携手建设更加美好的世界——在中国共产党与世界政党高层对话会上的主旨讲话》,《人民日报》,2017年12月2日,第2版。

的国际关系格局，中国坚决主张，世界的前途命运由各国人民共同掌握。首先，世界各国一律平等，不能以大压小、以强凌弱、以富欺贫。各国主权和领土完整不容侵犯、内政不容干涉，各国自主选择社会制度和发展道路的权利应当得到维护，各国推动经济社会发展、改善人民生活的实践应当受到尊重。其次，坚持多边主义，不搞单边主义；奉行双赢、多赢、共赢的新理念，主张摒弃我赢你输、赢者通吃的旧思维。随着经济全球化的发展，世界各国的利益和命运更加紧密地联系在一起，许多问题和挑战不再是一国之力所能应对，全球性问题更需要各国通力合作解决。再次，要积极构建对话不对抗、结伴不结盟的伙伴关系。要以对话解争端、以协商化分歧，让协商成为现代国际治理的重要方法。大国之间相处，要努力构建不冲突不对抗、相互尊重、合作共赢的新型关系。只要坚持沟通、真诚相处，"修昔底德陷阱"就可以避免。大国与小国相处，要平等相待，践行正确义利观，义利相兼，义重于利。

营造公道正义、共建共享的安全格局，推动全球普遍安全。纵观人类历史，不存在绝对安全的世外桃源，尽管人类一直怀有永久和平的期盼，但却始终面临战争的威胁。人类生存在同一个地球上，一国的安全不能建立在别国的动荡之上，他国的威胁也可能成为本国的挑战。那种奉行弱肉强食的丛林法则、笃信穷兵黩武的霸道做法、坚持赢者通吃的零和思维等，终将搬起石头砸自己的脚，这种心怀叵测的外交之道不仅难以收效，反而成为制造矛盾和冲突的根源。"单则易折，众则难摧。"习近平总书记指出，我们要摒弃一切形式的冷战思维，树立共同、综合、合作、可持续的新安全观，营造公平正义、共建共享的安全格局，共同消除引发战争的根源，让和平的阳光普照大地，让人人享有安宁祥和。"求木之长者，必固其根本；欲流之远者，必浚其泉源。"推进安全治理，需要多管齐下、综合施策。一方面，要充分发挥联合国及安理会在止战维和方面的核心作用，通过和平解决争端和强制性行动双轨并举，化干戈为玉帛。另一方面，要积极推动经济和社会领域的国际合作齐头并进，统筹应对传统和非传统安全威胁，防战争祸患于未然。

谋求开放创新、包容互惠的发展前景，推动世界共同繁荣。人类社会发展至今已经取得了巨大的进步，但依然面临许多发展难题和困境。2008年金融危机使各国沉痛地明白，放任资本逐利、缺乏道德约束、忽视法治管控，终将引发重大灾难，既无法实现经济的可持续发展，也无法让人感受到公平正义。只有"大家一起发展才是真发展，可持续发展才是好发展"①。人类命运共同体追求的正是全人类共同的发展，是可持续的发展。要实现这一目标，就应该秉承开放精神，推进互帮互助、互惠互利。首先，各国要同舟共济，而不是以邻为壑。各国特别是主要经济体要加强宏观政策协调，兼顾当前和长远，着力解决深层次问题。其次，要抓住新一轮科技革命和产业变革的历史性机遇，转变经济发展方式，坚持创新驱动，进一步发展社会生产力、释放社会创造力。再次，要维护世界贸易组织规则，支持开放、透明、包容、非歧视性的多边贸易体制，构建开放型世界经济。我们既要从历史发展中汲取智慧，也要从现实实践中寻找答案，加强协调、完善治理，推动建设一个开放、包容、普惠、平衡、共赢的经济全球化，共同营造让人人享有富足安康、享有尊严的光明前景。

促进和而不同、兼收并蓄的文明交流，推动各国包容开放。"万物并育而不相害，道并行而不相悖"，不同历史和国情，不同民族和习俗，孕育了不同文明，使世界更加丰富多彩。人类命运共同体主张，人类文明多样性是世界的基本特征，也是人类进步的源泉，必须坚持不同文明兼容并蓄、交流互鉴。首先，文明相处需要和而不同的精神。只有在多样中相互尊重、彼此借鉴、和谐共存，这个世界才能丰富多彩、欣欣向荣。其次，不同文明凝聚着不同民族的智慧和贡献，没有高低之别，更无优劣之分。回首人类历史，就

---

① 习近平：《携手构建合作共赢新伙伴 同心打造人类命运共同体——在第七十届联合国大会一般性辩论时的讲话》，《人民日报》，2015年9月29日，第2版。

是一幅不同文明相互交流、互鉴、融合的宏伟画卷，它告诉我们，每种文明都是人类的精神瑰宝，不同文明应该和谐共生、相得益彰，共同为人类发展提供精神力量。"文明冲突论"等论调一直将文明之间的差异解读为冲突的根源，事实上，正是人类文明的多样性赋予这个世界姹紫嫣红的色彩。文明的繁盛、人类的进步，离不开求同存异、开放包容，离不开文明交流、互学互鉴，应该让文明交流互鉴成为推动人类社会进步的动力、维护世界和平的纽带。

构筑尊崇自然、绿色发展的生态体系，推动世界清洁美丽。地球是人类的共同家园，人与自然共生共存，人类归根结底是自然的一部分，破坏自然终将危及人类自身。习近平总书记指出，绿水青山就是金山银山。我们不能吃祖宗饭、断子孙路，用破坏性方式搞发展。从现实的角度来看，在应对全球问题过程中，如果抱着功利主义的思维，希望多占便宜、少担责任，最终将害人害己。我们要避免走百年来西方工业化进程走过的"弯路"，解决好工业文明带来的矛盾，以人与自然和谐相处为目标，实现世界的可持续发展和人的全面发展。从未来的角度来看，在可预见的将来，人类都要生活在地球之上。国际社会应该携手同行，共谋全球生态文明建设之路，像对待生命一样对待生态环境，牢固树立尊重自然、顺应自然、保护自然的意识，坚持走绿色、低碳、循环、可持续发展之路。共同保护不可替代的地球家园，共同医治生态环境的累累伤痕，共同营造和谐宜居的人类家园，让自然生态休养生息，让人人都享有绿水青山。

"世界那么大，问题那么多，国际社会期待听到中国声音、看到中国方案，中国不能缺席。"[①]人类命运共同体根植中国传统文化，契合各国崇高追求，彰显人类共同价值，诠释着中国对当今国际关系和未来人类发展走向的理解和期望，为全人类共生、共存之道提供了中国方案。

[①]《国家主席习近平发表二〇一六年新年贺词》，《人民日报》，2016年1月1日，第1版。

(三)遵循"共商共建共享"的全球治理原则

2017年9月11日,第七十一届联合国大会把中国提出的"共商共建共享"原则首次纳入到"联合国与全球经济治理"决议中,同时重申"联合国应本着合作共赢精神,继续发挥核心作用,寻求应对全球性挑战的共同之策,构建人类命运共同体"。这表明,构建人类命运共同体的中国方案越来越得到国际社会的响应和支持,逐步成为国际共识。

"共商"即各国彼此尊重、相互信任,加强交流、一起协商,共同协商处理国际事务。各国科技水平、经济规模、文化习俗等差别很大,国情千差万别,人民需求参差不齐,面对如此复杂的境遇,世界上的事情越来越需要各国共同商量着办。首先,各国之间要注重平等相待、增强互信,摒弃零和思维和文明冲突的狭隘心理。国家不论大小、强弱、贫富,都应该平等相处,在真诚互信的基础上加强沟通,照顾彼此利益关切,不搞排他性,在各国积极共建中追求共赢。其次,国际社会要深入交流,共同协商处理国际事务。"有事好商量,众人的事情由众人商量。"[1]与一些西方国家推行的霸权主义和强权政治不同,中国的"共商"理念主张国际关系民主化和参与主体多元化,尊重各国主权,倡导国家不分大小、强弱、贫富一律平等,通过协商达成共识、寻求共同利益,充分保障世界各国尤其是广大发展中国家的话语权。"大邦者下流",就是说,大国要像居于江河下游那样,拥有容纳天下百川的胸怀,"中国愿意以开放包容心态加强同外界对话和沟通,虚心倾听世界的声音"[2]。那些奉行霸权主义、自由主义、利己主义、保守主义等自私狭隘的做法,无视别国安全和利益,势必造成国际社会的动荡不安。为此,"我们

---

[1] 习近平:《决胜全面建成小康社会 夺取新时代中国特色社会主义伟大胜利——在中国共产党第十九次全国代表大会上的报告》,人民出版社2017年版,第37-38页。

[2] 习近平:《习近平在德国科尔伯基金会的演讲》(全文),人民网,2014年3月28日,http://politics.people.com.cn/n/2014/0329/c1024-24772018.html。

第一章
全球治理的中国方案：构建人类命运共同体

需要打破西方对商议主体和客体的垄断，不断深化和推进全球治理"①。国际社会无论在处理矛盾与冲突时，还是在解决全球性问题过程中，都要协调好多元合作主体的需求和利益，以"共商"为基础，将各国作为平等参与者纳入到协商体系当中来，兼顾各方合理关切，充分体现各方智慧，寻求利益契合点和合作最大公约数，凝聚全球共同发展最大合力，各国就能在共商基础上走出一条互利共赢之路。

"共建"即各国精诚团结、积极参与，各取所长、深化合作，在全球治理中共同发挥建设作用。经济全球化将世界市场融为一体，世界越来越成为"地球村"，你中有我、我中有你的命运共同体愈发显现。面对全球问题与挑战，任何国家都不可能独善其身。"大家一起发展才是真发展，可持续发展才是好发展"②，各国应精诚团结，同心协力构建一个持久和平的世界、普遍安全的世界、共同繁荣的世界、开放包容的世界、清洁美丽的世界。首先，不搞独奏，唱好合唱。"各扫门前雪"难以长足发展，"共建百花园"才能共赢共享。例如，中国提出"一带一路"倡议，就是要实践人类命运共同体理念，它不是中国的独奏曲，而是相关国家共同参与的协奏曲。其次，各尽所能，取长补短。各国应齐心协力应对挑战，开展全球性协作。世界各国在地理位置、自然资源、资金、技术、人才等方面各有优势，国际社会各成员要精诚团结，以共建为途径，各施所长、优势互补，把各自的优势和潜能发挥出来，谋求共同发展。最后，拓宽领域，深化合作。推进全球治理，要汇众智、聚合力、拓宽领域、深化合作，寻求合作最大公约数。发达国家应为"共建"承担更多责任，更多帮助发展中国家，发达国家要进一步增加对发展中国家特别是最不发达国家的援助、开放市场、转让技术、减免债务等，发

---

① 杨洁篪：《全球治理的中国智慧：共商共建共享》，光明网，2016年7月15日，http://epaper.gmw.cn/gmrb/html/2016-06/16/nw.D110000gmrb_20160616_1-16.htm.

② 习近平：《携手构建合作共赢新伙伴 同心打造人类命运共同体——在第七十届联合国大会一般性辩论时的讲话》，《人民日报》，2015年9月29日，第2版。

展中国家也要充分利用机遇发展自己。同时，要加强在反恐、卫生、环保、科技等领域的合作，在基础设施建设等方面挖掘合作潜力、健全合作机制、完善政策协调。恩格斯的历史合力论告诉我们，历史的发展是诸多合力共同作用的结果。世界上任何一个组织和个人都是实现"人类命运共同体"的重要推动者。聚沙成塔、积水成渊，唯有各国勠力同心真正地共建，才能为构建"你中有我，我中有你"的命运共同体提供现实路径，正如习近平总书记指出的，世界上的路，只有走的人多了，才会越来越宽广。

"共享"即各国平等发展、共同分享，让世界上每个国家及其人民都享有平等的发展机会，共同分享人类文明发展成果。"世界命运应该由各国共同掌握，国际规则应该由各国共同书写，全球事务应该由各国共同治理，发展成果应该由各国共同分享。"①共享发展成果，增进人类福祉，让更多国家和人民受惠，是构建人类命运共同体的价值目标。共享就是要让世界各国机遇共享、优势共享、成果共享。机遇共享是指发展机遇的共享，经济全球化为一些国家发展带来了机遇，这些抢占发展先机的国家尤其是发达国家，应加强与世界经济联动，让各国都能够搭载发展的"顺风车"。例如，中国倡议"一带一路"建设，通过经济大融合、发展大联动谋求共同利益，倡议是中国的，收益则世界各国都可以分享，以实际行动为各国共享机遇树立了榜样。优势共享主要指经济优势的共享，如上文所言，世界各国在地理位置、自然资源、资金、技术、人才等方面各有自身优势，均存在广阔的共享空间。只有将自身优势与别国分享，形成强强联合，积极寻求最大利益公约数、经济合作契合点，才能实现利益最大化。成果共享主要指人类发展成果的共享，无论发达国家还是发展中国家，为了世界和平和人类发展，彼此应该真诚相待，从发展理念、发展模式、经贸合作、互联互通、文化交流等多方面进行

---

① 习近平：《共同构建人类命运共同体——在联合国日内瓦总部的演讲》，新华社，2017年1月19日，http：//news.xinhuanet.com/world/2017-01/19/c_1120340081.htm.

成果共享，真正让人类文明的优秀成果普惠全球。中国发起亚投行，推动国际金融稳定与发展，就是共享发展成果的体现。

在推动全球治理过程中，以共商为基础才能真正实现共建，共商共建才能真正达到共享，三者是有机统一的关系。"共商共建共享"彰显着中国和平、发展、合作、共赢的理念，强调各方在人类命运紧密相连、各国利益相互交融、全球问题不断增多的背景下，要共同协商、共同做事、共同获益。人类命运共同体核心在于"共"，只有牢牢坚持共商共建共享的原则，才能使人类命运共同体得以真正构建。

（四）构建"人类命运共同体"的中国贡献

"中国共产党始终把为人类作出新的更大的贡献作为自己的使命。"[①]党的十八大以来，以习近平同志为核心的党中央抓住机遇、迎接挑战、主动作为，为中华民族尽责、为人类命运担当，坚决维护以联合国宪章宗旨和原则为核心的国际秩序，谋求更加公正合理的全球治理体系，从理论和实践上，为构建人类命运共同体作出了中国贡献。

理论上，为完善全球治理体系贡献中国智慧。习近平总书记在党的十九大报告中再次强调，坚持和平发展道路，推动构建人类命运共同体。自党的十八大报告正式提出倡导人类命运共同体意识以来，以习近平同志为核心的党中央为完善全球治理体系、解决全球性问题源源不断地贡献中国智慧，坚持不懈探索全球治理的新理念和新方式。中国优秀传统文化中"重和合"的道德原则和"世界大同"的价值追求，孕育出了和平发展、合作共赢的精神文明。中国著名思想史家钱穆特别强调中国文化的融和精神，他曾指出："文化中发生冲突，只是一时之变，要求调和，乃是万世之常。"[②]认为中国文化

[①] 习近平：《决胜全面建成小康社会 夺取新时代中国特色社会主义伟大胜利——在中国共产党第十九次全国代表大会上的报告》，人民出版社2017年版，第57-58页。

[②] 钱穆：《中国文化精神》，台北三民书局1971年版，第51页。

的伟大之处,"重要的还是和合性"①。这种"和合"文明属于全人类,中国这种"和合"的全球治理智慧应该被世界各国传承和发扬,形成新时代的全球治理理念,为陷入困境的全球治理贡献中国智慧、中国方案。构建人类命运共同体,中国主张积极发展全球伙伴关系,扩大同各国的利益交汇点;推进大国协调和合作,构建总体稳定、均衡发展的大国关系框架;按照亲诚惠容理念和与邻为善、以邻为伴周边外交方针深化同周边国家关系;秉持正确义利观和真实亲诚理念加强同发展中国家团结合作;主张"共商、共建、共享"的全球治理原则;主张摒弃国强必霸、零和博弈、冷战思维,丢掉"文明冲突论""历史终结论"的论调,反对"逆全球化"思潮等,这些新理念顺应时代潮流,是对中国"和"文化的创新,体现了中国的大国责任担当。正如习近平总书记在党的十九大报告中指出的:"中国将继续发挥负责任大国作用,积极参与全球治理体系改革和建设,不断贡献中国智慧和力量。"②

实践中,为打造人类命运共同体落实中国行动。以习近平同志为核心的党中央,立足现实谋划未来,为推动人类命运共同体这一中国方案的有效实现,孜孜不倦地为推进全球治理落实中国行动。我们看到,"一带一路"倡议为沿线国家提供巨大发展平台,亚投行等新型多边金融机构有效维护国际金融稳定,促成国际货币基金组织完成份额和治理机制改革,积极参与制定海洋、极地、网络、外空、核安全、反腐败、气候变化等新兴领域治理规则,推动改革全球治理体系中不公正不合理的安排。俄罗斯科学院远东研究所所长卢嘉宁表示:"不同于将自己的价值观强加于人并干预他国内政的西方全球化思维,中国是在共商中构建平行管理体制,寻求共同经济利益空间,追求

---

① 钱穆:《从中国历史来看中国民族性及中国文化》,中华书局2016年版,第25页。
② 习近平:《决胜全面建成小康社会 夺取新时代中国特色社会主义伟大胜利——在中国共产党第十九次全国代表大会上的报告》,人民出版社2017年版,第60页。

各国共同发展。"①习近平总书记强调,中国方案就是要构建人类命运共同体,实现共赢共享。中国人民的梦想同各国人民的梦想息息相通,中国不会"乱耕别人的田",只会"共建百花园","始终做世界和平的建设者、全球发展的贡献者、国际秩序的维护者"②。在中国特色社会主义新时代和经济全球化新形势下,打造人类命运共同体的中国方案,在现阶段体现为推动合作共赢的切实行动。例如,中国抓住共同发展的最大公约数,提出"一带一路"倡议,与世界各国分享改革开放30多年来的经验,让更多国家搭上中国发展的顺风车,朋友圈不断扩大。

构建人类命运共同体的中国方案,从理论上超越了民族国家的狭隘观念,开辟了"世界大同"的新境界;从实践上正扎实开展一系列全球发展新举措,展示中国与世界各国人民一道求和平、谋发展、促合作的决心。一个前所未有接近民族复兴伟大梦想的中国,将中国梦与各国人民的梦想对接,正与世界携手探索全球治理的新方案,唱响和平发展、合作共赢的新乐章。正如习近平总书记所言:"世界命运握在各国人民手中,人类前途系于各国人民的抉择。中国人民愿同各国人民一道,推动人类命运共同体建设,共同创造人类的美好未来!"③

综上所述,人类的命运、世界的未来,掌握在我们自己手中。人类命运共同体表明,在全球化进程中,面对日益严峻的全球危机和日趋脆弱的传统全球治理体系,不能逆全球化而行;推动全球治理体系变革,促进国际秩序朝着更加公正合理的方向发展,是中国的大国责任和国际义务,更是世界各国的责任和义务。构建人类命运共同体的中国方案,蕴含着中国优秀智慧和

---

① 《在共商共建共享中赢得未来》,《光明日报》,2017年5月11日,第1版。
② 习近平:《决胜全面建成小康社会 夺取新时代中国特色社会主义伟大胜利——在中国共产党第十九次全国代表大会上的报告》,人民出版社2017年版,第25页。
③ 习近平:《决胜全面建成小康社会 夺取新时代中国特色社会主义伟大胜利——在中国共产党第十九次全国代表大会上的报告》,人民出版社2017年版,第60页。

西方价值精髓,闪耀着真理与哲学光辉,超越传统全球治理理念,迎合国际社会一致期待,满足各国共同发展需求,中国始终以切实行动践行和平发展、合作共赢的理念。国际社会发展的历史和现实进一步表明,在世界历史的推动下,人类社会正朝着人类命运共同体的美好愿景演进,中国方案终将推动世界的和平发展。

第二章 构建相互尊重、合作共赢的新型国际关系

国家方案 CHINA CONCEPTION

党的十八大以来，面对国际形势的深刻变化和我国发展面临的新形势新任务新要求，以习近平同志为核心的党中央，高举和平、发展、合作、共赢的旗帜，统筹国内国际两个大局，统筹发展安全两件大事，牢牢把握坚持和平发展、促进民族复兴这条主线，维护国家主权、安全、发展利益，主动谋划，开拓进取，坚定不移在和平共处五项原则基础上发展与各国的友好关系，推动构建相互尊重、公平正义、合作共赢的新型国际关系，大力推进外交理论与实践创新，为处理复杂变化的国际局势，为促进世界的和平发展贡献中国智慧、提供中国方案。

一、从"冲突对抗"到"合作共赢"

回顾国际关系发展的历史，冲突、对抗，合作、共赢基本上是国际关系发展的两种状态。自第二次世界大战结束以来，国际关系的发展经历了复杂而深刻的变化。先是以美苏为首的两大体系对抗和美苏两大国的对抗为特征的冷战，而后随着1991年苏联的解体，雅尔塔体系终结，冷战体系随之瓦解，国际格局从两极争霸走向一超多强，多极化全球化趋势强劲发展。进入新世纪，国际形势因新兴发展中国家的群体性崛起、国际力量对比发生重大变化而面临大调整、大变革。在这一进程中，虽然冷战思维依然阴魂不散，但是和平、发展、合作、共赢已经成为不可阻挡的时代潮流，各国间相互依存的加深客观要求国与国之间应谋求建构相互尊重、合作共赢新型国际关系。

（一）从两极争霸到多极化进程

第二次世界大战使欧洲传统强国力量削弱、地位下降，美国和苏联两国在战后成为超强的世界强国。随着战争的结束，大国结盟的基础已不复存在，盟国同法西斯的矛盾转变为英美和苏联之间的矛盾。美国为了维护自身的利益,通过马歇尔计划、杜鲁门主义、关税贸易总协定、"北大西洋公约组织"等步骤组建了资本主义阵营。与之相对应,苏联通过"莫洛托夫计划"、欧洲九国共产党、工人党情报局、"华沙条约组织"等步骤组建了社会主义阵营。战后初期,以美苏为首的两大阵营的对抗是当时国际关系的基本特征。进入20世纪60年代,国际形势大动荡、大分化、大改组,资本主义阵营内部发生分化,出现了美国、西欧、日本三足鼎立的局面,社会主义阵营发生分裂。20世纪70年代,国际关系出现了多极化的趋势。美国前总统尼克松也不得不承认,美国、西欧、苏联、中国、日本是世界上五大力量中心,这五大力量将决定世界在20世纪最后三分之一时间里的前途。但是,在当时形势下,由于美苏两国之间的竞赛仍然是影响国际关系的主要因素,两极对抗并未结束,一直到1991年苏联解体,冷战结束,世界进入由两极向多极转化的过渡时期。

(二)从冷战对峙到相互依存

冷战结束后,一方面是国际格局进入转换时期,多极化趋势不可逆转,但海湾战争、科索沃战争、伊拉克战争、阿富汗战争的爆发说明,霸权主义又有了新的发展,世界的和平与发展、国际关系民主化、公正合理的国际新秩序的建设面临挑战。另一方面,在新科技革命推动下,经济全球化深入发展,国与国之间联系日益密切,国际经济交往日益扩大,国际组织和跨国公司作用凸显,地区经济一体化趋势日益强劲,世界经济越来越成为一个不可分割的有机整体。各民族国家和地区之间特别是大国之间在政治以及文化等领域相互依赖和影响程度日益加深,从而为国际关系的发展带来了巨大的推动力,也带来诸多不确定因素。同时,全球化也催生出许多全球性的社会问题。局部战争、区域冲突连绵不断;民族、宗教引发的冲突愈演愈烈;恐怖与反恐怖的斗争相互交替。"南北差距进一步拉大,许多国家人民的基本生存甚至生命安全得不到保障……环境污染、毒品走私、跨国犯罪、严重传染性疾病等跨国性问题日益突出。"①全球化的深入发展、国与国相互依存的加深和全球性危机的蔓延,要求国际社会携手起来加强全球行动与国际合作,建立公正、合理的国际政治经济秩序。

(三) 从零和博弈到合作共赢

当前,世界多极化、经济全球化深入推进,国际关系民主化进程不断加深,国际体系进入变革的关键阶段。虽然冷战已经结束,但是零和思维并未随之消失,以敌友阵营划线、结盟的现象依然存在,在一些领域甚至有愈演愈烈之势。作为守成大国的美国,借助军事、金融和科技实力,对外推行霸权主义和强权外交,向世界宣示其领导权和主导权;作为传统大国的德、法、英、日等国,在全球层面上依靠美国而发挥西方大国的政治、经济和军事作用,在地区层面上仍在其传统势力范围内发挥重要作用;以金砖国家为代表的广大发展中国家要求增加在国际体系和国际秩序方面的话语权和规则的制定权,因实力所限,影响力有限。但是国际关系发展到今天,事实上是各国利益相互交织、深度融合,即便国家间在政治制度、历史传统、意识形态等方面存在很大差异,合作共赢已成为国际社会的最大公约数。正如习近平主席指出的,我们"要跟上时代前进步伐,就不能身体已进入21世纪,而脑袋还停留在过去,停留在殖民扩张的旧时代里,停留在冷战思维、零和博弈老框框内"②。面对世界多极化、经济全球化深入发展和文化多样化、社会信息化持续推进,今天的人类比以往任何时候都更有条件朝和平发展的目标迈进,而合作共赢就是实现这一目标的现实途径。

显然,合作共赢是对"21世纪国际关系向何处去"这一世纪命题的中国

---

① 胡锦涛:《努力建设持久和平、共同繁荣的世界——在联合国成立60周年首脑会议上的讲话》,载《人民日报》,2006年9月16日,第1版。

② 习近平:《顺应时代前进潮流,促进世界和平发展——在莫斯科国际关系学院的演讲》,《人民日报》,2013年3月24日,第2版。

答案。我们要突破"后起大国与守成大国必有一战"的传统思维范式，跨越"修昔底德陷阱"，以"合作共赢"理念取代博弈论的"赢者通吃"森林法则，强调以合作取代对抗、以共赢取代独占，推动各国同舟共济、携手共进；"我们要坚持合作共赢，推动建立以合作共赢为核心的新型国际关系，坚持互利共赢的开放战略，把合作共赢理念体现到政治、经济、安全、文化等对外合作的方方面面"[①]；中国主张，各国应该推动建立以合作共赢为核心的新型国际关系，各国人民应该一起来维护世界和平，促进共同发展。各国和各国人民应该共同享受尊严、共同享受发展成果、共同享受安全保障。尊重各国人民自主选择发展道路的权利，反对干涉别国内政，维护国际公平正义。

在具体实践上，党的十九大报告为推动构建新型国际关系勾画了路线图，即"中国积极发展全球伙伴关系，扩大同各国的利益交汇点，推进大国协调和合作，构建总体稳定、均衡发展的大国关系框架，按照亲诚惠容理念和与邻为善、以邻为伴周边外交方针深化同周边国家关系，秉持正确义利观和真实亲诚理念加强同发展中国家团结合作。"[②]

二、构建合作共赢的新型大国关系

我们主张世界各国不论大小、贫富、强弱一律平等，各国都是国际社会的平等一员，但是我们也看到，世界性大国对国际关系的发展具有举足轻重的影响是当今世界的客观现实。因此，在新的时代，构建一种什么样的大国关系才能够促进世界的和平发展，这是一个负责任的大国必须正视的重大问题。党的十八大以来，以习近平同志为核心的党中央站在世界和平发展的高度明确提出构建以合作共赢为核心的新型大国关系，推动不冲突不对抗、相

---

① 习近平：《习近平谈治国理政》第二卷，外文出版社2017年版，第443页。
② 习近平：《决胜全面建成小康社会 夺取新时代中国特色社会主义伟大胜利——在中国共产党第十九次全国代表大会上的报告》，人民出版社2017年版，第59—60页。

互尊重、合作共赢的中美关系持续健康稳定发展，推动中俄全面战略协作伙伴关系不断迈向更高水平，共同建设中欧和平、增长、改革、文明四大伙伴关系，中美、中俄、中欧等大国关系成为构建人类命运共同体的重要基石。

（一）不冲突、不对抗，相互尊重、合作共赢的中美关系

中美关系是当今世界最重要的双边关系之一，在中国的外交布局中占有特殊重要位置。中美两国和则两利，对抗不仅不利于两国和两国人民，而且不利于世界的和平发展。中美构建新型大国关系，实现双方不冲突、不对抗，相互尊重、合作共赢，这是两国人民和国际社会的普遍愿望，是符合时代潮流的正确选择。

中美两国关系正常化以来，虽然历经风风雨雨，但得到了历史性的进展。中国政府始终站在战略高度看待和处理中美关系。2012年，时任中国国家副主席的习近平在访美期间，提出应推动中美战略合作伙伴关系不断取得新进展，努力把两国战略合作伙伴塑造成为21世纪的新型大国关系。2013年6月中美两国元首在安纳伯格庄园会晤，两国元首认为，"面对经济全球化迅速发展和各国同舟共济的客观需求，中美应该而且可以走出一条不同于历史上大国冲突对抗的新路"[①]。双方同意，"共同努力构建新型大国关系，相互尊重，合作共赢，造福两国人民和世界人民"[②]。中美两国达成的新型大国关系是指双方应建立不冲突、不对抗，相互尊重、合作共赢的关系。不冲突、不对抗，就是要客观理性看待彼此战略意图，坚持做伙伴，不做对手，通过对话合作而非对抗冲突的方式妥善处理矛盾和分歧；相互尊重，就是要尊重各自选择的社会制度和发展道路，尊重彼此核心利益和重大关切，求同存异，包容互鉴，共同进步；合作共赢，就是要摒弃零和思维，在追求自身利

---

① 习近平：《习近平谈治国理政》，外文出版社2014年版，第279页。
② 习近平：《习近平谈治国理政》，外文出版社2014年版，第279页。

益时兼顾对方利益，在寻求自身发展时促进共同发展，不断深化利益交融格局。不冲突、不对抗是构建新型大国关系的必要前提，相互尊重是构建新型大国关系的基本原则，合作共赢是构建新型大国关系的必由之路。中国提出"新型大国关系"的要义，在于两国关系发展中要避免重蹈历史上霸权国与崛起国斗争的老路，不搞新老对抗，摒弃零和博弈，跨越"修昔底德陷阱"，因而是一条对话而不对抗、结伴而不结盟的新路。

党的十八大以来，中美两国保持了高层和各个级别密切交往，拓展和深化了各领域务实合作，继续就亚太地区事务深化对话合作，共同应对各种地区和全球性挑战。习近平主席同奥巴马总统多次会晤，推动了中美新型大国关系建设取得重要成果。美国新一届政府就职后，习近平主席同特朗普总统成功举行海湖庄园和汉堡会晤，应邀通过9次电话，就共同关心的问题保持经常性的密切沟通。2017年11月，特朗普总统应邀访华，两国元首就中美关系及共同关心的重要国际和地区问题广泛、深入交换意见，明确了新时期中美关系发展方向和原则。作为世界上前两大经济体，中美2016年双边贸易额已超过5195亿美元。2014年，中国首次应邀参与由美国主导的"环太平洋军演"，这是两军交往史上的一项重大突破。根据《首轮中美社会和人文对话行动计划》，未来4年中方将公派10万人赴美学习，美国10万名学生将来华留学。从两国关系发展的长远趋势看，利益共同点远远大于利益冲突点。"世界上本无'修昔底德陷阱'，但大国之间一再发生战略误判，就可能自己给自己造成'修昔底德陷阱'"[①]。宽广的太平洋有足够的空间容纳中美两个大国。

(二) 结伴不结盟、共同繁荣的中俄关系

俄罗斯是我国周边最大邻国和世界大国，中俄关系是世界上最重要的一

[①] 《习近平出席华盛顿州当地政府和美国友好团体联合欢迎宴会并发表演讲》，《人民日报》，2015年9月24日，第1版。

组双边关系，两国拥有广泛共同利益，是好邻居、好伙伴、好朋友。中俄关系的发展对亚洲及世界的和平与发展都产生着重要而深远的影响。

中俄关系是由中苏关系发展而来的。苏联是第一个与中华人民共和国建交的国家，中华人民共和国成立以来，中苏关系发展历经曲折。苏联解体后，中国承认俄罗斯是苏联的继承国，中苏关系平稳过渡到中俄关系。1992年12月到1997年11月，两国签订5个《中俄联合声明》，将双方关系定位为面向21世纪的战略协作伙伴关系，双方关系稳定向前发展。2001年7月，两国签署《中俄睦邻友好合作条约》，将中俄两国永做好邻居、好伙伴、好朋友的意愿和决心用法律形式固定下来。2011年6月，胡锦涛在出席《中俄睦邻友好合作条约》签署10周年庆祝音乐会的致辞中指出，我们要继续"致力于发展平等信任、相互支持、共同繁荣、世代友好的全面战略协作伙伴关系"[1]。2013年3月23日，习近平主席首访俄罗斯，在莫斯科国际关系学院发表演讲时强调指出，"各国应该共同推动建立以合作共赢为核心的新型国际关系"[2]。2016年6月25日，两国元首在人民大会堂会谈，签署联合声明，明确将"不具有结盟性质"作为界定两国关系性质的重要原则，强调在"结伴而不结盟"方针指引下推动"基于平等信任、相互支持、共同繁荣、世代友好的中俄全面战略协作伙伴关系"进入新阶段。

中俄新型大国关系具有以下内涵：一是相互尊重，地位平等。相互尊重主权、独立和领土完整，尊重各自选择的发展道路与价值观念，平等相待、理解支持。其中，地位平等是两国交往的基础，相互尊重对方的选择和不干涉内政维护了双方信任的气氛。二是超越同盟，不搞对抗。中俄战略协作伙伴关系不设假想敌、不针对第三方，排除了军事因素对国家间关系的干扰，致力于以合作而非对抗的方式解决问题，超越了传统的同盟关系，是构建新

---

[1]《胡锦涛在〈中俄睦邻友好合作条约〉签署10周年庆祝音乐会上的致辞》，新华网，2011年6月16日，http://news.xinhuanet.com/world/2011-06/16/c_121546210.htm。

[2] 习近平：《习近平谈治国理政》，外文出版社2014年版，第273页。

型大国关系理念在中俄关系发展中的具体体现。三是求同存异，合作共赢。超越社会制度与意识形态的异同，最大限度地谋求共同利益与共同追求，把合作共赢理念体现到双方合作的方方面面。结伴而不结盟是中俄大国关系的一大亮点，也是中国特色大国外交的一大特点，是总结历史经验教训探索走出的一条新路，体现着平等性、和平性、包容性等新型国际关系理念。

党的十八大以来，中俄全面战略协作伙伴关系不断发展，务实合作取得重大进展，双方把国际战略协调与合作提升到新的高度。2013年和2014年，习近平主席的首访都选择了俄罗斯。5年来，习近平主席与普京总统在各种场合会晤20余次，平均每两个半月一次，体现了俄罗斯在中国伙伴关系中的首要地位。中国和俄罗斯在能源、核能、金融、农业、航空等领域的合作取得了重要成果。2015年5月中俄共同发表《关于丝绸之路经济带建设和欧亚经济联盟对接合作的联合声明》和《中俄两国关于深化全面战略协作伙伴关系、倡导合作共赢的联合声明》，史无前例地推动发展战略的对接。两国军事合作密切，多次举行联合军事演习。习近平主席2013年访俄时专门参观了俄罗斯国防部战略指挥中心，中国人民解放军三军仪仗队受邀出席2015年5月9日莫斯科红场阅兵，俄罗斯军队来华参加2015年9月3日北京天安门阅兵。这些都开创了中俄军事合作中的先例。[1]多年来双方不断通过实际行动使中俄友好在两国民众心中植根和开花结果，并且"决心使两国人民间的友谊世代相传"[2]。2014、2015年举办的中俄青年友好交流年开展了300多项活动，两国参加的人达30多万；2016、2017年双方举办了"中俄媒体交流年"。中俄结伴不结盟、共同繁荣的新型大国关系已经成为国家间和平共处、合作共赢的典范。

---

[1] 傅莹：《中俄关系：是盟友还是伙伴？》，载《现代国际关系》，2016年第4期，第4页。

[2] 中俄两国签署"睦邻友好合作条约"，http：//www.people.com.cn/GB/historic/0716/6761.html。

(三)和平、增长、改革、文明伙伴的中欧关系

欧洲是世界多极化发展的重要推动力量。作为最大的发展中国家和最大的发达国家集中地区,中欧是维护世界和平发展的两大力量。要从战略高度看待中欧关系,将中欧两大力量、两大市场、两大文明结合起来,提升中欧全面战略伙伴关系的全球影响力。

中华人民共和国建国初期,冷战的国际形势对中欧关系产生了较大影响,中国与欧洲的关系除与少数几个国家建立外交关系外,基本上处于隔绝状态。1971年,随着中国联合国合法席位的恢复和中美关系的缓和,中国与西欧进入全面建交时期。冷战结束后,欧共体与其他西方国家一道对中国进行制裁,导致双方关系冷淡。但从1992年开始,西欧各国调整对华政策,双方关系走上正轨。1995年,欧洲通过了有史以来第一个全面对华政策报告《欧盟—中国关系长期政策》,使中欧关系取得进展。1998年6月,欧盟通过《与中国建立全面伙伴关系》文件,决定把对华关系提升到与对美、俄、日关系同等重要的水平。2001年11月,胡锦涛在法国国际关系研究所发表演讲时指出:"中国和欧洲是国际上两支正在上升的政治和经济力量,在多极化进程中必将发挥越来越重要的作用。"①2010年,中欧成功举行了首次高级别战略对话,中欧之间的战略互信关系得到进一步巩固和提高。2014年3月,习近平出席在荷兰海牙举行的第三届核安全峰会,对荷兰、法国、德国、比利时进行国事访问。3月31日,在同欧洲理事会主席范龙佩会谈时,习近平主席提出要从战略高度看待中欧关系,将中欧两大力量、两大市场、两大文明结合起来,共同打造中欧和平、增长、改革、文明四大伙伴关系。4月1日,习近平主席在布鲁塞尔欧洲学院发表演讲时再次强调指出:"我们要共同努力建造和平、增长、改革、文明四座桥梁,建设更具全球影响力的中欧全面战略

---

① 《胡锦涛文选》第一卷,人民出版社2016年版,第517页。

伙伴关系。"①

所谓"四大伙伴关系"是指：第一，中欧要做和平伙伴，带头走和平发展道路。中欧对构建多极世界格局具有重要战略共识。双方要尊重彼此自主选择的社会制度，照顾彼此核心利益，支持彼此走和平发展道路。双方要加强在国际和地区事务中的沟通与协调，共同推动政治解决地区热点问题，共同参与有关国际规制建设。第二，中欧要做增长伙伴，相互提供发展机遇。要尽快谈成谈好投资协定，启动自由贸易协定可行性研究，共同提高中欧贸易质量和水平。希望欧方扩大对华高技术贸易。要把中欧合作和丝绸之路经济带等重大洲际合作倡议结合起来，以构建亚欧大市场为目标，加强基础设施互联互通。要坚持市场开放，携手维护多边贸易体制，共同致力于发展开放型世界经济。第三，中欧要做改革伙伴，相互借鉴、相互支持。中欧的改革都已进入深水区，双方要就宏观经济、社会治理、公共政策、农业农村、就业民生、环境保护等重要领域改革加强交流、分享经验、深化合作。第四，中欧要做文明伙伴，为彼此进步提供更多营养。中欧关系具有文明属性和历史纵深。双方要通过平等对话交流，增进相互了解，加强文化、媒体、旅游等领域交流合作，扩大互派留学生规模，共同支持中欧关系研究工作。中欧要共同努力，促进人类各种文明之花竞相绽放。

党的十八大以来，中欧在构建"四大伙伴关系"的道路上不断发展前行，广泛开展政治、经济、文化、国际事务等领域的交流合作，为世界发展繁荣作出更大贡献。中欧双方建立70多个磋商和对话机制，涵盖政治、经贸、人文、科学、能源、环境等各个领域。2014年4月，中国发表《深化互利共赢的中欧全面战略伙伴关系——中国对欧盟政策文件》，规划了双方未来5—10年的合作蓝图；2016年1月中国发布《中欧合作2020战略规划》，提出了九项具体倡议。被称为钢铁新丝路的中欧班列已经形成西、中、东3条运

---

① 习近平：《习近平谈治国理政》，外文出版社2014年版，第282页。

输通道,铺划运行线路52条,国内开行城市达到32个,到达欧洲12个国家32个城市,中欧班列开行已经突破5000列。中欧人文合作已步入机制化轨道,形成了高层次、全方位的文化交流与合作新格局。双方愿意共同致力于推动双方就重大国际问题,特别是就国际和平与安全问题、气候问题、能源问题、全球治理问题等进行合作。2016年6月,中国与中东欧16个国家共同达成《宁波宣言》,将在农产品和食品贸易、互联网领域、跨境电商、工业、科技合作和装备制造领域,高科技领域,公路、交通基础设施建设领域加强更多合作,为中欧关系开启新的更加美好的篇章。

三、"亲、诚、惠、容"巩固睦邻友好与互利合作

中国是一个疆域辽阔、边境漫长的大国,周边地区邻国众多、情况各异,处理好同周边国家的睦邻友好关系,着力维护周边和平稳定大局,为我国的和平发展提供一个良好的周边安全环境是我国外交工作的一项重要任务。党的十八大以来,以习近平同志为核心的党中央从实现"两个一百年"奋斗目标和中华民族伟大复兴中国梦的战略出发,坚持与邻为善、以邻为伴,睦邻、安邻、富邻的周边外交方针,进一步提出了"亲、诚、惠、容"的周边外交理念,更加奋发有为地开展周边外交工作,为我国发展争取了良好的周边环境。中国处理周边外交的理念和方针丰富了新型国际关系的内涵,也促进了中国和周边国家的和平发展。

(一)"亲、诚、惠、容"的周边理念

周边外交在中国外交战略中占有重要地位,为做好周边外交工作,中国历届政府都进行了不懈地努力和探索。中华人民共和国成立之初,中国政府提出了和平共处五项原则并以此指导周边外交工作,处理了一系列历史遗留问题。改革开放后,"我们坚持独立自主的和平外交政策,不参加任何集团。

同谁都来往，同谁都交朋友，谁搞霸权主义我们就反对谁，谁侵略别人我们就反对谁"①。这一时期，中国与全部周边国家建交，并提出"主权在我、搁置争议、共同开发"的主张，为和平解决领土问题和国际争端提供了中国方案。冷战结束后，党的第三代领导集体针对更加复杂的周边环境，提出了"与邻为善、以邻为伴"的周边外交方针。新世纪以来，以胡锦涛为总书记的党中央继承和发展了"与邻为善、以邻为伴"的周边外交方针，并在此基础上提出了"和谐亚洲"和"睦邻、安邻、富邻"的周边外交方针，中国同周边国家基本形成了睦邻友好、互利共赢的局面。

党的十八大以来，我国周边充满生机活力，有明显发展优势和潜力，周边环境总体上是稳定的，睦邻友好、互利合作是周边国家对华关系的主流。然而，伴随着中国的快速崛起，美国提出"亚太再平衡"战略，加之冷战后传统安全非传统安全问题相互交织，中国周边地区不稳定因素日益增多，周边环境变得日益复杂。在这种情况下，2013年10月，中央召开周边外交工作座谈会，在这次座谈会上，习近平主席提出了"亲、诚、惠、容"的周边外交新理念。他指出，我国周边外交的基本方针，就是坚持与邻为善、以邻为伴，坚持睦邻、安邻、富邻，突出体现"亲、诚、惠、容"的理念。②党的十九大报告再次强调，要"按照亲诚惠容理念和与邻为善、以邻为伴周边外交方针深化同周边国家关系"③。

"亲"是指巩固地缘相近、人缘相亲的友好情谊，要坚持睦邻友好、守望相助，讲平等、重感情，常见面、多走动，多做得人心、暖人心的事，使周边国家对我们更友善、更亲近、更认同、更支持，增强中国的亲和力、感召力、影响力；"诚"是指坚持以诚待人、以信取人的相处之道，要诚心诚意对

---

① 《邓小平文选》第三卷，人民出版社1993年版，第162页。
② 《习近平总书记系列重要讲话读本》，学习出版社、人民出版社2016年版，第270页。
③ 习近平：《决胜全面建成小康社会 夺取新时代中国特色社会主义伟大胜利——在中国共产党第十九次全国代表大会上的报告》，人民出版社2017年版，第60页。

待周边国家，争取更多朋友和伙伴；"惠"是指履行惠及周边、互利共赢的合作理念，要本着互惠互利的原则同周边国家开展合作，编织更加紧密的共同利益网络，把双方利益融合提升到更高水平，让周边国家得益于我国发展，使我国也从周边国家共同发展中获得裨益和助力；"容"是指展示开放包容、求同存异的大国胸怀，要倡导包容的思想，强调亚太之大容得下大家共同发展，以更加开放的胸襟和更加积极的态度促进地区合作。

"亲、诚、惠、容"的理念是以习近平同志为核心的党中央着眼中国同周边国家关系发展提出的重要理念，既是对中华人民共和国60多年睦邻友好政策的总结，也反映了我国周边外交理念的创新发展，是新形势下中国坚持走和平发展道路的生动宣言，对于改善中国与周边国家的关系，实现中国与周边国家的合作共赢，引领中国同周边国家关系不断发展起到重要的指导作用。

（二）全方位加强与周边国家的对话合作

中国倡导并践行"亲、诚、惠、容"理念，就是把中国的发展与周边国家的发展联系起来，以自身发展促进周边国家的发展，使周边国家更好地分享中国发展的成果，推动建设和平、合作、和谐和繁荣的地区命运共同体。2013年10月，周边外交工作座谈会上，习近平用"命运共同体"定位了新时期中国与周边国家的关系，提出"让命运共同体意识在周边国家落地生根"。同时，亚洲新安全观的提出也是周边外交的重大理念。2014年5月在亚洲相互协作和信任措施会议第四次峰会上，习近平主席提出"共同、综合、合作、可持续"的"新亚洲安全观"，既内含对亚洲安全的全新理解，也包括对实现亚洲安全的目的、手段、方式的思考。在新时期，以习近平同志为核心的党中央积极开展同周边国家在各领域的交流合作，取得了显著成绩。

"一带一路"倡议的首要合作伙伴是周边国家，首要受益对象也是周边国家。周边国家积极参与到"一带一路"建设，有助于实现地区和平发展合作的愿景。在"一带一路"倡议的引领下，新亚欧大陆桥、中蒙经济走廊、中国—中亚—西亚经济走廊、中巴经济走廊、中国—中南半岛经济走廊、孟中印缅经济走廊等"六大经济走廊"编织出沟通亚非欧的经贸和交通网络，为地区和跨区域发展规划奠定了坚实基础。亚洲基础设施投资银行是全球首个由中国倡议设立的多边金融机构，极大推进了"一带一路"的资金融通，也是中国带给周边国家的机遇和红利。除此之外，中国与东盟国家关系站上更高起点，正式启动澜沧江—湄公河合作机制；重新启动中日韩合作；与东南亚国家合作显著增强；同中亚国家实现战略伙伴关系全覆盖；推动上海合作组织发展进入新阶段。

党的十八大以来，以习近平同志为核心的党中央紧紧抓住战略契机，与周边国家"常见面、多走动"，在运筹周边国家关系时把握大局，收到了良好成效。目前，中国已成为周边多数国家的最大贸易伙伴、最大市场和重要投资来源地。中国与周边国家互通有无、优势互补，共享机遇、共迎挑战，共同发展、共同繁荣。中国也利用与有关国家合办、互办"文化年""文化节""文化周""文化论坛"等活动的契机，加深与周边国家的文化交流与合作。同时，也加强了对周边国家的宣传工作、公共外交、民间外交、人文交流，巩固和扩大了我国同周边国家关系长远发展的社会和民意基础。我们要共同营造对亚洲、对世界都更为有利的地区秩序，通过迈向亚洲命运共同体，推动建设人类命运共同体；要坚持亚太大家庭精神和命运共同体意识，共同致力于亚太繁荣进步，共建面向未来的亚太伙伴关系。

（三）维护周边环境及地区局势的稳定

中国不仅提出了周边外交新理念，积极践行周边外交方针，而且中国在周边地区热点问题处理上继续发挥建设性作用，妥善处理同有关国家的分歧和摩擦，努力维护周边地区和平稳定大局。

我们坚定致力于实现朝鲜半岛无核化目标，坚定致力于维护半岛和平稳定，坚定致力于通过对话协商解决问题。"如果紧张加剧甚至失控，对各方都将是灾难。作为半岛最大邻国，中方不会坐视半岛稳定受到根本破坏，不会坐视中国安全利益受到无端损害。我们强烈敦促各方面理性克制，不要再激化矛盾。"[①]为维护地区局势，加快朝鲜核问题和"萨德"系统部署问题的解决，促进有关各方间的政治信任，中国提出在推动半岛无核化的过程中将半岛停战机制转换为和平机制，并表示愿作出建设性努力，推动在六方会谈框架下重启对话。

我们严格遵循中日四个政治文件精神和四点原则共识，确保两国关系沿着正确方向发展。对于中日钓鱼岛争端，中国在坚决捍卫领土主权完整的原则下，力图通过和平手段解决这一问题。钓鱼岛是中国固有领土，无论从历史归属还是法律依据来看，中国对钓鱼岛都拥有无可争辩的主权。同时，中国也在努力逐步改善同日本的关系。双方同意通过对话磋商防止局势恶化，建立危机管控机制，以避免发生不测事态。

我们坚定发展同东盟友好合作，坚定支持东盟发展壮大，坚定支持东盟共同体建设，坚定支持东盟在东亚区域合作中发挥主导作用。对于南海领土争端，中国在坚持"主权属我、搁置争议、共同开发"的方针下，积极同有关国家进行协商和沟通，实现南海问题的和平解决。在中国的努力下，2016年中国和东盟国家外交部长发表了关于全面有效落实《南海各方行为宣言》的联合声明，有关国家的紧张关系得以缓和，南海问题正在和平、积极、有序地得到解决。

我们愿同南亚各国和睦相处，愿为南亚发展添砖加瓦。对于中印领土争端，中国主张以和平方式用政治谈判的手段解决问题。习近平主席和莫迪总理的互访与会晤，再次确认共同管控边界分歧，将解决两国边界问题视为两国关系进一步发展的重要目标。两国在处理争议边界问题上创造了一个用

---

① 《外交部长王毅就中国的外交政策和对外关系答记者问》，中国人大网，2016年3月8日，http://www.npc.gov.cn/npc/zhibo/zzzb24/node_29882.htm.

"双轨思路"处理全面发展与国际争端的范例。

我们希望同中亚国家一道，不断增进互信、巩固友好、加强合作、促进共同繁荣。中亚等地区的恐怖主义势力和中国新疆的"东突厥斯坦"分裂势力相勾结，严重影响中国西北边疆地区安全，"三股势力"的暴恐行动也成为对中国安全的直接威胁。中国将继续在上合组织的框架下，打击恐怖主义、跨国犯罪以及防范"伊斯兰国"在中亚地区的扩散。

四、义利合一加强与发展中国家团结合作

加强与发展中国家的团结合作是中国对外政策的基本立足点，也是中国推动构建新型国际关系的重要内容。党的十八大以来，以习近平同志为核心的党中央就新形势下切实加强与广大发展中国家的团结与合作作出战略部署，提出要坚持正确的"义利观"和"真实亲诚"的理念来指导与发展中国家的外交关系。正确义利观和真实亲诚的理念彰显了中国负责任大国的形象，也为人类命运共同体建设提供了重要的道义指导原则。

（一）义利合一拓展全球伙伴关系网络

中华人民共和国成立以来，中国把支持亚非拉被压迫民族的解放事业看作自己应尽的国际义务。亚非拉国家独立后，中国政府积极支持新独立亚非拉国家维护民族独立，并在和平共处五项原则基础上与各国发展友好关系。改革开放后，中国确立了独立自主的不结盟的外交战略，明确将加强同第三世界国家的团结与合作作为我国对外关系的基本立足点，在国际关系中，中国站在发展中国家一边，主持公道、伸张正义，积极发展与第三世界国家的关系。

党的十八大以来，以习近平同志为核心的党中央面对中国与发展中国家关系面临的新情况、新问题和新阶段，在继承中华人民共和国60多年外交经验的基础上，提出了一系列新思路和新理念：2013年3月，习近平主席在访

问非洲时首次提出正确义利观的概念，10月，在周边外交工作座谈会上的讲话中再次提出以正确义利观作为指导中国构建与周边国家及广大发展中国家合作共赢新型国际关系的指导方针。①2014年7月，在韩国首尔大学的演讲中提出"倡导合作发展理念，在国际关系中践行正确义利观"，11月，在中央外事工作会议上，习近平总书记将"正确义利观"纳入"中国特色大国外交"的理念范畴。在党的十九大报告中，习近平总书记再次强调将"秉持正确义利观和真实亲诚理念加强同发展中国家团结合作"②。

正确义利观是"义"和"利"的辩证统一。"义，反映的是我们的一个理念，共产党人、社会主义国家的理念。这个世界上一部分人过得很好，一部分人过得很不好，不是个好现象。真正的快乐幸福是大家共同快乐、共同幸福。我们希望全世界共同发展，特别是希望广大发展中国家加快发展。利，就是要恪守互利共赢原则，不搞我赢你输，要实现双赢。我们有义务对贫穷的国家给予力所能及的帮助，有时甚至要重义轻利、舍利取义，绝不能唯利是图、斤斤计较"③。我们要注重利，更要注重义，只有义利兼顾才能义利兼得，只有义利平衡才能义利共赢。中国在同发展中国家和周边国家发展关系时，要树立正确义利观，政治上坚持正义、秉持公道、道义为先，经济上坚持互利共赢、共同发展。我国虽然取得巨大发展成就，但仍然是发展中国家，要同发展中国家守望相助、共同进步。

（二）真实亲诚加强中非合作

中非历来是休戚与共的利益共同体和命运共同体，双方应该以全面战略合作伙伴建设为引领，继承真诚友好的光荣传统，把互助合作精神发扬光

---

① 《为我国发展争取良好周边环境　推动我国发展更多惠及周边国家》，《人民日报》，2013年10月26日，第1版。
② 习近平：《决胜全面建成小康社会　夺取新时代中国特色社会主义伟大胜利——在中国共产党第十九次全国代表大会上的报告》，人民出版社2017年版，第60页。
③ 《坚持正确义利观　积极发挥负责任大国作用》，《人民日报》，2013年9月10日，第7版。

大，坚持互利共赢的平等合作、开放包容的多方合作、能力导向的务实合作、绿色低碳的可持续发展、基础优先的重点合作。

2013年3月，习近平主席在访问坦桑尼亚时提出发展中非关系要讲"真、实、亲、诚"4个字，指出中国坚持国家不分大小、强弱、贫富一律平等，秉持公道、伸张正义，反对以大欺小、以强凌弱、以富压贫……继续在国际和地区事务中坚定支持非洲国家的正义立场，维护发展中国家共同利益。其中，"真"代表着真朋友最可贵，中非传统友谊弥足珍贵，值得倍加珍惜。"实"意味着中国不仅仅是合作共赢的倡导者，更是积极的实践者。"亲"表明了中国和非洲国家的关系就如同亲人一般。"诚"体现了中国在处理同非洲国家之间的关系时，始终以坦诚的方式解决与非洲国家合作中的问题。在"真、实、亲、诚"外交思想的指导下，中国在各个领域加深了同非洲国家的交流与合作，同非洲国家一道，"共同致力于做强和夯实政治上平等互信、经济上合作共赢、文明上交流互鉴、安全上守望相助、国际事务中团结协作'五大支柱'"[1]。

在真实亲诚理念指导下，中非各个领域的合作顺利展开。在政治合作上，频繁开展高层互访，签署一系列政治合作文件，包括《关于全面深化中国非盟友好合作的联合声明》《中非合作论坛约翰内斯堡峰会宣言》等。2015年中非合作论坛约翰内斯堡峰会上，中国将中非"新型战略伙伴关系"提升为"全面战略伙伴关系"。[2]经济合作上，中国致力于把自身的发展同非洲的发展紧密联系起来，以实际行动支持非洲发展建设。2015年12月，习近平主席在中非约翰内斯堡峰会上，提出坚持政府指导、企业主体、市场运作、合作共赢的原则，着力解决非洲基础设施建设落后、人才不足和资金短缺三大

---

[1]《在中非合作论坛约翰内斯堡峰会上的总结讲话》，新华网，2015年12月6日，http：//news.xinhuanet.com/world/2015-12/06/c_1117367230.htm.

[2]《中非合作论坛约堡峰会：具有里程碑意义的历史性盛会》，中华人民共和国驻肯尼亚共和国大使馆，http：//www.fmprc.gov.cn/ce/ceke/chn/zfgx/t1328709.htm.

瓶颈，以此促进中非经贸合作的进一步深化与加强，并决定提供总额600亿美元的资金支持。① 针对基础设施建设落后的问题，中国积极参与非洲铁路、公路、区域航空等设施的援建。文化合作上，中国利用与非洲各国合办、互办"中非联合研究交流计划""中非新闻交流中心""中国年""中国文化节"等一系列具有中非特色的文化交流活动的机会，加深与非洲国家的文化交流与合作。在国际事务和安全合作上，中国在联合国框架下派出维和人员参与非洲地区的反恐活动、参与亚丁湾护航等。

（三）五位一体构建中拉新格局

中国与拉美和加勒比海国家虽然相距遥远，但友好关系源远流长。新时期，中拉关系发展是开放的发展、包容的发展、共赢的发展，这不仅符合中拉双方共同利益，也为地区和世界的和平、稳定、繁荣作出了积极贡献。

2014年，习近平主席在巴西利亚出席中国—拉美和加勒比国际领导人会晤时发表主旨讲话，提出了构建中拉关系"五位一体"新格局的理念。习近平主席指出，"通过这次会晤，共同宣布建立平等互利、共同发展的中拉全面合作伙伴关系，努力构建政治上真诚互信、经贸上合作共赢、人文上互学互鉴、国际事务中密切协作、整体合作和双边关系相互促进的中拉关系五位一体新格局"②，致力于打造中拉携手共进的命运共同体。具体说来，"五位一体"的内涵是：第一，坚持平等相待，始终真诚相助。中拉应该加强治国理政经验交流，深化战略互信，继续在涉及国家主权、领土完整等核心利益和重大关切上相互理解、相互支持。第二，坚持互利合作，促进共同发展。中拉经济互补性强，发展战略相互契合，加强合作具备天然优势。第三，坚持交流互鉴，巩固世代友好。中方愿意同拉美国家加强政府、立法机构、政

---

① 习近平：《开启中非合作共赢、共同发展的新时代》，《人民日报》，2015年12月5日，第2版。
② 习近平：《努力构建携手共进的命运共同体》，《人民日报》，2016年11月11日，第3版。

党、地方交往，加强教育、文化、体育、新闻、旅游等领域交流合作，开展文明对话。第四，坚持国际协作，维护共同权益。中拉在全球事务中加强协调和配合，对推动国际秩序朝着更加公正合理的方向发展具有重要意义。第五，坚持整体合作，促进双边关系。中方愿意同拉方在政治、经贸、人文、社会、外交等领域开展集体对话，促进共同发展。

党的十八大以来，中国同拉美国家的整体关系取得突破性进展。习近平主席访问巴西期间，同拉美国家领导人举行了历史上首次集体会晤，双方正式启动了"中拉全面合作伙伴关系"，并宣布成立"中国—拉美共同体论坛"。同时，中拉之间高层频繁互访，为双方增强政治领域的相互信任提供了基础和动力。中拉双方在经济领域的合作中，始终秉持互利合作，促进共同发展的基本原则。2014年习近平主席创造性地提出了中拉"1+3+6"合作新模式，2015年李克强总理出席中巴工商界峰会时提出中拉产能合作"3×3"新模式。伴随着上述倡议的提出，中拉经贸合作更加务实深入，逐步由单纯的贸易主导向贸易、投资、金融三轮驱动模式演进。习近平主席指出："人文上，中拉要加强文明对话和文化交流，成为不同文明和谐共处、相互促进的典范。"[①]2014年，习近平主席在巴西国会的演讲中指出"中国梦"与"拉美梦"息息相通，体现出一种合作共赢、共同发展的思想理念。中拉双方在联合国等国际组织和多边机制框架内，围绕全球治理、可持续发展、应对气候变化、网络安全等全球性议题和热点问题加强沟通和协作，就亚太和拉美事务不断加强对话与合作，以此来促进中拉关系健康稳定发展。

（四）丝路精神深化中阿合作

中国与阿拉伯国家自古以来有着深厚的传统友谊，今天，中国同阿拉伯

---

① 《人文外交：中拉关系的新支柱》，光明网，2016年11月21日，http://theory.gmw.cn/2016-11/21/content_23050147.htm.

国家彼此是相互尊重、相互认同、相互信赖的好朋友、好兄弟、好伙伴，双方将弘扬丝路精神，促进文明互鉴、尊重道路选择、坚持合作共赢、倡导和平对话，不断深化全面合作、共同发展的中阿战略合作关系。

2014年6月5日，习近平主席在中阿合作论坛第六届部长级会议开幕式上提出了"弘扬丝路精神，深化中阿合作"的主张，指出弘扬丝路精神就是要弘扬丝绸之路承载的和平合作、开放包容、互学互鉴、互利共赢精神。[1]"和平合作"就是要坚定地支持中东地区的和平进程，以和平促合作；"开放包容"就是要充分尊重阿拉伯国家的道路选择，坚定地支持和维护阿拉伯国家的民族文化传统；"互学互鉴"就是要开展中阿文明对话，倡导包容互鉴，一起挖掘民族文化传统中积极的处世之道同当今时代的共鸣点；"互利共赢"就是要以促进中阿共同发展为主要目标，将中国自身发展同阿拉伯国家的发展对接，推动中阿经济共同发展。[2]在这一思想的指导下，面对新时期复杂多变的国际和地区形势，中阿战略合作关系进一步深化和发展。

政治领域中，倡导和平对话机制，开展促进稳定行动。中国珍视同阿拉伯国家的关系，始终从战略高度和长远角度推动中阿关系发展。经济领域中，坚持互利共赢理念，开展创新合作行动。中阿以"一带一路"倡议为依托，进一步提高在经济领域的合作水平，双方不断加强上中下游全产业链合作，推进"油气+"合作新模式，续签长期购油协议，构建互惠互利、安全可靠、长期友好的中阿能源战略合作关系。军事安全领域中，强化多边安全合作，推进国际反恐行动。人文交流领域中，加强文明交流互鉴，开展增进友好行动。2016年1月中国发布了对阿拉伯国家政策文件，强调中国愿同阿拉伯国家一道，致力于促进世界文明的多样性发展，促进不同文明之间的交流互鉴。进一步密切中阿人文交流，加强双方科学、教育、文化、卫生和广

---

[1] 习近平：《弘扬丝路精神，深化中阿合作》，《人民日报》，2014年6月6日，第2版。
[2] 《习近平总书记系列重要讲话读本》，学习出版社、人民出版社2016年版，第271页。

播影视领域的合作，增进双方人民相互了解和友谊，促进中阿文化相互丰富交融，搭建中阿两大民族相知相交的桥梁，共同推动人类文明发展进步。①

五、平等相待推动国际关系民主化

进入21世纪，多边外交是中国外交发展最快的领域，中国积极倡导与践行多边主义。随着国力不断增强，中国必将在力所能及范围内承担更多国际责任和义务，为人类和平与发展作出更大贡献。党的十八大以来，习近平总书记科学审视当今国际体系与国际格局的深刻变化，提出共商共建共享的全球治理观，努力为推进国际关系民主化贡献中国智慧，同世界各国一道，推进国际秩序朝着更加公正合理的方向发展。

纵观60多年来的中国多边外交，不断有新的理念被提出，其内涵也随着世界形势的发展变化不断丰富和深化，为当代国际关系持续注入新的活力。1953年12月，周恩来在中印谈判时首次提出了和平共处五项原则的思想，认为中印两国应该在互相尊重领土与主权完整、互不侵犯、互不干涉内政、平等互惠、和平共处原则的基础上发展两国的友好关系。1988年，邓小平在会见印度总理吉拉夫·甘地时谈道："和平共处五项原则是最经得住考验的……我们应当用和平共处五项原则作为指导国际关系的准则。"②1990年，邓小平进一步指出："要积极推动建立国际政治经济新秩序。"国际政治经济新秩序实际上是和平共处五项原则在国际秩序问题上的延伸。2000年9月，江泽民在联合国"千年首脑会议"上，全面系统阐述了中国关于国际新秩序的主张，倡导"国际政治多极化，国际关系民主化"。2005年9月，在联合国成立60周年首脑会议上，胡锦涛在讲话中提出"和谐世界"的理念。党的十八大

---

① 《中国对阿拉伯国家政策文件》（全文），新华网，2016年1月13日，http：//news.xinhuanet.com/world/2016-01/13/c_1117766388.htm.

② 《邓小平文选》第三卷，人民出版社1993年版，第283页。

以来，中国更加主动发挥中国对现有国际秩序的建设者作用，通过多边外交舞台，阐释了对相关问题的立场主张，充分体现了中国是国际体系与国际秩序的建设者。中国秉持共商共建共享的全球治理观，倡导国际关系民主化，坚持国家不分大小、强弱、贫富一律平等，支持联合国发挥积极作用，支持扩大发展中国家在国际事务中的代表性和发言权，发挥负责任大国的作用，积极参与全球治理体系改革和建设，不断贡献中国智慧和力量。

（一）支持联合国等全球性国际组织积极发挥作用

联合国是当今世界最重要的国际组织和开展多边外交的重要场所，中国积极参加以联合国为中心的多边外交活动，全面阐述自己对国际问题的原则立场，使世界更好地了解中国政府和人民的主张，扩大了中国的国际影响。同时，中国借助包括联合国在内的其他全球性国际组织，倾听来自世界各地的呼声，对各国的意见和看法都有了较为准确地把握和理解，这样做有利于中国在纷繁复杂的国际事务中给自己及所应采取的外交政策作出正确定位，并发挥自己在国际事务中的影响力。

习近平主席高度重视联合国的重要作用，表明了中国将继续坚定支持联合国工作的立场，主张国际社会应捍卫《联合国宪章》宗旨和原则，致力于加强联合国的作用：一是坚持政治解决冲突的方向；二是坚持实现共同发展的目标；三是坚持联合国在国际事务中的引导作用。[1]同时，中国还积极稳妥地促进联合国的改革。作为安理会常任理事国之一，中国为维护世界和平与安全发挥着重要和独特作用。中国积极参与了朝核、伊核、阿富汗、苏丹达尔富尔等国际热点问题的解决进程，为共同应对各种国际安全的新威胁、新挑战作出重要贡献。目前中国已经是安理会5个常任理事国中派出维和人员

---

[1]《习近平会见联合国秘书长潘基文》，人民网，2014年5月19日，http://politics.people.com.cn/n/2014/0519/c1024-25036379.html。

最多的国家。中国努力承担国际责任和义务,先后加入了130多个政府间国际组织、300多个国际多边条约。

同时,中国还是G20的主要创建者和参加者,积极推动G20应对世界金融危机及各种全球性问题。中国还提升了自身在世界银行中的投票权,成为世界银行的第三大股东国,同时致力于提升在国际货币基金组织中的份额和发言权。中国希望不断提升自身及发展中国家在这全球性国际组织中的议程设置权、发言权和决策权,以推动改革和调整不合理的制度设计,更好地增进发展中国家的应有权益,更好地维护世界人民的共同福祉。除此之外,中国在共同应对全球经济金融危机、气候变化、能源安全、粮食安全、全球公共卫生安全等方面,作出了实实在在的努力。在国际人权领域,中国也积极开展工作,提出了很多有关人权的宝贵思想。

(二)协调推动区域性国际组织发挥建设性作用

中国的建设需要一个良好的国际环境,特别是需要一个相对稳定的周边环境,这就要求中国正确处理同邻国及各类区域性国际组织之间的相互关系,协调推动区域性国际组织发挥在全球及地区事务中的积极作用。

在金砖国家领导人第五次会晤时,习近平主席提出:"我们要用伙伴关系把金砖各国紧密联系起来,下大气力推进经贸、金融、基础设施建设、人员往来等领域合作,朝着一体化大市场、多层次大流通、陆海空大联通、文化大交流的目标前进。"[①]进一步增强了这一发展中国家合作重要平台的生机与活力。在亚太经合组织第二十二次领导人非正式会议中,在成员国提出的100多项合作倡议中,一半以上由东道主中国提出。习近平主席宣布启动此前搁置了10年的亚太自贸区建设。两年后的亚太经合组织第二十四次领导人非正式会议通过的《利马宣言》中,亚太地区21个经济体重申,将致力于最

---

① 习近平:《习近平谈治国理政》,外文出版社2014年版,第324—325页。

终实现亚太自贸区。在金砖国家领导人厦门会晤期间，习近平主席指出："没有我们五国参与，许多重大紧迫的全球性问题，难以有效解决。我们就事关国际和平与发展的问题共同发声、共提方案，既符合国际社会期待，也有助于维护我们的共同利益。"①在首届"一带一路"国际合作高峰论坛上，经过梳理和汇总的成果涵盖政策沟通、设施联通、贸易畅通、资金融通、民心相通五大类，共76大项、270多项具体成果。

中国积极实施共建"一带一路"倡议，发起创办亚洲基础设施投资银行，设立丝路基金，举办首届"一带一路"国际合作高峰论坛、亚太经合组织领导人非正式会议、金砖国家领导人厦门会晤、亚信峰会，倡导构建人类命运共同体，促进全球治理体系变革，为世界和平与发展作出新的重大贡献。

（三）支持扩大发展中国家在国际事务中的代表性和发言权

当前国际规则大都由西方发达国家所主导，这些规则在很大程度上反映了它们的观念与利益需求，广大发展中国家很难从看似公平的全球化进程中获得应有的益处，在国际政治领域也缺乏应有的话语权。为此，中国积极努力开展多边外交，不仅为引导国际体系变革起到独特作用，还提升了新兴市场和发展中国家的代表性和话语权。中国清楚地意识到，作为发展中国家的一员，中国的国家利益与发展中国家的共同利益有着极大程度上的一致性，因此中国在多边外交活动中，特别重视和注意加强与发展中国家的相互合作与支持，为发展中国家应享有的权益进行有力的呼吁和合理的斗争。正如一些西方学者评论的："中国正在指引世界其他国家在一个强大重心的世界上保护自己的生活方式和政治选择。"②

---

① 《习近平在金砖国家领导人厦门会晤大范围会议上的讲话》，2017年9月4日，新华社。

② [美] 乔舒亚·库珀·雷默等：《中国形象：外国学者眼中的中国》，社会科学文献出版社2006年版，第283—333页。

第二章
构建相互尊重、合作共赢的新型国际关系

在出席2015年4月22日万隆会议60周年纪念活动时，习近平主席指出，和平、发展、合作、共赢是当今时代的发展潮流，各国需要秉持人类命运共同体意识，继续深化亚非合作，不断拓展南南合作，持续推进南北合作。要提高发展中国家在国际体系内的代表性和发言权，增强发展中国家自主发展能力，建立更加平等均衡的新型全球发展伙伴关系。中国将继续推动南南合作及南北合作，共同维护地区和世界和平稳定，促进共同发展繁荣。

作为一个快速崛起的新兴大国，中国将始终与广大发展中国家站在一起，在维护和增进自身利益的同时注重促进发展中国家的共同利益，在重视自身发展的同时注重推动发展中世界的整体发展与复兴。我国推动成立亚洲基础设施投资银行、丝路基金、金砖国家新开发银行，积极参与制定海洋、极地、网络、核安全、气候变化等新兴领域治理规则，不断提高发展中国家在国际体系中的话语权和影响力。

中国在国际事务中一贯伸张正义、主持公道，反对霸权主义，为维护世界和平、促进共同发展发挥了建设性作用。针对不合理、不公正的国际经济旧秩序，中国坚定地站在发展中国家一边，坚决主张平等互利、协商一致、求同存异、循序渐进的基础上，开展多层次、多渠道、多形式的国际安全对话和国际经济合作。与此同时，中国的多边外交活动也得到了绝大多数发展中国家的支持。中国在推进多边外交时，着重大力推动国际发展事业，积极推动实现了联合国千年发展目标，同各国一道为实现2015年后发展议程作出努力，积极应对气候变化等全球性问题。在乌克兰、叙利亚、伊核、巴以、阿富汗、朝核、南苏丹等热点问题上，中国秉持客观公正立场，积极劝和促谈，为问题的解决发挥了重要建设性作用。从亚太经合组织北京峰会，到二十国集团领导人杭州峰会，再到金砖国家领导人厦门会晤，中国以主场外交的形式为全世界搭建舞台。中国和其他新兴市场国家、发展中国家在全球经济治理中的议程设置权、规则制定权和国家话语权显著增强，有力推动全球治理体系朝着更加公正合理的方向发展。

(四) 推动构建公正合理的国际新秩序

随着冷战的结束,全球化日益深入发展以及全球性问题的日益凸显,国际秩序出现变革的态势,要求建立公正合理的国际新秩序的呼声越来越高。事实证明,"在一个日益相互依赖的世界政治经济中,国际机制可能对那些希望解决共同问题和追求互补的目标,同时又不愿将自己从属于一个等级控制体系的各国政府来说,变得越来越有用"[1]。对于国际社会及整个国际体系而言,中国积极开展多边外交并致力于国际多边治理,也能极大推动国际社会的和平与发展进程,进而推动国际秩序的变革和发展。当今时代的国际秩序看似公平公正,但在某些方面仍延续着历史上的强权政治逻辑,仍然缺乏足够的公平与正义。国际秩序存在事实上的不公平、不公正,不仅体现在国际政治领域仍然存在的单边主义和强权政治,也体现在发展领域里的南北贫富分化加大以及由此带来的南北矛盾的不断增多。

因此,推动国际秩序的变革和发展,实现国际正义,不仅需要继续推动国际关系民主化,也需要在发展中国家与发达国家、穷人与富人之间实现平等的生存权和发展权。"中国共产党是为中国人民谋幸福的政党,也是为人类进步事业而奋斗的政党"[2]。长期以来,中国一直站在发展中国家立场,在国际上反映发展中国家的利益需要与正义呼声,体现出一种以南南合作为导向、以解决南北问题为依归的远大的世界抱负。建立新型国际关系,是中国顺应时代要求,为实现各国和各国人民共享平等尊严,共享发展成果,共享安全保障提出的蓝图。它与构建人类命运共同体的思想一脉相承、互相补充,"新型国际关系侧重回答中国主张构建一种什么样的国家关系;命运共同体则进一步回答中国追求建设一个什么样的世界,具有更加丰富的政治、经

---

[1] 基欧汉:《霸权之后——世界政治经济中的合作与纷争》,上海人民出版社2001版,第75—76页。
[2] 习近平:《决胜全面建成小康社会 夺取新时代中国特色社会主义伟大胜利——在中国共产党第十九次全国代表大会上的报告》,人民出版社2017年版,第57页。

济、安全、文明、生态等多方面内涵"①。打造人类命运共同体理念是中国推进建立公正、合理国际新秩序的目标追求，建立以相互尊重、公平正义、合作共赢为核心的新型国际关系，则能够避免一些国家片面追求利益最大化，从根本上维护好各国利益，确保世界和平、稳定、发展，推动国际政治经济新秩序更加公正合理。

---

① 王毅：《中国特色大国外交的全面推进之年》，载《国际问题研究》，2016年第1期，第6页。

/ 第三章 /

中国方案 CHINA CONCEPTION

营造公道正义、共建共享的安全格局

当今世界正处于大发展大变革大调整时期,和平、发展、合作、共赢成为新时代的主题。然而,世界面临的不稳定性不确定性仍旧突出,受金融危机影响,全球力量格局急剧调整,世界大国全球战略博弈加剧,地区热点问题此起彼伏,恐怖主义、网络安全等非传统安全威胁蔓延全球,人类生存面临严峻挑战。面对人类共同的安全威胁,现有全球安全治理暴露出诸多问题,表现出一种"供不应求"的治理困境。在此情况下,中国积极承担国际责任,向国际社会提供公共安全产品,在立足实践的基础上提出了"共同、综合、合作、可持续"的新安全观,强调坚持以对话解决争端、以协商化解分歧,统筹应对传统与非传统安全,反对一切形式的恐怖主义,积极推动全球安全治理体系变革,倡导营造公道正义、共建共享的安全格局,实现普遍的和平,为世界安全与发展提供中国方案。

一、国际安全的发展变化

当前国际安全的最新发展,与人类所处时代国际体系的巨大变革是密切相关的。一方面,进入21世纪后,特别是2008年金融危机之后,全球力量对比"东升西降"的趋势更加明显。美国权势相对衰落,欧洲部分主权国家发生主权债务危机,而以金砖国家为代表的新兴市场国家在遭遇金融危机短暂的打击之后得以较快地恢复经济,并成为全球经济增长的强劲引擎。其中,中国经济常年维持中高速增长,于2010年超过日本正式成为世界第二大经济体,并在其后的发展中远远甩开日本,逐渐缩小与美国的差距。根据世界银行的数据报告,2008年,中国GDP占世界经济总量的7.38%,美国占23.34%,日本为7.97%;到2015年,中国经济的占比已经达14.84%,美国占比上升到24.32%,日本则降至5.91%。中国作为发展中国家和新兴市场国家的代表,已经俨然成为世界经济大国,随着中国国家实力和影响力的不断提高,中国将协同各发展中国家和新兴市场国家在国家安全治理中发挥更大更

第三章
营造公道正义、共建共享的安全格局

具建设性的作用。

另一方面,随着全球范围内新兴国家的群体性崛起,以及国内安全问题、地区性安全问题向全球化倾向演变,越来越多的国家行为体和非国家行为体正积极参与到国际事务中去。其相互关系也变得日益复杂,进而逐渐形成一个全球性体系,这种全球性体系的形成和发展正将全人类的命运联系在一起。首先,新兴市场国家以及更多的发展中国家开始注重在地区舞台及全球舞台上发声,发挥自己的影响力。通过一系列国际组织、多边对话合作机制等多边途径,世界各国寻求在地区事务及全球事务上相互对话协商、集体决策发声,共同应对地区性及全球性安全问题。上海合作组织是由中国和俄罗斯共同发起的地区性政府间国际组织,创始成员国还包括哈萨克斯坦、吉尔吉斯斯坦、塔吉克斯坦、乌兹别克斯坦四国,自2001年成立以来,六国积极合作、平等磋商,在促进并深化成员国之间睦邻互信与友好关系、巩固地区安全和稳定、促进联合发展方面发挥了巨大的积极作用。其中,中国对上合组织的建设和发展作出了颇有成效的贡献,使其成为展现中国坚定维护地区、国际和平与安全的负责任大国形象的重要标签之一。2017年6月,印度和巴基斯坦正式成为上海合作组织成员国,上合由此成为欧亚大陆涵盖人口最多的区域安全组织,预示着其将在维护地区安全、促进共同发展领域发挥更大的作用。其次,诸多国际组织正作为一支庞大的力量活跃于国际社会,并积极地参与到全球安全事务中,构成了国际行为主体的多元化格局。以美国为首的由北美、西欧发达国家组成的北约作为冷战时期的产物,长期以来维持了强大的影响力。2014年乌克兰危机爆发后,北约作为防止俄罗斯入侵其欧洲盟友的威慑力量,做了一系列军事准备,对俄罗斯进行战略围堵,使得地区局势一度紧张。此外,世界贸易组织、世界卫生组织、红十字会、无国界医生等国际组织都在国际社会中发挥着一定的影响力。其中,联合国是世界最具影响力的政府间国际组织,在维护全球安全方面扮演着重要角色。与此同时,国际组织作用的增强也在一定程度削弱了国家的主权,面对全球

性的安全问题，国家不得不让渡一部分主权给国际组织，以更好地应对全球安全问题。

人类社会正在向多极化和多元化大步迈进，国际体系正发生着巨大的调整和变革。和平与发展仍然是时代主题，国际安全形势总体趋于稳定，主要大国间出现军事对抗的可能性比较低，各国相互联系和依存日益加深，国际力量对比更趋平衡，和平发展大势不可逆转。当然，总体稳定并不意味着当今世界不存在问题和挑战，也不意味着问题和挑战不多，形势不严峻。[①]相反，种种迹象表明，人类当下面临的安全威胁更加复杂化、更具挑战性。

（一）地区热点问题此起彼伏

在和平、发展、合作、共赢的时代潮流下，大国在全球范围内的竞争与博弈构成了这个时代的重要特征，为世界的总体和平增添了新的复杂因素，地区热点问题彼此起伏，增加了世界面临的不稳定性和不确定性。这些地区热点问题有代表性的主要包括叙利亚问题、乌克兰危机、朝核问题以及南海问题。

1. 叙利亚问题

开始于2011年的叙利亚问题起初只是叙利亚民众要求政府扩大民主、惩治腐败的反政府示威活动，但在西方大国的煽动和支持下，迅速演变为叙利亚政府与反对派之间持续的武装冲突。美国就是其中最积极的煽动势力。叙利亚危机伊始，美国便号召西方国家一致要求叙利亚销毁化学武器、反对巴沙尔政权，并为反政府团体提供武器装备和资金支持等。欧盟出于能源安全、人权问题以及与美国传统盟友关系的考虑，在干涉叙利亚问题上采取积极态度，要求巴沙尔下台、实施对叙制裁。俄罗斯则是巴沙尔政权的支持

---

① 贾庆国：《未来国际安全发展趋势堪忧》，环球网，2016年12月6日，http://opinion.huanqiu.com/1152/2016-12/9775171.html.

者，主张通过政治谈判解决叙利亚问题，并呼吁国际社会达成共识。2013年叙利亚"化武"危机使叙利亚走向欧美武力干预的边缘，而俄罗斯从中积极协调，倡导政治解决，使得叙利亚"化武"危机出现戏剧性转折，避免了欧美的武装干预。自2014年6月起，宗教极端组织伊斯兰国利用叙利亚的战乱趁势崛起，迅速发展壮大，盘踞叙利亚和伊拉克两国领土，逐步发展成为全球实力最强、影响最大的恐怖组织。自叙利亚问题产生以来，叙利亚国内一直陷于战乱，不同武装力量割据一方，相互征战，绝大多数城市遭到摧毁，造成大量军人和平民死亡，无数难民无家可归，数万人由于粮食匮乏而死亡，整个叙利亚地区陷入一场严重的人道主义危机之中。

2. 乌克兰危机

乌克兰危机是由2013年年底乌克兰亲俄派总统亚努科维奇为强化与俄罗斯关系，中止与欧盟签署政治与自由贸易协议导致乌克兰亲欧势力强烈抗议所致。亲欧派的反政府示威导致了亚努科维奇下台，进而引发了乌克兰东部的克里米亚、顿涅茨克州和卢甘斯克州公投宣布成立"主权国家"，其中克里米亚公投申请加入俄罗斯联邦，并很快得到了普京的应允。乌克兰危机的爆发在短时间内造成数百人死于骚乱，乌克兰、俄罗斯、北约、美国迅速进行了军事部署并且举行了频繁的军事演习，乌克兰东部部分城市甚至发生武装冲突，地区局势一度紧张。乌克兰危机表面上是其国内亲欧派与亲俄派势力的敌对，实际上则是欧盟东扩、北约东扩与俄罗斯维护其传统势力范围之间的较量。苏联解体后，以美国为首的西方国家并没有放松对俄罗斯的警惕，而是不断地挤压其国际生存空间，防止其再次崛起。通过欧盟东扩，实现对俄罗斯政治和经济上的孤立，通过北约东扩，形成对俄罗斯国家安全的威慑。乌克兰危机和克里米亚危机之后，美欧除了对俄罗斯进行军事上的战略包围之外，联合日韩等国对俄罗斯采取了长期的经济制裁，并且打压国际石油价格，对俄罗斯经济恢复造成了沉重的负面影响。乌克兰危机在本质上反映了美欧与俄罗斯等大国在地区层面的战略博弈，其结果是造成美欧等西方大国与俄罗斯之间关系的长期低迷,影响至今。

3. 朝核问题

自20世纪末开始,朝鲜为了维护国家安全、换取美国等国际物资支援以及增强对韩国的非对称性优势,先后制造了三次核危机。2006年之后,朝鲜开始从宣扬拥核向实际拥核道路迈进,不断推进核武器化进程,频繁进行核试验和导弹试射。朝鲜不断追求研发和拥有核武器是"对《核不扩散条约》和旨在加强防止核武器扩散全球机制的国际努力构成的挑战,以及对该区域内外的和平和稳定造成危险"(联合国1718号决议)的核扩散事件。朝核问题的不断酝酿发酵,一方面对其签署过的《核不扩散条约》《全面禁止核试验条约》、朝韩《朝鲜半岛无核化共同宣言》以及朝与国际原子能机构缔结的《全面安全保障协定》等核不扩散机制构成了直接的威胁和破坏,致其面临严重的信任危机,防核扩散进程处于停顿状态,朝鲜核试验甚至打破了冷战期间建立的核秩序,国际核不扩散机制丧失了实施的环境和基础[1];另一方面严重威胁了朝鲜半岛及周边国家、东北亚乃至全球的和平与稳定,不利于世界和平与发展,由此还引起了一系列连锁反应,韩国加快引进部署萨德反导系统,日本军国主义出现复苏态势。究其根源,朝鲜安全感的缺失是由于朝美之间一直没有签订和平协议以代替冷战期间签订的停战协议所致。化解美朝矛盾是解决朝鲜问题的关键,然而由于美国对朝实施战略拖延政策,以及朝核问题攸关方美日韩与中俄之间在解决朝核问题上无法达成统一,因此,在短期内很难看到朝核问题的彻底解决。

4. 南海问题

南海自古以来是中国的领海,是中国领土不可分割的组成部分。由于丰富的自然资源和独特的地缘位置,南海成为亚太国家关注的焦点,除东南亚国家提出主权要求之外,还引发了美、日、印等大国干涉。中国建设海洋强

---

[1] 许嘉、彭霄:《冷战后国际核不扩散机制危机研究》,载《世界经济与政治》,2009年第4期,第47页。

国、维护领土主权完整和国家安全面临着巨大挑战。具体来说，美国一方面通过亚太再平衡战略，加强与亚太盟友的关系，构建对中国的包围岛链，强化在南海地区的军事存在；另一方面鼓动南海岛屿主权主要声索国对中国采取强硬态度，并以"航行自由"为借口干预南海争端，多次派军舰进入我国南沙群岛12海里以内，公然忽视中国的领土权。日本、印度则紧随其后，使南海局势更趋复杂。南海作为中国领土不可分割的一部分，在当代具有更加重要的战略意义。对于美国亚太再平衡战略以及相关大国在南海问题上的战略搅局，中国主张"亚洲的事归根到底要靠亚洲人民办"，应在东盟和中国框架内解决南海问题。为切实维护南海主权、保护国家安全，中国近年来在南海建设人工岛屿，现已取得重大进展。对于菲律宾在美国和日本等国的教唆下将南海争端提交国际法庭一案，中国政府多次郑重声明，菲律宾单方面提出仲裁违背国际法，仲裁法庭对此案没有管辖权，中国不接受、不参与仲裁。南海问题涉及南海周边多国，但中美关系才是南海问题中的最主要关系，在落实《南海各方行为宣言》的同时，积极构建中美新型大国关系才是解决南海问题的主要着力点。

（二）非传统安全是全球面临的新挑战

非传统安全是相对于传统安全而言的，传统安全是指国家在政治、军事、外交等高级政治领域的安全。人类历史上面临的主要安全问题表现为军事与战争、冲突与对峙、领土争端、政治危机等传统领域的安全问题。而非传统安全是指国家不受非军事性威胁的安全，即低级政治领域的安全，包括经济安全、网络安全、资源安全、环境安全、核安全、防止"三股势力"等等。如同政治、经济、军事、环境等安全因素本身相互影响一样，传统安全与非传统安全并不是相互独立的，而是相互影响、相互交织，演化成更加复杂的综合性安全问题。冷战结束后，特别是进入21世纪之后，非传统安全大规模兴起并席卷全球，恐怖主义、网络安全、重大传染性疾病、气候变化等

安全问题持续蔓延,人类面临许多共同威胁。

1. 恐怖主义

恐怖主义是指通过暴力、破坏、恐吓等手段,制造社会恐慌、危害公共安全、侵犯人身财产,或者胁迫国家机关、国际组织,以实现其政治、意识形态等目的的主张和行为。恐怖主义目前已经成为人类的一种"普遍性恐怖"。基地组织被消灭后,国际恐怖主义在很长一段时间处于低潮,但是随着"阿拉伯之春"所导致的中东持续动乱,恐怖主义在近几年来明显有着抬头趋势,网络化、组织化与规模化特征日益凸显,恐怖活动发生的频率逐年上升,波及的范围也趋向全球化。当前来看,"伊斯兰国"极端组织(ISIS)已成为国际社会所面临的最为严峻的恐怖威胁,其利用叙利亚内战和伊拉克教派冲突的机会迅速壮大,分支遍布中东和东南亚。"伊斯兰国"采取暴力、叛乱与常规军事手段相结合的方式,制造恐怖袭击、屠杀异教徒和平民、暗杀政治对手以及训练外国恐怖分子,对地区与全球安全构成了严重威胁。总的来说,现在的恐怖主义活动已经波及世界上接近三分之一的国家,包括美国、中国、俄罗斯、欧洲各国等,恐怖主义已经成为人类生存与安全的重大威胁。

2. 网络安全

随着互联网技术的快速发展,网络安全问题也成为现阶段国际社会所面临的重要非传统安全威胁之一。网络安全问题是指某些国家、国际组织、机构或个人针对网络系统或重要的网络信息所发起的攻击或盗取。近年来,网络安全问题因为其特殊性和新颖性,逐渐被国际社会所广泛关注,较之于其他类型的非传统安全问题,网络安全还有着隐蔽性和扩散性的新特点。尤其是2013年"棱镜门"事件的发生,使得网络空间安全的问题被提升到了一个前所未有的高度,各国开始将网络安全问题作为国家安全工作的重点进行关注。2016年4月,习近平总书记在主持召开网络安全和信息化工作座谈会时指出:"要树立正确的网络安全观,加快构建关键信息基础安全保障体系,全天候全方位感知网络安全态势，增强网络安全防御能力和威慑能力。"①互联网不仅是维护国家"第五种主权"的场所，也是全球防恐的前线与重要战场。网络技术的快速发展，使得恐怖主义也开始借用网络的力量扩展自己的影响力。恐怖组织利用互联网隐蔽性强、成本低、传播效率高、信息发布广等新的特征开展有关恐怖主义的网络传播。通过社交平台或者通信软件来发展队伍、传递恐怖主义思想以及策划与实施恐怖主义活动。其中，最具代表性的就是"伊斯兰国"，其通过脸谱网（Facebook）以及推特网（Twitter）等新兴网络社交平台，从世界各地大肆招募成员，催生了大量"本土恐怖主义分子"以及"独狼"式恐怖袭击的发生。

3. 重大传染性疾病

进入21世纪后，全球化程度日益加深，传染性疾病问题因其自身的传播速度和危害程度等因素逐渐被国际社会公认为全球性安全问题，得到世界各国的高度重视。目前，传染性疾病的危害已经远远超出一国的范围，而变成全球面临的共同威胁。在经济方面，重大传染性疾病不仅加重了家庭负担，而且扰乱了社会经济正常运行。比如疟疾，在"非洲社会，1987年一例疟疾的花费是9.84美元，其中直接花费是1.83美元，而间接花费是8.01美元"②。其主要流行于非洲中部、南亚、东南亚及南美洲北部的热带地区，其中又以非洲最重。据联合国估计，世界近一半人口处于这一可防治的疾病——疟疾的威胁之中。2009年，全球有78.1万人死于疟疾，其中主要是孕妇和儿童。全球90%以上因疟疾造成的死亡发生在非洲，非洲国家每年因此蒙受的经济

---

① 习近平：《在网络安全和信息化工作座谈会上的讲话》，新华网，2016年4月26日，http://news.xinhuanet.com/newmedia/2016-04/26/c_135312437.htm.

② D.Shepard, M.Ettling, U.Brinkmann and R.Sauerborn, "*The Economic Cost of Malaria in Africa*", Tropical Medicine and parasitology42 (1991), p.199. 转引自涂晓艳：《传染病与国家安全》，社会科学文献出版社2016年版，第141页。

损失达120亿美元。①重大传染性疾病对人口安全也具有毒害性作用，可导致人口锐减和人口结构失衡。2014年2月，西非国家爆发埃博拉疫情，随后在几内亚、利比里亚、马里、塞拉利昂、西班牙和美国扩散。疫情对人的生命构成严重威胁，据世界卫生组织统计数据，截至2016年3月27日，几内亚、利比里亚、塞拉利昂等国共出现28646次感染案例，导致11323人死亡。②此外，2015年在中南美洲流行并于2016年波及包括中国在内的34个国家的寨卡病毒（ZIKV）等，也造成了大量人员死亡。

4. 气候变化

全球气候变暖是指由于人类大量使用煤炭、石油等化石燃料以及过度砍伐森林等行为导致的全球平均气温升高现象，气候变化引发了一系列全球生态问题，如土地荒漠化、生物多样性减少、极地冰雪融化、冰川面积减少、极端气候频发等，给人类生命财产安全造成极大的损失。根据政府间气候变化专门委员会（IPCC）发表的第五次评估报告，近50年来，大气和海洋已变暖，积雪和冰量已减少，海平面已上升，温室气体浓度已增加。③全球变暖已经成为人类最大的杀手，气候变化和化石燃料使用已经导致每年近450万人死亡，到2030年以后可能导致每年600万人死亡。受气候变化的影响，越来越多的人口将更易受到自然灾害及其他气候变化因素的影响，2.5亿人将不得不应对海平面上升带来的后果，3000万人将遭遇极端天气和洪灾，500万人将受荒漠化的影响。世界自然基金会（WWF）预测，到2050年全球的海平面会上升50厘米，沿海的城市和岛屿国家与地区将被淹没，全世界现在136座沿海大城市，价值28.21万亿美元的财产将受到影响。上海等城市已被列入

---

① 《"遏制疟疾伙伴关系"组织发布报告称过去十年全球抗疟成效显著》，央视网，2011年9月14日，http://news.cntv.cn/20110914/102243.shtml.

② Ebola Situation Reports，http://apps.who.int/ebola/ebola-situation-reports.

③ 朱齐艳、刘习平等：《碳排放权交易概论》，社会科学文献出版社2016年版，第1—5页。

了危险城市名单。① 而根据2017年10月30日世界气象组织在日内瓦发布的年度《温室气体公报》，2016年全球二氧化碳平均浓度达到了近百万年以来的最高水平，可能会导致海平面上升20米、全球气温上升3℃的可怕后果。②

当然，非传统安全并不仅仅局限于以上几种，经济危机、能源资源枯竭威胁、生态环境恶化、跨国有组织犯罪等都属于非传统安全范畴，对人类安全造成了全方位的威胁。更为棘手的是，传统安全与非传统安全不仅齐头并进，而且相互交织，使全球安全形势更加复杂化。一方面，越来越多的非传统要素正进入传统安全问题内部，甚至可能主导传统安全问题的发展和解决思路；另一方面，由于超越国家间体系的全球体系的出现和逐渐发展，非传统安全问题的重要性日益上升，如果应对不及时就可能危及整体体系的生存和发展。③ 总的来说，目前国际安全形势的发展变化对各国进行全球安全治理提出了更迫切和更高标准的要求。

二、当前全球安全治理中存在的问题

诚如联合国前秘书长潘基文在讨论联合国成立70周年成果时所言："那些试图为整个世界带来更好治理的努力举动，已经落后于影响政治与社会稳定且处于不断变化中的各种威胁。" 20世纪的全球安全治理机制和体系已经无法适应和满足21世纪的全球安全形势变化。就在21世纪不到两个十年的时间里，新生安全问题层出不穷，各国应接不暇，现有全球安全治理机制对此显得捉襟见肘，暴露出诸多的问题。

---

① 杜受祜：《全球变暖时代中国城市的绿色变革与转型》，社会科学文献出版社2015年版。
② 《〈温室气体公报〉：2016年全球二氧化碳浓度再创新高》，央视网，2017年10月31日，http://news.cctv.com/2017/10/31/ARTItesdpya8T9k6jEOkXsiT171031.shtml.
③ 陈东晓主编：《全球安全治理与联合国安全机制改革》，时事出版社2012年版，第22页。

（一）冷战思维根深蒂固，全球安全治理转型困难

在西方国际政治的长期实践中，尤其是20世纪形成的冷战思维至今仍深刻影响着世界各国的安全观念，零和博弈、以社会制度和意识形态划界、强调军事安全和单边安全等观念潜移默化地影响着各国的对外安全政策。在立场上，西方国家习惯性地以"欧美中心论"和"文明优越论"为出发点，在认识安全问题上采取将其分割成部分以透视本质的"历史分割论"，在解决安全问题上则采取"双重标准"。这些安全观念和思维方式被西方国家视为理所当然，对其安全治理实践影响深远，历史的惯性使得现有的全球安全治理机制改革步履维艰。这些"陈规旧俗"具体表现如下。

一是认为双边或多边关系是一种竞争式的非得即失关系，即所谓的零和博弈。因此，一方的安全会被另一方视为对自己的不安全，一方为维护安全而对军事实力的加强往往会被另一方视为对自己的军事威胁，而双方都将自己的军事政策解读为防御性质，反将对方的军事政策视为进攻性的，相互之间的这种不信任极易导致一种安全困境，刺激军备竞赛，恶化国际安全形势。例如20世纪70年代美苏争霸，两国竞相扩充军备，导致国际局势一度紧张。此外，这种零和思维还构成了"修昔底德陷阱"的思想基础。现有国际格局内，一国的崛起往往被霸权国视为对自己霸权地位的威胁和挑战，霸权国必将回应这种挑战，于是战争便不可避免。冷战结束后，随着苏联的消亡和中国国家实力的日益壮大，西方媒体将矛头指向中国，"中国威胁论"曾一度甚嚣尘上。面对这种指责，中国始终淡定从容，主动作为，坚持走和平发展道路并继续加强国际合作，积极塑造良好国际形象，逐渐化解了西方国家、媒体对中国发展崛起的误解和恶意。

二是以社会制度和意识形态划分敌我阵营，同一社会制度或意识形态的国家具有天然的亲密关系，反之，社会制度或意识形态相悖者往往被视为潜在的威胁。例如，对于美国来说，拥有一颗核武器的朝鲜与拥有上百颗核武

第三章
营造公道正义、共建共享的安全格局

器的英国相比,更具有威胁性,因为朝鲜是社会主义国家,英国和美国同为资本主义国家。所谓"敌人的朋友是我们的敌人,敌人的敌人是我们的朋友",社会制度与意识形态的差异往往与敌对冲突是联系在一起的。19世纪初期拿破仑战争实质上便是两种社会制度和意识形态之间的战争,拿破仑要保卫法国资产阶级革命的成果,欧洲君主国家联盟要抵制资产阶级革命在他们国家的蔓延,以维持原有的君主统治。

三是过分强调军事力量在维护国家安全方面的作用,绝对的军事实力是维护国家安全的最重要保障。在国际社会的无政府状态下,维护国家安全一般有两种途径,一种是增强自身实力,另一种则是削弱对方的实力,而后一种具有极大的不确定性,因此绝大多数国家都会选择增强自身实力以维护国家安全。由此,在零和思维的作用下,各国竞相增强军事实力,导致军备竞赛,最终导致战争的爆发。这便是西方国际关系理论中传统现实主义流派的理论要点,强调军事实力对国家安全的绝对作用。之后的结构现实主义者虽然注意到了经济因素在国际安全中的作用,甚至提出了"霸权稳定论"的安全观念,即国际社会中一个霸权国的存在可以有效维持国际社会的稳定和整体安全。但是我们可以看到,冷战结束后,世界唯一超级大国美国非但没有保证世界的和平稳定,反而组织北约轰炸南斯拉夫、发动海湾战争等,造成了国际局势的动乱,俨然是一个"超级不负责任大国"的形象。可见"霸权稳定论"之局限性,霸权国建立霸权本质上是为维护自身的安全和国家利益,为国际社会提供公共产品只是为了获得其他国家的认可,以维护其霸主地位,一旦其机会成本大于其在国际上所获得的收益,霸权国就会停止公共产品的提供,从而造成国际局势的动荡。

四是只注重维护单边安全,完全以自己国家利益最大化的角度维护国家和国际安全。西方国际关系理论认为,国家是国际关系中最基本的行为主体,坚定地信奉国家利益至上原则,认为国家利益是国家一切行为的出发点和落脚点。可是,这一理念在西方国家的外交实践中被极端化,常常作出为

维护自身利益而损害他国利益的行为。普鲁士首相俾斯麦的名言"没有永远的朋友，也没有永远的敌人，只有永远的利益"便是其生动体现。在外交实践中，各国家将单一的、狭隘的国家利益置于整体利益之上。第二次世界大战前夕，特别是在欧洲、亚洲两个战争策源地形成之后，面对德国、意大利、日本侵略的嚣张气焰，英国、法国、美国的绥靖主义者为维护自身利益，对侵略者采取了绥靖政策，牺牲小国利益以维护自身安全，企图将"祸水东引"，以达到遏制苏联的目的，结果导致搬起石头砸自己的脚。

（二）全球安全治理面临诸多制度困境

在无政府的国际社会，全球安全治理实际上是以全球安全治理制度而非某一国际权威为基础的。现有全球安全治理的制度框架已经运行了半个多世纪，如今暴露出的合法性不足、代表性不够、有效性不高、机制复合体等问题，已经严重阻碍了全球安全治理能力的提升和人类追求安全和平的步伐。①

一是全球安全治理制度的合法性不足。现有的全球安全治理制度是二战后以美国为主导的西方国家建立的，其在机制的运行上很大程度上反映了美国霸权利益，其表现为安全方面成立联合国，经济方面成立世界银行、国际货币基金组织和"关税与贸易总协定"（后成为世界贸易组织）。历史证明，西方国家主导下的全球安全制度体系存在明显的合法性危机，它们与其说是向世界提供的安全领域的公共产品，倒不如说是为本国谋私利的制度工具。美国曾多次借联合国名义发动单边主义战争，1950年美国鼓动联合国安理会通过支援韩国的决议，发动了朝鲜战争，1990年又在联合国名义下联合多国部队发动海湾战争，对伊拉克的经济发展造成了沉重打击。随着全球化的深

---

① 于军、王发龙：《全球治理的制度困境与中国的战略选择》，载《行政管理改革》，2016年11期，第2—3页。

入发展和全球安全问题的不断累积,世界各国越来越意识到这一点,现有的全球安全治理制度不是建立在公平公正的基础上的,而只是西方大国利益的体现。

二是现有全球安全治理制度的代表性不够。国际行为主体日趋多元化和国际权力格局的变化,使得新兴大国、发展中国家、国际组织、跨国公司等行为体对全球安全治理提出了更高的要求,寻求在国际事务中获得更多的代表性和发言权。然而,西方国家主导下的全球安全治理机制只能代表少数国家的利益,缺乏充分的代表性、包容性和民主性,不仅其他主权国家无法参与到全球安全问题的治理中,而且诸多非国家行为体也无法参与其中。全球安全治理本质上要求治理主体的共同参与和承担共同责任,而这种具有排斥性的治理机制必然无法做到这一点,也就难以应对极具复杂性的全球安全问题。就国际货币基金组织配额制改革中向发展中国家转让投票权一项改革议程来看,美国迟迟没有通过,改革方案只停留在纸面上,增大发展中国家发表性的改革阻力重重。[1]

三是全球安全治理的有效性不高。全球安全治理的有效与否直接影响着安全问题的解决,影响到世界的和平与发展。分析当下安全治理的失败案例,不难发现西方国家主导下的全球安全治理机制已经面临着治理低效、失效、失灵的困境。"9·11"之后美国在全球范围内打击恐怖主义,结果却造成越反越恐的恶果,伊斯兰国不仅在叙利亚和伊拉克攻城略地,而且形成多方向、大跨域的溢出效应[2],造成全球影响;2008年美国次贷危机引发的全球性金融危机导致世界经济增长减速,诱发了欧洲多国主权债务危机,至今仍有很多国家尚未从金融危机中恢复过来,世界银行、国际货币基金组织对此束手无策。种种问题背后反映出现有全球安全治理中的诸多问题,安全领

---

[1] 卢静:《当前全球治理的制度困境及其改革》,载《外交评论(外交学院学报)》,2014年第1期,第110页。

[2] 董漫远:《"伊斯兰国"外线扩张:影响及前景》,载《国际问题研究》,2016年第5期,第5页。

域的"陈规旧俗"影响力未散、治理主体合作不力、超级大国不负责任等等，高效的全球安全治理任重而道远。

四是全球安全治理中机制复合体的存在导致治理政策失灵。所谓"机制复合体"，是指在某一特定议题领域中，大量同一级别的国际制度重叠。国际社会对国际制度的需求，使得各个治理议题领域产生了不少制度安排，但由于当今全球治理议题交叉重叠，各议题领域中的这些制度安排之间缺乏有效的协调统一，导致相互间契合程度低，甚至某议题领域的有效制度可能成为另一领域中的破坏者。因此，国际机制复杂性引发了全球治理政策的失灵。[1]在全球安全治理领域中便存在这种机制复合体。在应对气候变化问题上，除了联合国框架下的全球多边气候制度外，还产生了大量由政府主导但范围更窄的小多边乃至双边气候制度，以及各类公私伙伴和民间气候合作制度。即使是在联合国框架下，大量国际组织如政府间气候变化委员会（IPCC）、环境非政府组织以及联合国的相关机构，如联合国贸发会议、联合国开发计划署、联合国环境规划署、世界银行，都对国际气候合作制度的建立、运转及延续发挥重要作用。[2]这使得气候治理制度呈现出参与者多但相互间政策不协调的突出特点，很可能出现一个组织的制度安排使其他组织的各种努力化为乌有的情况。有研究者指出，目前超过200个国际环境协议正遭遇被称作"无政府主义的低效率"问题。[3]

（三）国家间矛盾关系对全球安全治理形成牵制

虽然目前国际行为主体越来越趋向于多元化，政府间组织和非政府组织

---

[1] 卢静：《当前全球治理的制度困境及其改革》，载《外交评论（外交学院学报）》，2014年第1期，第112—113页。

[2] 庄贵阳、朱仙丽、赵行姝：《全球环境与气候治理》，浙江人民出版社2009年版，第165—183页。

[3] [英] 戴维·赫尔德、凯文·扬：《有效全球治理的原则》，载《南开学报（哲学社会科学版）》，2012年第5期，第6页。

第三章
营造公道正义、共建共享的安全格局

正在国际事务中发挥着日益重要的作用，但是国家仍在全球安全治理中发挥着核心和主导作用。任何涉及全球安全的国际协议都需要国家的签署，任何安全治理政策都需要国家来实施，任何全球安全项目都需要国家的参与和支持，因此，在强调多边主义的全球安全治理中，国家间关系对全球安全治理的有效性具有重要的基础性作用。国家之间的敌对、竞争和合作关系状态会对全球安全治理产生不同的影响。在目前快速调整的世界政治经济格局下，国家间相互依存程度日益加深，但彼此间矛盾依旧突出，对高效的全球安全治理形成了一种牵制。其主要表现为两组国家间关系。

一是发达国家与发展中国家、新兴国家之间的关系。在经济全球化和世界多极化的背景下，以金砖国家为代表的新兴国家和发展中国家实力的增强使其参与全球安全治理的意愿和能力大大增强，但是并没有在现有的全球安全治理框架中获得相应的权利、影响力、话语权和代表权。因此，以新兴国家为代表的发展中国家对话语权和代表权的争夺与以美国为首的西方国家对主导地位的争夺之间的矛盾将在很长一段时间内存在。霸权守成国与新兴国家之间的这种关系将必然影响到在全球安全治理中的合作，新兴国家和发展中国家没有能力向全球提供完全的安全公共产品，因此希望美国继续提供全球安全公共产品，而美国则要求新兴国家和发展中国家在国际公共事务中承担更多的国际责任和义务，这种微妙的相互推诿会降低全球安全治理的效率，使治理政策流于空谈。

二是大国之间的关系。与一般国家相比，大国无论在政治、军事，还是经济等方面都占有相对甚至绝对的优势，在地区和全球事务中也都具有更大的影响力，因此大国间关系的处理将在很大程度上影响世界的和平与稳定。在全球层面上，中国继2010年超过日本成为世界第二大经济体后继续发展壮大，这被美国视为对自己霸权地位的挑战，因此，美国提出"亚太再平衡"战略，在政治、军事和经济上对中国进行遏制，中美之间的结构性矛盾将不可避免地影响到两国在地区和全球安全领域中的合作。在地区层面上，俄罗

斯与欧洲国家因乌克兰危机在东欧形成对峙，之间关系一度降至冰点；东亚地区中国的崛起引起日本的警惕，两国的结构性矛盾将长期存在，随着日本军国主义复苏的趋向日益明显，两国可能在岛屿争端等问题上发生擦枪走火。日本在国际事务上追随美国及中日之间的矛盾是两国在应对朝核问题和构建东北亚安全机制上难以达成一致的重要原因。此外，美国与西欧国家之间也存有芥蒂，导致双方在某些安全议题上也并非完全步调一致。总的来说，大国关系中的对抗性因素上升，大国关系"不稳定期"与当前全球治理的"重构期"重叠，给亟待加强和完善的全球共同、合作、多元化的治理增加了难度。

（四）全球安全边疆不断扩大，现有安全治理能力不足

传统安全问题的不降反增，以及新的非传统安全的集中涌现，涉及政治、经济、核与军事、生态、环境、科技等人类生活的方方面面，在空间范围上则包括了全球层面的安全问题、区域层面、次区域层面、多边与双边层面以及地方层面的安全问题等等。面对越来越多元化的安全主体、越来越多样化的安全利益和诉求，现有全球安全治理体系即使超负荷运行也难以应对，出现大量治理盲点，何况现有安全治理对很多现实安全问题也是无能为力。例如随着太空科技的日新月异，大国对太空资源的争夺更趋激烈，而且随着太空经济和商业议题增多，参与太空探索活动的行为体也日渐多元化，太空安全问题由此凸显出来。而现有的关于太空开发的国际制度仍是冷战期间制定的，如1966年联合国大会通过的《外层空间条约》等，它们已难以适应目前太空开发管理的需要，这一"空白"急需得到填充。

此外，现有全球安全治理还暴露出其他很多问题。西方的政党政治导致国家政策多变，在全球安全治理的制度和战略方面缺乏连贯性和长远的规划，体现出战略性不足的弊病，进行安全治理的落实中也频频出现后继领导人否认前任的不负责任现象，使得全球安全治理效果大打折扣。另外，在全

球化不断深化的大趋势下,在越来越多样化的安全问题要求多元化、多边主义治理时,西方的保护主义、排外主义、民族极端主义和民粹主义倾向却愈加明显,为高效的全球安全治理蒙上了一层阴影。

三、积极推动全球安全治理体系变革

当今世界,虽然和平发展仍是主流,但恐怖主义、霸权主义、军国主义等全球性挑战层出不穷,非传统安全因素有时又与传统安全因素交织在一起,使国际安全形势更趋复杂。安全问题导致许多国家的安全感下降,许多民众的不安全感上升,局部地区甚至长期陷入战乱和冲突。任何一个负责任的政府都不能无视这一令人担忧的局面,世界应向何处去成为各国人民共同思考的问题。中国积极倡导共同、综合、合作、可持续的安全观的新理念,犹如迷茫世界亮起的一盏指路明灯,反映了国际社会的普遍诉求,促进了全球安全合作,赢得越来越广泛的认同与支持,为改革和优化全球安全治理注入强大中国力量。

(一)新的国际安全环境呼唤新安全观

面对世界错综复杂的安全形势和日益增多的安全威胁,中国政府以"先天下之忧而忧"的世界情怀和"以天下为己任"的历史担当,积极倡导"共同、综合、合作、可持续"的安全观,这一新的安全观开创性地回答了人类应该"追求什么样的安全、如何实现安全"的重大问题。

2014年5月21日,习近平主席在亚信第四次峰会上强调,中国将同各方一道,积极倡导共同、综合、合作、可持续的亚洲安全观,搭建地区安全和合作新架构。不管国际风云如何变幻,安全是任何国家得以生存和发展的基本前提,是国际社会实现和平与发展的根本保障。2016年9月,习近平主席在二十国集团工商峰会开幕式上发表讲话时进一步强调,抛弃过时的冷战思维，树立共同、综合、合作、可持续的新安全观是当务之急。这不仅把亚洲安全观提升到全球安全观，而且强调了各国树立可持续安全观的必要性与紧迫性。2017年1月，习近平主席在联合国日内瓦总部发表了题为《共同构建人类命运共同体》的主旨演讲，主张为建设一个普遍安全的世界，各方应该树立共同、综合、合作、可持续的安全观，从而使新安全观成为构建人类命运共同体的有机组成部分。"共同、综合、合作、可持续"安全观应势而生，恰逢其时，为人类应对全球性安全挑战构筑起更为坚固的安全思想防线。

新安全观是建立在世界多样性和共同利益基础上的安全观念和安全模式，既符合人民意愿，也顺应时代潮流。在目标上，它追求普遍安全或者说共同安全，强调各国安全紧密相联而非孤立、零和关系，谋求自身安全时也要为他国安全创造条件，不能威胁或损害他国利益。在内涵上，它主张建立综合安全，强调必须整体考虑政治、军事、经济、文化、科技等各个方面，以应对传统安全与非传统安全相互交织的复杂挑战。在手段上，它支持以合作促安全，强调通过对话、交流、磋商、谈判等途径，在平等的基础上展开对话，增进各方互信与合作，从而实现共同安全，不针对第三方、不干涉内政、和平解决争端。中国倡导的新安全观以前所未有的宽广视野审视安全问题，丰富了国际安全合作模式的内涵，符合时代发展的主题。

中国作为一个负责任的发展中大国，在新安全观指导下，坚持走和平发展道路，积极参与全球性事务，赢得国际社会的普遍尊重。坚决维护当前国际安全环境已经成为各国的共同利益和内在诉求。以对话增信任，以信任促合作，以合作求发展的路径是实现这一目标的理性选择。

（二）新安全观的内涵

习近平主席提出的共同、综合、合作、可持续的安全观，是在总结二战后特别是21世纪以来人类社会在国际安全、国际政治、国际战略问题上的经验教训基础上提出的中国方案，是当代中国根据国内国际安全形势发展变化、站在构建可持续发展与可持续安全的高度提出的重要思想,是对和平共处五项原则的继承和发展。

共同,就是要尊重和保障每一个国家安全。安全应该是普遍的、平等的、包容的。不能一个国家安全而其他国家不安全,一部分国家安全而另一部分国家不安全,更不能牺牲别国安全谋求自身所谓的绝对安全。否则,就会像哈萨克斯坦谚语说的那样:"吹灭别人的灯,会烧掉自己的胡子。"要恪守尊重主权、独立和领土完整、互不干涉内政等国际关系基本准则,尊重各国自主选择的社会制度和发展道路,尊重并照顾各方合理安全利益关切。要反对弱肉强食、强权独霸,反对赢者通吃、丛林法则,历史经验表明,这些传统的国与国之间的相处之道并不能解决世界上的安全问题,只会成为制造冲突和战争的根源。

综合,就是统筹维护传统领域安全和非传统领域安全,通盘考虑安全问题的历史经纬和现实状况,多管齐下、综合施策,协调推进世界安全治理。要避免孤立地看待传统安全问题与非传统安全问题,而应注意二者的相互交织和影响,将解决传统安全问题与解决非传统安全问题统一起来,统筹应对;要善于了解诸多复杂安全问题的历史根源、演变历史以及当下表现,探究其主要矛盾,在解决方法上,不局限于军事、政治手段,应采用政治、军事、经济、文化手段等综合施策,周详地应对复杂多元的安全难题。

合作,就是要通过对话合作促进各国和本地区安全。有句谚语说得好:"力量不在胳膊上,而在团结上。"要增进战略互信,以合作谋和平、以合作促安全,以和平方式解决争端。世界各国要始终坚持求同存异的合作精神,秉持共识,聚焦并弥合分歧,寻求最大限度的合作。面对世界形形色色的安全问题,合作是增互信、解纷争、谋和平、促安全的最好办法,要积极寻求以普遍的对话谈判解决全球热点问题,以高效的大国协调应对全球重大争端,以果断合理的政治决断推动谈判合作,并以公平公正的原则促进合作协议的达成,坚决反对穷兵黩武,反对动辄使用武力或以武力相威胁。

可持续，就是要发展和安全并重以实现持久安全。贫瘠的土地上长不成和平的大树，连天的烽火中结不出发展的硕果。"求木之长者，必固其根本；欲流之远者，必浚其泉源。"可持续的安全意味着，不局限于一时的、当下的安全，而是着眼于未来，追求长久的和平与安全，不仅要治标，更要治本。发展是安全的基础，要聚焦发展主题，积极促进世界经济发展，缩小国际国内贫富差距，不断夯实安全根基。要推动共同发展和经济全球化进程，以可持续发展促进可持续安全。有效降低安全成本，实现持久和平，并在此基础上实现可持续发展，这是可持续安全观的核心价值。

（三）新安全观的重大贡献

在快速变革的新的时代，新安全观应时而出，顺应了和平、发展、合作、共赢的时代潮流，反映了目前全球安全治理的大势所趋，是中国对世界和平和人类安全的重要贡献。新安全观已成为中国向世界提出的系统、完整的有关国际安全的新理念，具有重要的全球指导意义。

第一，新安全观是全球安全治理的最新理论成果。新安全观是中国在新的国际形势下为应对全球安全问题向世界提供的最新应对方案，吸取了中外历史上安全观念的合理精华，延续了中国外交政策的一贯传统，具有包容性、系统性和全面性、科学性三个重要特征。

包容性。新安全观的包容性体现在其对中外安全理念的继承和借鉴上。一方面，新安全观是对中国以往安全观的继承和发展。中国的安全观经历了较长时间的演变，毛泽东和邓小平时期，中国的安全观主要表现为国家安全观，相对缺乏国际安全格局的塑造力，但中国提出的和平共处五项原则等外交理念得到了世界各国的广泛认可。随着改革开放的不断深入，和平稳定的国际环境日益成为中国国家安全的重要保障，尤其是对中国经济而言，因此，国际安全对中国的发展具有了与日俱增的重要性。20世纪90年代中后期，江泽民提出了以"互信、互利、平等、合作"为核心的安全观，以求促进国际和平与安全，之后将"合作"改为"协作"。进入21世纪后，随着中国国家实力的增强，为应对部分国家极力渲染的"中国威胁论"，胡锦涛在原来安全观的基础上，为国家安全注入了"和谐"理念，倡导维护世界共同安全。2011年9月国务院新闻办公室发表了《中国的和平发展》白皮书，其中明确指出中国倡导"互信、互利、平等、协作"的安全观，寻求实现综合安全、共同安全、合作安全。这为习近平新安全观的提出奠定了理论基础。另一方面，作为世界文明的产物，新安全观也吸收了西方安全观念的有益成分。冷战结束后，欧洲提出的"共同安全"观、日本提出的"综合安全"观以及美国和加拿大提出的"合作安全"观等都为中国新安全观的产生提供了有益的思路。

系统性和全面性。"共同、综合、合作、可持续"的新安全观涉及全球安全问题的治理主体、治理对象、治理方式以及安全治理的原则和思路，从而构成了一个相互联系的整体，展现了全球安全治理的全新思路。一方面四者之间表面上相互独立，实际则相互联系，环环相扣，缺一不可，体现了新安全观的整体性和系统性。另一方面，无论是其内涵还是外延，新安全观都呈现出全面性的特点。共同的原则要求尊重每一个主权国家的安全，而非个别或者部分国家的安全利益；综合的原则要求统筹应对各种传统安全与非传统安全问题，关注全方位的安全问题，强调不同领域的安全相互联系、相互影响和相互作用的特点，彰显了新安全观倡导的实现普遍的安全的美好前景。在安全治理的方式方面，反对使用武力或者以武力相威胁，而是主张采用多样化的合作形式，如对话谈判、大国协调、政治磋商等。

科学性。新安全观的科学性主要表现在其追求"不仅治标，而且治本"的安全治理理念上。面对全球纷繁复杂的安全难题，以单纯对策应对只能是权宜之计，无法实现长久的安全与和平。例如，对于中东恐怖主义问题，所谓的"硬软结合"，即暴力打击和推行"大中东民主计划"结果证明是无效的，反而导致中东国家越来越没有安全与稳定的常态，产生了越来越多、越来越严重的恐怖主义问题，可以说，西方国家的反恐方式本身就产生着更多的恐怖主义。可持续安全观则主张从宏观上思考安全问题，发展是安全的基础，要实现可持续安全，就必须实现可持续发展。因此，不论是解决地区热点问题，还是全球安全问题，都要考虑到地区和全球的发展问题，解决好双边或多边的发展关系，促进共同发展、合作共赢，为安全问题的解决提供肥沃的土壤。

第二，新安全观是营造公道正义、共建共享的安全格局的强大理论武器。新安全观强调全球安全治理要注重世界各国共同参与多边主义。当今时代，没有一个国家能凭一己之力谋求自身绝对安全，或是牺牲别国安全谋求自身长期的安全，也没有一个国家可以从别国的动荡中收获稳定，他国的威胁也可能成为本国的挑战。邻居出了问题，不能光想着扎好自家篱笆，而应该去帮一把。新安全观顺应全球安全问题的发展趋势，强调共同安全，主张世界各国在彼此平等的基础上，共同参与全球安全治理。在全球范围内逐渐摆脱大国主导模式下的单边主义倾向，坚持多边主义，强化联合国等国际组织在全球安全治理中的核心作用，不断推进全球安全问题解决机制建设，促成国际安全与和平协议的达成。新安全观明确了全球安全治理的战略目标和实现手段。新安全观倡导的是一种普遍的安全，不仅要实现传统领域的安全，涉及政治安全、国防安全、国家政权安全等重要内容，而且要逐渐减少非传统领域的安全威胁，包括打击恐怖主义、保障经济金融安全、打击走私贩毒、反海盗以及防止大规模跨国传染病流行等，内容非常广泛。在安全治理的最终目标上，要实现一种可持续的和平与安全，即建设一个普遍安全的世界。在实现普遍安全的手段上，要努力在促进各国相互信任和共同利益的基础上，通过对话增加信任，通过合作谋求安全；要加强国与国之间的政策协调，建立应对各种安全问题的统一战线；国与国之间设立安全应急对话机制，促进相互沟通，避免相互误解和擦枪走火导致冲突升级事件的发生。总之，摆脱以军事联盟为基础、以加强军备为手段的旧安全观，摒弃一切形式的冷战思维，以共同、综合、合作、可持续为核心的新安全观作为一个整体，为营造公道正义、共建共享的安全格局提供了一套强大的理论武器。

第三，新安全观是中国对世界、对人类安全的重要理论贡献。"共同、综合、合作、可持续"的安全观作为营造公道正义、共建共享的安全格局的理论支撑，其本身是中国国家安全观的重要组成部分。习近平总书记强调，贯彻落实总体国家安全观，必须对内求发展、求变革、求稳定、建设平安中国，对外求和平、求合作、求共赢、建设和谐世界。总体国家安全观倡导实现共同、综合、合作、可持续的安全，这是发展壮大的中国为世界提供的公共安全产品，表明了中国的发展需要和平稳定的国际环境，同时，中国的国家安全也将促进国际安全。另外，新安全观是对联合国宪章精神的认可、支持和创新。联合国的宗旨是维持国际和平及安全、促成国际合作，基本原则包括各国主权平等、以和平方法解决其国际争端，避免危及国际和平、安全及正义，不干涉别国内政等。新安全观的"共同、综合、合作、可持续"原则从更宏观的角度肯定了《联合国宪章》的宗旨与原则，强调了国际和平与安全、主权平等、和平解决争端等内容。并在此基础上，新安全观还提出了以发展促安全的全新理念，突出发展问题在安全问题中的基础作用，这不仅是对全球安全理念的重要补充，更是对人类安全理论的重大贡献。

（四）新安全观助推全球安全治理体系变革

中国强调的新安全观，所针对的威胁包括传统的威胁，也包括非传统的威胁；包括军事安全问题，也包括非军事安全问题。这种对安全的新关注，实际上将国家安全与国际安全密切地结合在了一起，把中国面对的威胁与人类面临的全球共同威胁联系在了一起。以新的视角观察当今的国际关系，可以看到，世界和平所面临的威胁包括局部战争和冲突、地区热点、南北差距，人民的基本生存甚至生命安全面对着国际恐怖主义势力、民族分裂势力、极端宗教势力的威胁,环境污染、毒品走私、跨国犯罪、严重传染性疾病等已成为世界各国共同面对的全球性问题。所有这些问题的解决,需要国际社会有新的思路与战略。

中国新安全观强调的是以平等合作而不是实力对抗解决问题。这种合作是多渠道的,包括多边安全机制、多边安全对话、双边安全磋商,非官方安全对话等。新安全观所提出的"合作安全"模式,与"和平共处"相比,不但在观念上有了更明确的阐述,而且具有制度化、规范化的形式;与结盟相比,它不针对某个具体敌人,也没有严格的盟约限制。中国积极倡导可持续安全观,展现了国际安全维护者、共同发展促进者、国际体系建设者形象,并将与国际社会一道努力走出共建、共享、共赢、共护的安全新路。可以相信,在不同国家间安全对话与全球复杂安全问题处理过程中,可持续安全观会得到更多国家和国际组织的认同与支持,成为21世纪维护国际安全与世界和平的重要思想指导和行为准则。

第一,积极通过对话谈判解决热点问题。当今世界面临的安全挑战复杂多样,很多问题需要各国携手应对。各国应寻求安全利益的最大公约数,既让自己安全,也让别人安全,共同应对各种安全问题和挑战。中国主张超越零和思维,以和平方式解决争端,通过对话沟通增进互信。这是可持续安全观在处理国家间争议时的意义所在。通过对话谈判,各方才能寻求最大公约数,争取最好结果。2014年5月21日,习近平主席在亚洲相互协作与信任措施会议第四次峰会上指出:"要通过坦诚深入的对话沟通,增进战略互信,减少相互猜疑,求同化异、和睦相处。""要坚持以和平方式解决争端,反对动辄使用武力或以武力相威胁,反对为一己之私挑起事端、激化矛盾,反对以邻为壑、损人利己。"① 要互谅互让,坚持对话协商和平解决争议。习近平主席在亚信第五次外长会议开幕式上指出:"'恃德者昌,恃力者亡。'弱肉强食

---

① 习近平:《习近平谈治国理政》,外文出版社2014年版,第355—356页。

第三章
营造公道正义、共建共享的安全格局

有违时代潮流，穷兵黩武缔造不了和平，互谅互让才能带来稳定，坚守道义才能赢得持久安全。我们要坚持通过对话协商，依据国际法，坚持以和平方式解决争议问题，以对话增互信，以对话解纷争，以对话促安全。针对复杂的地区热点问题，有关各方要保持冷静、坚守和平，避免采取使局势升级的行动，通过建立规则机制管控危机，通过增进互信缓和紧张，通过政治手段化解危机，逐步推动问题解决。"

中国以新安全观为导向，在事关地区和国际安全的重大问题上发挥积极作用，破解"安全困境"，展现大国担当。在朝核问题上，中方提出"双暂停"倡议和"双轨并行"思路；在中东问题上，中方提出了新形势下推动解决巴勒斯坦问题的"四点主张"，促进中东地区实现和平稳定；在南海问题上，中方支持并倡导"双轨思路"，即由直接当事国通过谈判协商妥善解决争议，中国和东盟共同维护南海和平稳定；在一些非传统安全问题上，中方主张和平、主权、普惠、共治的原则，把深海、极地、外空、互联网等领域打造成各方合作的新疆域，而不是相互博弈的竞技场。我们虽然处于一个风云变幻的时代，但和平发展、合作共赢仍然是时代潮流。旧的殖民体系土崩瓦解，冷战时期的集团对抗不复存在，任何国家或国家集团再也无法单独主宰世界事务，这就要求各国、特别是大国必须在全球或区域治理问题上协调合作。

第二，积极构建公平公正，共同参与的全球安全治理机制。世界的命运必须由各国人民共同掌握，世界上的事情应该由世界各国政府和人民共同商量来办。垄断国际事务的想法是落后于时代的，垄断国际事务的行动也肯定是不能成功的。2015年9月26日，习近平主席在联合国发展峰会上指出："我们要争取公平的发展，让发展机会更加均等。各国都应成为全球发展的参与者、贡献者、受益者。不能一个国家发展、其他国家不发展，一部分国家发展、另一部分国家不发展。各国能力和水平有差异，在同一目标下，应该承担共同但有区别的责任。要完善全球经济治理，提高发展中国家代表性和发言权，赋予各国平等参与规则制定的权利。"①2016年4月1日，习近平主席在华盛顿核安全峰会上的讲话中强调："我在海牙峰会上主张构建一个公平、合作、共赢的国际核安全体系。以公平原则固本强基，以合作手段驱动发展，以共赢前景坚定信心，为核能安全造福人类提供强有力、可持续的制度保障。"②2015年12月16日，国家主席习近平在第二届互联网大会开幕式上强调国际社会应该在相互尊重、相互信任的基础上，加强对话合作，推动互联网全球治理体系变革，共同构建和平、安全、开放、合作的网络空间，建立多边、民主、透明的全球互联网治理体系。2016年12月27日公布的《国家网络空间安全战略》，首次以国家战略文件形式，全面、系统、凝练、深刻地阐述了信息时代中国的战略主张。即通过新型国家网络安全战略推动全球网络空间治理体系良性变革，构建以尊重网络主权为核心特征的人类命运共同体，从而超越冷战思维和传统大国战略惯性的局限，最终以建设性—合作型治理模式在开放环境下实现可持续的保障国家网络安全。"是否尊重网络主权构成区别新旧国家网络安全战略最重要的标志"③。中国倡导全球网络空间治理体系的良性变革，维护和保障自身国家网络安全。目的是努力在实力不同、差异显著的国家行为体之间通过建设性合作的方式，促进战略互信，推进新型网络空间安全战略。

第三，全面提升全球安全治理的自身责任与能力。中国在办好自己事情的同时，始终认真履行自己的责任，遵守国际规则，履行国际义务，积极参与并倡导国际执法合作和全球安全治理。2017年9月27日，习近平主席在国

---

① 《习近平在联合国发展峰会上的讲话》（全文），人民网，2015年9月28日，http：//world.people.com.cn/n/2015/0928/c1002-27641305.html.

② 《习近平在华盛顿核安全峰会上的讲话》（全文），新华网，2016年4月2日，http：//news.xinhuanet.com/world/2016-04/02/c_1118517898.htm.

③ 沈逸：《推进全球网络空间治理体系的良性变革》，光明网，2017年1月6日，http：//theory.gmw.cn/2017-01/06/content_23419774.htm.

际刑警组织第八十六届全体大会开幕式上的主旨演讲中指出:"实现本国发展是对世界的贡献,实现本国安全稳定也是对世界的贡献。让民众享有一个安全稳定的生存生活环境,是中国治国理政的重要目标。近年来,在不断推进经济建设、提高人民生活水平的进程中,我们不断推进平安中国、法治中国建设,紧紧围绕影响人民群众安全感的突出治安问题,严厉打击、严密防范各类违法犯罪活动,全面加强社会治安防控体系建设,推进社会治理体系和治理能力现代化。当前,中国社会安定有序,人民安居乐业,越来越多的人认为中国是世界上最安全的国家之一。这是中国为世界安全稳定作出的贡献。"[1]中国坚决支持国际反恐怖斗争,先后同70多个国家和地区深度开展打击网络犯罪合作,提出责任共担、社会共治的国际禁毒合作方案,联合各国开展国际追逃追赃、打击电信诈骗等执法行动,全面参与联合国、国际刑警组织、上海合作组织、中国—东盟等国际和区域合作框架内的执法安全合作,创建了湄公河流域执法安全合作机制,建立了新亚欧大陆桥安全走廊国际执法合作论坛。中国坚定支持和积极参与联合国维和行动,是联合国安理会5个常任理事国中派出维和人员最多的国家,迄今为止已向9个联合国维和任务区派出维和警察和维和防暴队共2609人次,为维护国际安全作出了重要贡献。我军积极参加国际维和、海上护航、人道主义救援,派遣医院船海外巡诊,提供扫雷援助等,涉及领域之广、参与力度之大、成果之丰硕前所未有,为维护地区和世界和平稳定作出重要贡献。

---

[1] 习近平:《坚持合作创新法治共赢 携手开展全球安全治理——在国际刑警组织第八十六届全体大会开幕式上的主旨演讲》,人民网,2017年9月27日,http://politics.people.com.cn/n1/2017/0927/c1001-29561019.html.

/ 第四章 /

中国方案 CHINA CONCEPTION

谋求开放创新、包容互惠的发展前景

国际金融危机爆发已过去10多年，但全球经济仍未重回正轨，全球治理体系也未能反映国际经济力量对比深刻演变的新格局，全球经济的不稳定性和不确定性因素正在增多。在全球经济增长乏力、国际金融市场波动、贸易投资低迷、大宗商品价格震荡的表象之下，全球增长模式、动力来源、治理结构等深层次、结构性问题亟待解决。面对当前全球经济复苏发展困境以及全球治理成果失效、治理手段失灵、治理方向偏差、治理体系缺陷等问题，中国作为现行国际体系的参与者、建设者、贡献者以及国际合作的倡导者，不断在更高层次、更广范围、更深程度上参与全球经济治理，为推动全球经济走上强劲、可持续、平衡、包容增长轨道、推动全球经济治理体系公正合理变革贡献中国智慧、提供中国方案，彰显出负责任大国的自信、使命与担当。

一、全球经济发展的新动向新特征

第二次世界大战后，美国凭借先进的工业、技术和雄厚的经济实力，建立了以美国为主导的全球金融体系和全球贸易体系，夺取了全球经济霸权。20世纪90年代，经济全球化成为世界经济和国际关系不可逆转的客观趋势。随着经济全球化加速发展，各国经济相互依赖、相互渗透日益加深，形成你中有我、我中有你、一荣俱荣、一损俱损的密切联系，全球经济也呈现出多种力量并存竞争的局面。经济全球化进程的深入推进，不断产生出新的发展机遇，同时带来一系列严峻挑战。2008年，国际金融危机的爆发使全球经济遭受自20世纪30年代经济大萧条以来最为严重的冲击，全球经济进入深度调整期。当前，全球经济正发生复杂深刻的变化，国际金融危机深层次影响继续显现，全球经济呈现出增长动能不足、发展不平衡加剧、债务危机升级、金融风险激增、国际贸易低迷、劳动力市场和大宗商品市场不稳、通缩风险上升等动向和特点。全球经济各种迹象表明，全球经济仍在困难中挣扎，世界各国面临的发展问题依然严峻。

(一) 全球经济增长动能不足，经济下行压力加大

2008年全球金融危机爆发后，世界经济增长出现了断崖式下跌。之后在各国政府的协同努力下，全球经济从2009年年底开始进入了漫长的复苏期，全球经济温和增长，但是增长动力明显不足。2010年以来，美国经济同比增长虽然均在2%以上，但经济复苏动力逐步减弱，去库存压力和通缩压力不断上升。欧洲经济复苏一直低速温和，但欧洲经济前景仍然堪忧，主要是其实体经济仍然缺乏新的增长点，重振竞争力任重道远。加之欧元区高失业率、高债务率的困扰以及地缘政治和欧元区内政治的持续干扰，预计欧元区经济难有大的起色。日本经济复苏稍好于预期，但由于日本国内市场狭小，人口老龄化严重，日本军国主义复活影响其与亚洲邻国的经贸关系等因素，日本经济仍将在迷茫中徘徊。新兴市场和发展中经济体的经济增长态势明显好于发达经济体和世界平均水平，成为世界经济复苏的助推器。但新兴市场和发展中经济体受到金融危机的影响也十分明显。2008年至2009年，新兴市场和发展中经济体经济增长率骤降至危机前一半。2010年，新兴市场和发展中经济体经济增长率达到了危机之后的历史最高水平7.5%，此后逐年下降，到2015年已经下降至4.0%。[①]总体上看，全球经济仍未摆脱全球金融危机的阴影，全球经济依然存在严重的下行风险，这主要是因为即将到来的美国货币政策正常化、欧元区持续的不稳定、地缘政治冲突的潜在溢出效应以及新兴经济体的顽固性漏洞。上述各风险因素彼此相互关联且可以形成合力，导致全球经济增长弱于预期。

---

① IMF, AFR Regional Economic Outlook, http://www.imf.org/external/datamapper/NGDP_RPCH @WEO/OEM DC/ADVEC/WEOWORLD.

（二）全球经济发展不平衡加剧，结构性矛盾突出

21世纪以来，全球经济发展不平衡加剧，全球经济的结构性矛盾日益突出。这主要表现在三方面：一是新兴经济体成为国际资本的净流出国。由于新兴经济体的国际贸易能力明显增强，尤其是大宗商品价格持续上涨，使新兴经济体与发展中国家积累起大量经常项目顺差和外汇储备，逐渐成为国际资本的净流出国。二是美国成为全球最大的资本净流入国。20世纪80年代以来，随着对外投资速度的持续下降，美国转而倚重来自国外的投资以支撑本土经济的增长，目前美国已成为全球最大的资本净流入国。[①]三是美国等发达经济体依靠占领技术制高点汇集了全球大量资本和财富。由于发达经济体，特别是科技实力强、高尖端技术多的国家把各种高尖端技术牢牢控制在自己手中，导致其他发展中国家则无法掌握这些技术，无力对经济实施转型升级，最终导致全球资本和财富的不公正分配。对此，国家主席习近平在2017年世界经济论坛年会开幕式主旨发言中指出，全球发展失衡是全球经济长期低迷，贫富差距、南北差距问题更加突出的重要根源。"全球最富有的1%人口拥有的财富量超过其余99%人口财富的总和，收入分配不平等、发展空间不平衡令人担忧。全球仍然有7亿多人口生活在极端贫困之中。对很多家庭而言，拥有温暖住房、充足食物、稳定工作还是一种奢望。这是当今世界面临的最大挑战，也是一些国家社会动荡的重要原因。"[②]

（三）全球债务危机加剧，全球金融风险激增

主权国家债务危机是目前全球较大的金融风险之一。2009年，希腊爆发主权债务危机，政府破产，经济发展停滞，并迅速蔓延至欧元区其他国家。

[①] 姜跃春：《当前世界经济的特征与未来发展趋势》，载《亚太经济》，2013年第5期，第4页。
[②] 习近平：《共担时代责任 共促全球发展——在世界经济论坛2017年年会开幕式上的主旨演讲》，载《人民日报》（海外版），2017年1月18日，第2版。

第四章
谋求开放创新、包容互惠的发展前景

从2009年开始,希腊的GDP债务总值飙升至150%,直到2016年仍高居不下。IMF预测数据显示,未来几年时间里,希腊的债务水平还会持续提升,未有减缓的趋势,欧元区其他主要债务国的债务状况也将持续恶化,债务风险也将持续提高。此外,美国、日本作为世界主要发达经济体,债务水平也是逐年提升。2012年,美国的GDP债务总值达到102%,并持续上升。美国国际经济研究所高级研究员威廉·克莱恩指出,到2024年,美国净外债将高达GDP的135%。[①]而日本GDP债务总值也居高不下。从2009年开始,日本的GDP债务总值上升至200%,并逐年上升,到2016年已达到250%。[②]新兴市场与发展中国家经济体的债务危机虽然没有发达经济体债务危机程度深,但其隐藏的债务风险也不容忽视。很多新兴经济体和发展中国家经济体近年来的债务水平都超过了国际警戒线,新兴市场中各个国家的债务规模整体出现快速上涨。因此,如果一些国家无法通过经济增长来消化高额负债,下一次全球范围的债务危机很可能会随时到来,而美联储加息、违约风险以及经济增长前景等因素都让全球债务市场更加脆弱。

(四)国际贸易持续低迷,贸易保护主义抬头

自2008年全球金融危机以来,国际贸易始终处于持续低迷状态。根据世界贸易组织(WTO)统计数据,国际贸易增速已从1990—2008年年均7%降至2009—2015年年均3%。受此影响,国际货物出口总额从2014年下半年开始出现负值,一直持续到2015年下半年,国际货物的出口总额同比增长

---

① 《美国是如何从最大债权国变为最大债务国的》,http://www.fmprc.gov.cn/ce/cght/chn/xwgd/t214593.htm.

② IMF, Fiscal Monitor, October 2016, Government Finance, http://www.imf.org/external/datamapper/ G_XWDG_ G01_GDP_PT@FM/ADVEC/FM_EMG/FM_LIDC.

率为-15.4%，达到了近几年的最大萎缩幅度。① 2016年9月，世界银行发布的研究报告称，2016年全球货物和服务贸易增速在1.9%—2.5%区间。其中全球货物贸易增速仅稍高于1%。这是2008年金融危机以来的最低增速，也是15年来首次低于全球GDP增长速度，世界正经历自20世纪80年代以来时间最长的贸易停滞。面对严峻的国际贸易形势，世界贸易组织同时也降低了对2017年国际贸易增长的预测。目前，全球贸易增长低迷，除全球经济不振外，很大程度上还与贸易保护主义抬头有关。英国经济政策研究中心2016年发布的《全球贸易预警》报告指出，在全球经济增长乏力的背景下，各国正加速实施以邻为壑的贸易保护措施，全球范围内的贸易保护主义倾向变得日益严重。2015年全球实施的贸易限制措施数量为736个，较上年增加了50%，是此期间实施的促进自由贸易措施的3倍。2016年前4个月实施了150个，而此前每年前4个月的这一数值仅在50—100之间。作为全球第一大经济体的美国，从2008年到2016年对其他国家采取了600多项贸易保护措施，仅2015年就采取了90项，位居各国之首。②

（五）全球劳动力和大宗商品市场不稳，全球经济通缩风险上升

国际金融危机后，世界主要经济体的失业率也呈急剧上升的态势。到2009年年底，随着各国不断调整就业政策、改善就业环境，各国失业率逐步下降。但是由于世界经济复苏疲软，近几年全球劳动力市场改善的十分缓慢，情况依然不容乐观。例如，美国劳动力市场在2009年年底开始呈现持续改善的态势，到2015年年底失业率已经下降到危机爆发初期的一半，但到2016年美国就业率和劳动参与率并未持续提高。法国作为欧元区核心国家，

---

① WTO, International Trade and Market Access Data, https://www.wto.org/english/res_e/statis_e/statis_bis_e.htm?solution=WTO&path=/Dashboards/MAPS&file=Map.wcdf&bookmarkState={%22impl%22:%22client%22,%22params%22:{%22langParam%22:%22en%22}}.

②《全球贸易保护主义有所抬头?》，载《新京报》，2016年9月4日，第7版。

失业率自2008年之后高居不下，一直维持在9%—11%之间。英国的失业率在2008年之后一直到2013年均维持在8%左右，直到2014年才呈现出下降的态势。①新兴经济体的劳动力市场差异性较大。一方面，以中国、印度为代表的新兴经济体劳动力市场一直处于比较稳定的状态，另一方面以巴西为代表的新兴经济体劳动力市场则处于持续恶化的状态。除此之外，受2008年国际金融危机影响，国际大宗商品市场也遭到严重的冲击。尤其是从2013年开始，国际上一些主要大宗商品的价格指数持续下跌，导致大宗商品行业的投资和产能均出现明显的下滑。大宗商品价格指数（CRB）从570左右的高点开始下跌，2015年5月份以来，CRB指数快速下跌至目前的409.96。IMF全球初级产品价格指数也从2014年1月的180.12，下降至2015年6月的123.3。②从目前全球通胀形势看，原油、国际铁矿石等国际大宗商品价格的下跌，很可能把全球带入通货紧缩的泥潭，给全球经济复苏和发展带来诸多负面影响。

二、西方新自由主义的失灵

20世纪70年代末80年代初，新自由主义开始逐步由经济思潮转化为一整套经济政策主张和一系列改革实践，进而被西方国家作为主导性的经济治理范式推向全球，新自由主义开始在全球范围内兴起和泛滥。经过多年实践，西方新自由主义经济政策和经济治理范式已难以适应全球经济形势的新发展和新变化，其弊端和缺陷日益凸显。而2008年爆发的全球金融危机以及当前问题层出、风险激增、脆弱不堪的全球经济，已经十分清楚地反映出西方新自由主义经济政策和经济治理范式的失灵和失效。不仅如此，西方新自

---

① IMF, World Economic Outlook, http：//www.imf.org/external/datamapper/A..LUR_PT@IFS/USA/FRA/BRA.

② 《当前世界经济十大问题与应对之策》，http：//news.xinhuanet.com/fortune/2015-08/06/c_128098652.htm.

由主义经济政策和经济治理范式在一定程度上还成为催生和放大危机的诱因。

（一）新自由主义在全球范围的兴起与泛滥

新自由主义（New Liberalism）作为一种西方经济学理论和思潮产生于20世纪二三十年代，它反对国家和政府对经济的不必要干预，强调自由市场的重要性。新自由主义可溯源至推崇经济自由放任和个人自由、反对政府介入经济的古典自由主义，但新自由主义对"自由"的解释与古典自由主义相比有了显著的不同，提出自由应该是制度框架内的自由而不是放任自流，这也是新自由主义与古典自由主义最主要的区别。新自由主义产生后，由于其保守的立场及不切实际的政策主张，长期被西方学界边缘化，也无法获得当局的青睐。[1]20世纪70年代初，随着两次石油危机的爆发，整个世界陷入了高通胀、高失业、低经济增长的"滞胀"困境，战后一直处于主流地位的凯恩斯主义宏观经济政策失效。新自由主义认为经济增长停滞和通货膨胀并存的"滞胀"局面是由于国家干预过度、政府开支过大、人们的理性预期导致政府政策失灵所致。也正是在这种情况下，伴随美国总统里根和英国首相撒切尔夫人私有化、放松市场管制的自由化改革，在反凯恩斯主义、反国家干预的浪潮中，多年受冷落的新自由主义占据了美英等国主流经济学地位，成为国际垄断资本新的官方经济学。自20世纪七八十年代以来，为适应资本主义由国家垄断向国际垄断发展，新自由主义开始由经济学术理论向国家意识形态转变，并积极为实现国际垄断资本统治的全球一体化服务。

1989年，陷入债务危机的拉美国家急需进行国内经济改革。美国国际经济研究所邀请国际货币基金组织、世界银行、美洲开发银行和美国财政部的研究人员，以及拉美国家代表在华盛顿召开了一个旨在为拉美国家经济改革提供方案和对策的研讨会。美国国际经济研究所的约翰·威廉姆森（John

---

[1] 李文：《新自由主义的经济"成绩单"》，载《求是》，2014年第16期，第48—49页。

Williamson）对拉美国家的国内经济改革提出了与上述各机构达成共识的以减少政府干预、促进贸易和金融自由化为主要内容的10条政策措施，称作"华盛顿共识"（Washington Consensus）。随着以新自由主义学说为理论依据的"华盛顿共识"的出笼，新自由主义的理论体系趋于完备成型，具体转化为以自由化、私有化、市场化为核心和标志的政策纲领。所谓"自由化"，就是主张推行自由贸易，放松甚至取消金融管制，全面开放金融领域；所谓"私有化"，就是主张一切财产应属于私人，对国有企业及公共服务实行普遍私有化；所谓"市场化"，就是反对政府干预，主张让市场机制自发调节包括生产要素、私人产品和公共产品在内的一切社会资源。①

此后，在一些西方国家和国际组织的大力推动下，新自由主义迅速向拉美、原苏东社会主义国家和亚非发展中国家蔓延开来，新自由主义经济理论和政策也逐步成为西方垄断资本控制和影响全球经济的主要手段和途径。从拉美国家来看，20世纪80年代中后期，在拉美地区经济出现衰退、拉美国家陷入债务危机和经济衰退的恶性循环的情况下，新自由主义迅速在作为美国"后院"的拉丁美洲传播和扩散。在新自由主义经济政策的作用下，拉美国家经济出现复苏，畸形的经济结构得到了不同程度的改变，一些国家甚至跃入新兴工业国的行列，这极大地刺激了整个拉美国家加快新自由主义改革的步伐和力度，再加之美国政府及其主导下的国际经济组织不断对拉美国家施加的影响，使得"华盛顿共识"迅速在拉美得到了推广和实施。从原苏联东欧国家来看，20世纪70年代末，新自由主义取代凯恩斯主义成为西方世界的主流经济思潮，而时值"苏联东欧的改革家们普遍地失望于在社会主义体制框架下各国改革进程的停滞不前，在这种情况下，以哈耶克为代表的自由主义理论成为前苏联学界一时之圭臬"②。除此之外，在国际货币基金组织等西方

---

① 李文：《新自由主义的经济"成绩单"》，载《求是》，2014年第16期，第49页。

② 冯绍雷、相蓝欣：《转型中的俄罗斯对外战略》，上海人民出版社2005年版，第6页。

主导的国际组织也承诺给予苏联东欧各国经济改革援助。苏联东欧剧变后，这一地区立即开始实施从原有的以公有制为基础的计划经济向以私有制为基础的市场经济的转型。俄罗斯东欧各国为了彻底摧毁原有的政治经济体制、保证改革的"不可逆转"性、迅速促进本国的经济发展，开始强制推行了新自由主义的"休克疗法"（Shock Therapy）式经济转轨方案。从亚非发展中国家来看，受美国影响并在美国会议员和知名学者的游说下，泰国、韩国、印度尼西亚、菲律宾等国从20世纪90年代初开始推行新自由主义改革，埃及等国家为了获得国际金融机构的贷款于20世纪80年代中后期接受新自由主义结构调整方案。

（二）新自由主义经济政策的恶果与弊端

随着新自由主义经济政策和经济治理范式的推行，西方国家的"滞胀"困境得到一定程度的缓解，一些拉美、苏东、亚非发展中国家的经济也得到不同程度的复苏和增长。然而，新自由主义经济政策和经济治理范式的推行则给相关国家和全球经济带来了更严重的问题和更深层的矛盾。

在拉美和亚非发展中国家，由于各国改革进展参差不齐，许多国家经济结构调整并未完成，经济发展水平仍处于低级层面，对外贸易仍是以初级加工和原料出口为主，经济对外依赖性强并且十分脆弱，外部世界一有风吹草动，拉美和亚非发展中就可能患上"感冒"。20世纪90年代短短10年，拉美的墨西哥、巴西、阿根廷相继发生金融危机。1994年年底至1995年年初，墨西哥突然爆发大规模金融危机，这场危机不仅使墨西哥本国的经济深受其害，而且还影响到整个拉美地区。1999年1月，巴西率先大幅度贬值货币并改行自由浮动汇率，立即引发货币危机。从2001年3月开始，由于长期经济衰退，阿根廷开始出现无法按期偿还外债的趋势，其货币面临强调贬值压力，最终引发了新一轮金融危机。经济增长缓慢（1991—1999年经济年增长率仅为3.2%）、外债数额庞大（2001年达到7663亿美元）、贫困人口增加

第四章
谋求开放创新、包容互惠的发展前景

（90年代后期的经济危机使拉美的贫困人口增加2000万）成为拉美国家经济发展最严峻的挑战。1997年年末，东南亚爆发大规模金融危机，印尼曾邀请国际货币基金组织进行干预，但在这一年却经历了历史上最严重的衰退，负增长达到12.8%。泰国、韩国、菲律宾等国家也在亚洲金融危机中蒙受重大损失，有些国家的经济甚至倒退了10多年。与此同时，东南亚金融危机也开始波及拉美地区，巴西货币雷亚尔汇率先受到投机者攻击，资本外逃，拉美股市暴跌，许多国家出现兑换危机。整体来看，拉美和亚非发展中国家新自由主义改革是失败的，大多数国家沦为新自由主义危害的重灾区。

在原苏联东欧国家，俄罗斯东欧各国并没有通过经济转型很快地融入西方并实现繁荣，相反各国都出现了严重的经济社会危机。一是生产大幅度下降。俄罗斯从1992年到1996年，国内生产总值5年累计下降56%，工业总产值累计下降61%，农业总产值下降38%，俄罗斯经济倒退了将近20年。即使是经济转轨最为顺利的波兰、匈牙利和捷克三国也都出现了生产的严重衰退。[①] 二是通货膨胀恶性发展，失业急剧增加，居民生活水平下降。据统计，1991年至1996年俄罗斯物价上涨了6188倍。俄罗斯通货膨胀率1992年为2500%，1993年为1000%，1996年才降至21.8%。波兰1990年物价上涨586%，匈牙利上涨277%。同时，经济下滑、物价飞涨带来了失业猛增和居民生活水平的下降。在转轨初期的经济危机中，波兰有1/3的居民生活在贫困线以下，保加利亚为62.7%，俄罗斯为70%。[②] 与此同时，转型过程中经济法规的不健全导致贪污腐败盛行，出现许多经济暴发户，社会两极分化严重。三是东欧国家政局动荡，"颜色革命"频发。作为"休克疗法"的历史遗产，"颜色革命"成为新自由主义政策在欧亚地区的一种延续。从几年的实践来看，"颜色革命"不仅没有推动东欧国家的经济发展反而使各国政局变得更加

---

① 李景治主编：《当代世界经济与政治》，中国人民大学出版社2004年版，第224—225页。
② 王正泉主编：《剧变后的原苏联东欧国家》，东方出版社2001年版，第190—200页。

动荡不安。从2003年冬因格鲁吉亚总统选举争端引发的"玫瑰革命"到2004年冬因乌克兰总统选举争端引发的"橙色革命",再到2005年吉尔吉斯斯坦因议会选举引发的冲突掀起的"柠檬革命","颜色革命"已成为西方国家推广"民主外交"战略的一种手段。新自由主义政策的实施使俄罗斯东欧国家为此付出了惨重的代价。剧变之初,俄罗斯东欧各国认为新自由主义的私有化和市场经济是万能的,以为通过经济转型能很快融入西方体系并实现繁荣。但残酷的现实打破了人们的幻想,俄罗斯东欧各国都出现了严重的经济危机。

与此同时,新自由主义经济政策和经济治理范式也对全球经济的发展带来了严重后果,造成了全球范围结构失衡和金融泡沫膨胀,并最终导致2008年国际金融危机的爆发。2007年2月,美国第二大次级抵押贷款公司新世纪金融公司宣布破产,拉开了美国次贷危机(Subprime Crisis)的序幕。所谓"次贷危机",是指住宅金融中面向低收入阶层的次级贷款出现问题而引发的国际金融市场上的震荡、恐慌和危机。次贷危机爆发后,投资者开始对按揭证券的价值失去信心,引发流动性危机。即使多国中央银行多次向金融市场注入巨额资金,也无法阻止这场金融危机的爆发。直到2008年9月9日,这场金融危机开始失控,并迅速转化为波及全世界的金融风暴,全世界各种金融机构和金融资产遭到广泛而严重的冲击。这次危机也于2008年起更名为"金融海啸"或"国际金融危机"。国际金融危机的爆发使美国、日本、欧盟等世界主要经济体全面陷入经济衰退,全球产业体系受到严重冲击,给全世界的金融和经济造成了严重的破坏性影响。时至今日,国际金融危机对全球经济复苏发展的深层次影响仍未消除。而导致这次金融危机的原因主要是新自由主义指导下的消费拉动方式、金融自由化、资本的金融化以及美国的新自由主义生存方式。国际金融危机的爆发,反映了美国推行的新自由主义经济政策的破产,暴露了以资本主义为主导的全球经济秩序的不公正、不合理,说明了经济全球化过程不应是推行霸权主义的过程,不应是推行资本主义制度的过程,更不应是全球资本化的过程。

/ **第四章** /
谋求开放创新、包容互惠的发展前景

新自由主义经济政策和经济治理范式在全球的实践深刻地揭示出其内在的重大弊端和缺陷：一是加剧贫富分化、分配不公。新自由主义强调政府管制全面放松，经济金融化和自由化程度持续提高，其结果必然是无限放大了市场失灵的风险，必然蜕变为富人对穷人的掠夺、发达资本主义国家对发展中国家的掠夺。拉美和原苏东国家在采纳新自由主义政策后，经济衰退、贫富分化、寡头遍地，社会动荡随之而来。与此同时，新自由主义的推行使"资本流向世界、利润流向西方"，还导致穷国越来越穷、富国越来越富。①二是导致需求不足、资本过剩。新自由主义政策的实施，在一定程度上导致世界范围有效需求增长缓慢甚至减少，进而出现严重的生产能力相对过剩现象。过剩的生产资本为获利而转入非实体经济领域，催生了大量资产泡沫。②三是助长肆意掠夺、过度消费。随着新自由主义在经济领域主导地位的确定，其价值观也逐步渗透到社会生活的各个方面，改变了人们的生活观念和生活方式，享乐主义至上、个人自由至上风气盛行。人们拼命追求空前的财富和享乐、肆无忌惮的消费、过度浪费资源，加上政府对这种新自由主义观念的倡导，很多国家都处于狂热的提前消费、肆意掠夺的漩涡中。四是诱发金融危机、经济危机。新自由主义的全球化进一步激化了资本主义体系的各种危机和矛盾。由于缺乏政府监管，金融资本急剧膨胀，金融投机恶性发展，金融风险不断积累，金融危机不断发生，并最终引发2008年金融危机并迅速发展成全球性经济危机。③事实证明，在缺乏审慎监管和稳健的国内资本市场下，迅速的资本自由化未必是解决"资本流动的多变性、不可预测性及繁荣与萧条交替循环"问题的良方。④总的来说，以"华盛顿共识"为代表的新自由主义经济政策和经济治理范式其本质仍是美英国际垄断资本推行全球

---

① 《新自由主义风光不再》，载《人民日报》，2014年6月3日，第23版。
② 李文：《新自由主义的经济"成绩单"》，载《求是》，2014年第16期，第49—50页。
③ 《新自由主义风光不再》，载《人民日报》，2014年6月3日，第23版。
④ [英] 戴维·赫尔德：《全球盟约：华盛顿共识与社会民主》，社会科学文献出版社2005年版，第4页。

一体化理论体系的重要组成部分,其服务于国际垄断资本利益最大化。正如美国著名学者诺姆·乔姆斯基(Noam Chomsky)在《新自由主义和全球秩序》一书中明确指出的:"新自由主义的华盛顿共识指的是以市场经济为导向的一系列理论,它们由美国政府及其控制的国际经济组织所制定,并由它们通过各种方式进行实施。"①

(三)全球经济治理体系变革与中国角色

二战结束后,为尽快恢复全球经济秩序,美国牵头建立了以联合国为框架、以布雷顿森林体系为基础的全球经济治理结构。在此体系中,西方发达国家一直掌控着全球经济治理规则的制定权和解释权,而广大发展中国家在相当长一段时期内只能扮演着国际规则的被动接受者。②在西方发达国家的主导下,新自由主义经济政策和经济治理范式以及建立在个人主义和自由主义基础上的市场化、自由化、私有化的西方教条式价值模式迅速在全球推行。然而,随着新世纪以来全球化进程的日益复杂化、多样化以及中国等新兴经济体经济影响力的不断提升,原有"少数人说了算"的治理体系已难以反映当前国际经济和政治实力分布,新自由主义经济政策和经济治理范式的失效、国际金融危机的爆发以及当前全球经济复苏发展的困境也都折射出传统全球经济治理体系的力不从心和难以为继,传统全球经济治理体系亟须变革。

面对全球经济治理中的问题与挑战,中国作为现行国际体系的参与者、建设者、贡献者以及国际合作的倡导者,积极参与全球经济治理,彰显出负责任大国的智慧与担当。2008年国际金融危机爆发后,在世界主要经济体增长明显放缓甚至面临衰退时,中国政府实施了一系列刺激经济增长的财政政策和货币政策,不仅保持了中国经济连续快速增长的基本趋势,还成为拉动

---

① [美]诺姆·乔姆斯基:《新自由主义和全球秩序》,徐海铭、季海宏译,江苏人民出版社2000年版,第26页。

② 尚前名:《全球经济治理的中国角色》,载《瞭望》,2016年第36期,第7—8页。

世界经济复苏的重要引擎。中国在国际金融危机中的出色表现得到了国际社会的高度赞扬，同时，中国的经济发展模式也得到国际社会的广泛关注，"北京共识"超越"华盛顿共识"的声音日益强烈，中国开始在全球经济治理中发挥日益重要的作用和影响。党的十八大以来，随着中国经济实力和国际影响力的显著提升，中国高举和平、发展、合作、共赢的旗帜，进一步深度参与到全球经济治理当中，在金融、贸易、投资、能源、发展等全球经济治理主要支点领域提出新理念、采取新举措、积聚新共识，积极致力于解决全球经济治理成果失效、治理手段失灵、治理方向偏差、治理体系缺陷，为促进全球经济复苏发展、促进国际经济秩序朝着平等公正、合作共赢的方向发展贡献中国智慧、中国力量。

三、积极推动构建全球经济治理新格局

当前，全球经济虽然总体保持复苏态势，但面临增长动力不足、需求不振、金融市场反复动荡、国际贸易和投资持续低迷等多重风险和挑战。如何进一步促进全球经济复苏发展、维护和发展开放型全球经济、推动全球经济治理体系公正合理变革，仍然是各国需要解决的重要课题。面对当前全球经济的风险挑战全球经济治理体系的问题矛盾，《中共中央关于制定国民经济和社会发展第十三个五年规划的建议》指出，要积极参与全球经济治理，推动全球经济治理体系改革完善，积极引导全球经济议程，促进国际经济秩序朝着平等公正、合作共赢的方向发展。[①]2016年9月3日，国家主席习近平在二十国集团工商峰会开幕式上指出，全球经济治理需要与时俱进、因时而变。全球经济治理应该以平等为基础，更好反映世界经济格局新现实，增加新兴

---

① 《中共中央关于制定国民经济和社会发展第十三个五年规划的建议》，http：//news.xinhuanet.com/fortune/ 2015-11/03/c_1117027676_6.htm.

市场国家和发展中国家代表性和发言权；全球经济治理应该以开放为导向，坚持理念、政策、机制开放，防止治理机制封闭化和规则碎片化；全球经济治理应该以合作为动力，各国要加强沟通和协调，照顾彼此利益关切，共商规则，共建机制，共迎挑战；全球经济治理应该以共享为目标，不搞一家独大或者赢者通吃，而是寻求利益共享，实现共赢目标。[1]9月4日，在二十国集团领导人峰会开幕式上，习近平主席向与会各国提出要共同构建创新、活力、联动、包容的全球经济，为全球经济开出一剂标本兼治、综合施策的药方。[2]在党的十九大报告中，习近平总书记再次强调，各国要同舟共济，推动经济全球化朝着更加开放、包容、普惠、平衡、共赢的方向发展。

（一）构建公正高效的全球金融治理格局

当前，全球金融市场动荡的现状并未根本改变，新旧风险交织导致全球金融面临更多不确定性。首先，美联储加息，全球金融脆弱性上升。2015年12月，美联储宣布将联邦基金利率提高0.25个百分点，新的联邦基金目标利率将维持在0.25%—0.50%的区间。2016年12月，美联储决定提升联邦基金利率目标区间25个基点至0.5%—0.75%，并预计2017年加息三次。美元是世界上最重要的国际储备货币，美联储在长期低利率后实行加息，将使国际资本流动格局发生重大调整，导致国际金融脆弱性上升。其次，全球主流央行政策分道扬镳，加剧了全球资本异动。与美联储加息预期相对应，其他主要国家央行则实行了降息和量化宽松的货币政策。欧洲央行和日本央行决定维持其宽松货币政策不变，纷纷向市场注入更多的现金流。而印度、巴西、俄罗斯等新兴经济体国家以及丹麦、瑞士等国家也都推出降低利率、量化宽松

---

[1] 习近平：《中国发展新起点　全球增长新蓝图——在二十国集团工商峰会开幕式上的主旨演讲》，载《人民日报》，2016年9月4日，第3版。

[2] 习近平：《构建创新、活力、联动、包容的世界经济——在二十国集团领导人杭州峰会上的开幕辞》，载《人民日报》，2016年9月5日，第3版。

/ 第四章 /
谋求开放创新、包容互惠的发展前景

等货币政策。全球主流央行政策分道扬镳,导致全球资本流动性环境冰火两重天,货币战争渐行渐近。[①]最后,英国脱欧公投,全球金融市场再受冲击。英国是世界重要的经济体之一,英国脱欧公投后,全球金融市场对此反应激烈,英镑跌至30多年最低水平,全球股市市值损失大约3万亿美元。英国脱欧公投产生外溢效应,严重打击了投资者信心,给全球金融市场增添了更多不确定因素。在当前的全球金融形势下,如何让金融市场保持稳定并有效服务实体经济,仍然是各国需要解决的重要课题。

面对全球金融领域的风险与挑战,中国提出应推动国际金融体系改革,与国际社会共同构建公正高效的全球金融治理格局,维护全球经济稳定大局。[②]对此,中国着力推动全球金融治理"存量"和"增量"改革,积极为全球经济治理格局演进提供正能量。[③]一方面,中国继续发挥现有国际金融体系参与者、建设者、贡献者的角色,积极推动世界银行、国际货币基金组织等国际金融机构的"存量改革",提高新兴经济体和发展中国家的代表性和发言权。加强国际金融体系建设和改革,构建公正高效的全球金融治理格局,需要世界各国的协同努力。中国在担任G20主席国期间,以新兴市场国家深入融入国际金融体系并发挥更大作用为主线,推动构建更加稳定和有韧性的国际金融架构。在中国推动下,国际金融架构改革逐渐明确了继续推进IMF份额和治理改革、研究扩大特别提款权(SDR)的使用、加强全球金融安全网、完善主权债务重组机制、改善资本流动监测和应对五大方向。在G20领导人杭州峰会上,各方核准《二十国集团迈向更稳定、更有韧性的国际金融

---

① 《当前世界经济十大问题与应对之策》,http://news.xinhuanet.com/fortune/2015-08/06/c_128098652.htm.

② 习近平:《中国发展新起点 全球增长新蓝图——在二十国集团工商峰会开幕式上的主旨演讲》,载《人民日报》,2016年9月4日,第3版.

③ 《中国角色,推动全球金融治理格局演进的正能量》,http://news.xinhuanet.com/2015-12/27/c_1117591637.htm.

架构的议程》，在以上五个方面都给予了关注。"杭州共识"明确了IMF继续推进份额改革的方向，新兴市场和发展中国家的份额有望继续提高，各方同时承诺保护最贫困国家的发言权及代表性，这将进一步提高全球金融治理的公正、平等和有效性。[1]另一方面，中国主动引领和参与创建金砖国家新开发银行、亚洲基础设施投资银行等新的区域性金融机构，以建设性方式对全球金融治理架构进行"增量改革"。2013年3月，第五次金砖国家领导人峰会上决定建立金砖国家新开发银行，以简化金砖国家间相互结算与贷款业务、减少对美元和欧元依赖、资助金砖国家以及其他发展中国家基础设施建设和可持续发展项目。同年10月，国家主席习近平在同印度尼西亚总统苏西洛举行会谈时倡议筹建亚洲基础设施投资银行，以促进本地区互联互通建设和经济一体化进程。2014年10月，包括中国、印度、新加坡等在内21个首批意向创始成员国的财长和授权代表在北京正式签署《筹建亚投行备忘录》，共同决定成立亚洲基础设施投资银行。与以往的国际金融机构不同，金砖国家新开发银行、亚洲基础设施投资银行倡导合作、共赢、开放、包容的理念，是对现有国际金融秩序的补充和完善，它们将同域外现有多边开发银行和国际机构相互合作、相互补充，共同促进全球经济发展，实现互利共赢。金砖国家新开发银行、亚洲基础设施投资银行的成立和运行表明，以中国为代表的新兴国家正影响和改变着全球金融秩序，中国正积极以建设性方式参与全球经济和金融秩序的重构。

(二) 构建开放透明的全球贸易和投资治理格局

贸易和投资是拉动全球经济增长的两大引擎。当前，经济全球化出现波折，国际贸易持续低迷，全球贸易投资环境日趋恶化。一方面，多哈回合贸易谈判陷入僵局，多边贸易体制受到冲击。多哈回合贸易谈判原定于2005年

---

[1]《推动构建新型全球金融治理格局》，载《人民日报》，2016年9月26日，第3版。

第四章
谋求开放创新、包容互惠的发展前景

1月1日前全面结束谈判,但由于世贸组织成员无法在农业补贴、农产品关税和工业品关税的削减幅度、削减公式和削减方法上达成一致,令多哈贸易回合谈判陷入僵局,最终于2006年7月正式中止。多哈贸易回合谈判的停滞或失败不仅将导致谈判所承诺的开放贸易和促进发展的目标将无法实现,更会导致贸易保护主义加剧、贸易争端增多、多边贸易体系受损。另一方面,保护主义、内顾倾向趋势增强,贸易投资自由化便利化举步维艰。根据WTO的统计数据,自2008年以来,G20经济体采取了1583项新的贸易限制举措,仅取消了387项此类措施。在2015年10月中旬到2016年5月中旬,这些经济体采取了145项新保护主义措施——月均将近21项,达到2009年WTO开始监测G20经济体以来最严重的水平。[①]与此同时,英国脱欧公投、特朗普当选美国总统等事件也表明,内顾倾向的贸易保护主义趋势在不断增强,支持开放型经济的力量在减弱。

面对严峻的全球贸易投资环境,中国提出与国际社会共同构建开放透明的全球贸易和投资治理格局,巩固多边贸易体制,释放全球经贸投资合作潜力。[②]为构建开放透明的全球贸易和投资治理格局,中国积极做开放型世界经济的倡导者和推动者,恪守不采取新的保护主义措施的承诺,加强投资政策协调合作,采取切实行动促进贸易增长。第一,旗帜鲜明地反对贸易保护主义、积极倡导建设开放型世界经济。作为负责任的大国,中国多次表明反对贸易保护主义的明确态度,向世界传递出构建开放型世界经济的坚定决心。在2013年二十国集团领导人峰会上,国家主席习近平指出:"各国经济,相通则共进,相闭则各退。我们必须顺应时代潮流,反对各种形式的保护主

---

① 《WTO:全球贸易保护主义抬头》,http://www.ftchinese.com/story/001068128.
② 习近平:《中国发展新起点 全球增长新蓝图——在二十国集团工商峰会开幕式上的主旨演讲》,载《人民日报》,2016年9月4日,第3版。

义，统筹利用国际国内两个市场、两种资源。"①在2016年二十国集团领导人峰会上，习近平主席进一步提出："面对当前挑战，我们应该建设开放型世界经济，继续推动贸易和投资自由化便利化。保护主义政策如饮鸩止渴，看似短期内能缓解一国内部压力，但从长期看将给自身和世界经济造成难以弥补的伤害。"②在党的十九大报告中，习近平总书记再次表示，"中国支持多边贸易体制，推动建设开放型世界经济"。第二，实施自由贸易区战略，维护全球多边贸易体制。2001年加入世纪贸易组织以来，中国坚持世界贸易体制规则，积极推进双边、多边、区域次区域开放合作，加快实施自由贸易区战略。截至2017年8月底，中国已与23个国家和地区签署自贸协定15个。随着自由贸易区战略的实施，中国在实现贸易自由化水平显著提升的同时还有力地维护了全球多边贸易体制。此外，中国作为多边贸易体制的坚定维护者，还积极支持世界贸易组织多边贸易协定谈判，在推动世贸组织《贸易便利化协定》实施和多哈回合贸易谈判中发挥着建设性作用。第三，推动贸易自由化，维护自由、开放、非歧视的多边贸易体制。针对当前贸易保护主义、民粹主义抬头等问题，中国推动G20杭州峰会通过了《二十国集团全球贸易增长战略》。在"增长战略"中，G20成员表示将不采取新的贸易保护主义措施并取消有关措施，致力于进一步采取措施降低贸易成本并鼓励所有世贸组织成员全面实施《贸易便利化协定》，这无疑为低迷的全球贸易注入一剂强心针。此外，G20杭州峰会还首次实现机制化的贸易部长会和贸易投资工作组，为推动贸易自由化搭建了长期平台。③第四，推动投资便利化，引导全球发展资本合理流动。为了营造开放、透明和非歧视的全球投资政策环境，促

---

① 习近平：《共同维护和发展开放型世界经济——在二十国集团领导人峰会第一阶段会议上关于世界经济形势的发言》，载《人民日报》，2013年9月6日，第2版。

② 习近平：《构建创新、活力、联动、包容的世界经济——在二十国集团领导人杭州峰会上的开幕辞》，载《人民日报》，2016年9月5日，第3版。

③ 《构建开放透明的全球贸易和投资治理格局》，载《人民日报》，2016年9月29日，第3版。

进国际国内投资政策协调，引导全球发展资本合理流动，中国作为全球投资领域的大国，推动G20杭州峰会通过全球首个多边投资规则框架——《二十国集团全球投资指导原则》。"指导原则"提出政府应避免与跨境投资有关的保护主义、政府应有权为合法公共政策目的而管制投资、投资政策应设置开放透明和非歧视的投资条件、投资促进政策应使经济效益最大化、投资政策应为投资者和投资提供保护、投资相关规定的制定应保证透明及所有利益相关方有机会参与等非约束性原则。[①]《二十国集团全球投资指导原则》这一开创性的举措为全球投资政策制定提供了总体指导，极大地推动了全球投资便利化、有序化、合理化。

（三）构建绿色低碳的全球能源治理格局

作为人类生存和发展的重要物质基础，能源事关国计民生。当前，全球能源发展和能源治理面临着一系列困难和挑战。从全球能源发展来看，资源紧张、环境污染、气候变化已成为全球能源发展的三大主要难题。首先，全球能源需求增加、供应紧张。随着经济的发展、社会的进步以及人口增加等因素，全球对能源的需求不断增加。有统计表明，2020年全世界能源消费量将是目前的3倍。而煤炭、石油和天然气等不可再生资源在全球能源消费中依旧占据主导地位，按目前开采强度仅能开采113年、53年和55年。全球能源需求增加、化石能源枯竭、能源供应链脆弱已成为不争的事实。其次，过度依赖化石能源、环境污染严重。目前以煤炭、石油为主的全球能源消费结构导致了酸雨、大气污染等全球性能源环境问题，在一些国家和地区，跨国界的大气污染和广泛的环境酸化已达到十分严重的程度。第三，温室气排放增多、全球气候变暖。化石能源的过度消费使二氧化硫和二氧化碳等温室气体的排放量不断增多，最终导致臭氧层破坏、全球气温升高。从全球能源治

[①] 《二十国集团全球投资指导原则》，载《人民日报》，2016年9月7日，第21版。

理来看，全球能源治理呈现高度碎片化特征。当前，现有全球能源治理机制缺乏有效协调，无论是国际能源署（IEA）、石油输出国组织（OPEC）还是世界能源理事会（WEC），其规则都相对松散，无法应对世界各国所面临的能源问题。加之多数主要的能源生产地区的局势动乱以及各国在能源政策上的差异都使得全球能源治理举步维艰。

面对全球能源发展和能源治理面临的困境和挑战，中国提出与国际社会共同构建绿色低碳的全球能源治理格局，推动全球绿色发展合作。[①]为推动全球能源转型，实现绿色、低碳、可持续发展，中国作为全球能源生产及消费大国，从全球视角出发，积极参与全球能源治理，在全球能源治理中发挥着日益重要作用。第一，推动构建新型全球能源治理合作框架。寻找共识、统一协调、集体行动是当前全球能源治理的核心问题。原有以国际能源署、石油输出国组织为主体的全球能源治理合作框架存在成员组成缺乏包容性、规则相对松散等问题，无法有效协调各方利益和行动。在此背景下，既包括俄罗斯、沙特等能源生产大国，又包括中国、美国、欧盟等能源消费大国的G20，逐步成为最重要的全球能源治理机制和平台。作为G20重要成员国，中国在G20框架下就全球能源问题积极作为，协调各方采取一致行动。2014年，在G20布里斯班峰会上，国家主席习近平就能源议题作主题发言时强调，要建设能源合作伙伴关系，培育自由开放、竞争有序、监管有效的全球能源大市场，制定和完善全球能源治理原则，形成消费国、生产国、过境国平等协商、共同发展的合作新格局，并代表中国与美国、澳大利亚牵头发布《二十国集团能源合作原则》。2016年，在G20杭州峰会上，中国积极推动G20成员国就能源可及性、可再生能源、能效共同制订了行动计划，提升了全球能源治理有效性。[②]第二，推动国际社会共同走绿色低碳发展道路。中国

---

① 习近平：《中国发展新起点　全球增长新蓝图——在二十国集团工商峰会开幕式上的主旨演讲》，载《人民日报》，2016年9月4日，第3版。

② 《构建绿色低碳的全球能源治理格局》，载《人民日报》，2016年9月30日，第3版。

第四章
谋求开放创新、包容互惠的发展前景

"十三五"规划提出绿色发展理念，并明确要深入推进能源革命，着力推动能源生产利用方式变革，优化能源供给结构，提高能源利用效率，建设清洁低碳、安全高效的现代能源体系①，这也进一步表明中国将继续坚定不移走绿色低碳的发展道路。中国不仅自己走绿色低碳发展道路，也积极推动国际社会共同走绿色低碳发展道路。在中国推动下，G20杭州峰会能源部长会议成果文件中首次提出将能源普及的重点从撒哈拉沙漠以南非洲地区扩展到尚有5亿无电人口的亚太地区，并以此为契机大力推动可再生能源在欠发达地区的发展。②第三，倡导构建全球能源互联网。能源可持续发展是摆在人类面前的重要难题。2015年9月，习近平主席在联合国发展峰会上倡议探讨构建旨在促进全球清洁能源大规模开发利用的全球能源互联网，推动以清洁和绿色方式满足全球电力需求。③能源互联网是以互联网技术为核心，以大规模可再生能源和分布式电源接入为主，对冷、热、气、水、电等多种能源优化互补，提高用能效率的智能能源管控系统。在G20杭州峰会上，全球能源互联网作为推动基础设施互联互通的重要内容，纳入二十国集团工商峰会会议报告。全球能源互联网的提出为全球实现能源可持续发展、应对气候变暖指明了方向，成为发展低碳经济、实现能源变革转型的系统性解决方案。④

（四）构建包容联动的全球发展治理格局

当前，世界仍面临诸多发展问题，贫困、难民危机、恐怖主义成为困扰人类发展的历史性和世界性顽疾，这些顽疾的背后反映出的是世界范围内越

---

① 《中华人民共和国国民经济和社会发展第十三个五年规划纲要》，http://news.xinhuanet.com/politics/2016 lh/2016-03/17/c_1118366322.htm。

② 《构建绿色低碳的全球能源治理格局》，载《人民日报》，2016年9月30日，第3版。

③ 习近平：《谋共同永续发展 做合作共赢伙伴——在联合国发展峰会上的讲话》，载《人民日报》，2015年9月27日，第2版。

④ 《构建绿色低碳的全球能源治理格局》，载《人民日报》，2016年9月30日，第3版。

来越严重的发展不平衡问题。目前,全世界有12亿贫困人口,其中有7亿多极端贫困人口,极贫人口一半生活在撒哈拉以南非洲地区,三分之一生活在南亚。而与此同时,世界基尼系数已经达到0.7左右,超过了公认的0.6危险线。这些数据表明,在全球减贫任务依然繁重的情况下,全球贫富差距正在日益扩大,全球发展不平衡加剧。而全球发展不平衡也导致叙利亚、利比亚等中东、北非地区战乱不断、持续动荡,最终引发二战结束以来全球最大规模的难民危机。根据欧盟边境管理局统计,仅2015年一年,累计涌入欧洲的难民人数超过50万人。日益严重难民危机对地区和平稳定和世界经济复苏发展带来严峻挑战。此外,全球发展不平衡引发的贫困和动荡还给恐怖主义带来可乘之机。近年来,全球恐怖主义有着明显抬头趋势,恐怖活动发生的频率也逐年上升。为进一步消除一切形式的贫穷、战胜不平等和不公正、实现人类可持续发展,联合国193个会员国在2015年9月举行的历史性首脑会议上一致通过了《2030年可持续发展议程》,决心到2030年的这一段时间内,在世界各地消除贫困与饥饿,消除各个国家内和各个国家之间的不平等,建立和平、公正和包容的社会。①

面对严峻的全球发展问题,中国提出与国际社会共同构建包容联动的全球发展治理格局,以落实联合国2030年可持续发展议程为目标,共同增进全人类福祉。②习近平主席在2016年二十国集团工商峰会上指出,"消除贫困和饥饿,推动包容和可持续发展,不仅是国际社会的道义责任,也能释放出不可估量的有效需求"。"国家不论大小、强弱、贫富,都应该平等相待,既把

---

① United Nations, Transforming our world: the 2030 Agenda for Sustainable Development, http://www.un.org/ga/search/view_doc.asp?symbol=A/RES/70/1&referer=http://www.un.org/sustainabledevelopment/development-agenda/&Lang=E.

② 习近平:《中国发展新起点 全球增长新蓝图——在二十国集团工商峰会开幕式上的主旨演讲》,载《人民日报》,2016年9月4日,第3版。

第四章
谋求开放创新、包容互惠的发展前景

自己发展好,也帮助其他国家发展好。大家都好,世界才能更美好"。① 作为世界上最大的发展中国家,中国不仅长期对全球发展问题给予高度关注,更以实际行动为消除贫困和饥饿、推动世界包容、联动、可持续发展作出贡献。第一,推动建设创新型、联动型世界经济。当前,面对复苏乏力、增长脆弱的全球经济,创新发展方式、开辟增长源泉、挖掘增长动能变得尤为重要。此外,在经济全球化时代,各国发展环环相扣,一荣俱荣,一损俱损。没有哪一个国家可以独善其身,协调合作是必然选择。鉴于此,中国提出国际社会应该共同建设创新型、联动型世界经济,着力促进全球经济复苏发展、打造全球增长共赢链。2016年,在中国的推动下,G20成员国就《二十国集团创新增长蓝图》达成共识,一致决定通过创新、结构性改革、新工业革命、数字经济等新方式,为世界经济开辟新道路、拓展新边界,不断提升全球经济中长期增长潜力。与此同时,中国还积极推动G20成员国之间政策规则、基础设施、利益共赢的联动,倡导通过宏观经济政策协调解决制度、政策、标准不对称问题,发起全球基础设施互联互通联盟倡议,推动构建和优化全球价值链,不断为全球经济复苏发展凝聚互动合力。第二,推动落实2030年可持续发展议程、促进世界包容性发展。习近平主席指出,实现共同发展是各国人民特别是发展中国家人民的普遍愿望。② 为消除贫困和饥饿、构建包容和可持续的未来,在中国的推动下,G20杭州峰会首次把发展问题置于全球宏观政策框架核心位置,首次就落实2030年可持续发展议程制订行动计划,首次就支持非洲国家和最不发达国家工业化开展合作。峰会通过的《二十国集团领导人杭州峰会公报》,强调要实现强劲、可持续、平衡增长,必须坚持包容性增长,承诺将确保经济增长的益处惠及所有人,并最大程度

---

① 习近平:《中国发展新起点 全球增长新蓝图——在二十国集团工商峰会开幕式上的主旨演讲》,载《人民日报》,2016年9月4日,第3版。

② 习近平:《构建创新、活力、联动、包容的世界经济——在二十国集团领导人杭州峰会上的开幕辞》,载《人民日报》,2016年9月5日,第3版。

释放发展中国家和低收入国家的增长潜力；峰会通过的《二十国集团落实2030年可持续发展议程行动计划》，列出了包括基础设施、人力资源开发和就业、普惠金融和侨汇等内容在内的G20可持续发展行动清单；峰会发起的《二十国集团支持非洲和最不发达国家工业化倡议》，提出通过自愿政策选项，强化包容增长，提升发展潜力，助力非洲减贫和实现可持续发展。[①]第三，为全球发展提供更多优质的、切实的国际公共产品。作为负责任的大国，中国始终做南南合作的推动者、全球发展的贡献者，支持和帮助广大发展中国家特别是最不发达国家消除贫困，为全球发展提供更多优质、切实的国际公共产品。对此，中国积极向亚洲、非洲、拉丁美洲和加勒比地区、大洋洲的69个国家提供医疗援助，先后为120多个发展中国家落实千年发展目标提供帮助；中国设立"南南合作援助基金"，继续增加对最不发达国家投资，免除对一些最不发达国家的政府间无息贷款债务；中国设立国际发展知识中心，同各国一道研究和交流适合各自国情的发展理论和发展实践；中国率先发布了《中国落实2030年可持续发展议程国别方案》，以实际行动推动落实2030年可持续发展议程；中国提出共建"一带一路"倡议，与100多个国家和国际组织展开各领域务实合作；中国倡议发起亚洲基础设施投资银行，促进亚洲互联互通建设和经济一体化进程。

四、"一带一路"倡议是全球经济治理的新模式

当今世界正发生复杂深刻的变化，国际金融危机深层次影响继续显现，世界经济缓慢复苏，国际投资贸易格局和多边投资贸易规则酝酿深刻调整，各国面临的发展问题依然严峻。2013年9月和10月，习近平主席在出访中亚和东南亚国家期间，先后提出共建"丝绸之路经济带"和"21世纪海上丝绸之路"

---

① 《构建包容联动的全球发展治理格局》，载《人民日报》，2016年10月3日，第3版。

（简称"一带一路"）的重大倡议，得到国际社会高度关注。共建"一带一路"秉持开放的区域合作精神，致力于推动欧亚非大陆及附近海洋的互联互通，开展更大范围、更高水平、更深层次的区域合作，实现沿线各国多元、自主、平衡、可持续的发展。共建"一带一路"有利于发掘区域内市场潜力、促进投资和消费、创造需求和就业，有利于维护全球自由贸易体系和开放型世界经济，有利于促进国际经贸规则制定和全球经济治理体系朝着更加公正合理的方向发展。共建"一带一路"符合国际社会的根本利益，顺应广大发展中国家改革全球经济治理机制的现实诉求，彰显人类社会的共同理想和美好追求，是中国对全球经济治理新模式的积极探索，为完善全球经济治理提供了新思路新方案。

（一）"一带一路"倡议的基本内涵、秉承原则与合作重点

"一带一路"倡议是在古代丝绸之路基础上创造性形成的、全方位推进中国与欧亚非各国各领域务实合作的一种开放、包容、均衡、普惠的新型多边跨区域经济合作架构，旨在促进经济要素有序自由流动、资源高效配置和市场深度融合，推动沿线各国实现经济政策协调，构建全方位、多层次、复合型的互联互通网络，共同打造政治互信、经济融合、文化包容、互联互通、互利共赢的欧亚非利益共同体、命运共同体和责任共同体，实现欧亚非各国共同发展、共同繁荣。根据国家发展改革委、外交部、商务部联合发布的《推动共建丝绸之路经济带和21世纪海上丝绸之路的愿景与行动》，丝绸之路经济带重点方向是从中国经中亚、俄罗斯至欧洲（波罗的海），从中国经中亚、西亚至波斯湾、地中海，从中国至东南亚、南亚、印度洋。陆上依托国际大通道，以沿线中心城市为支撑，以重点经贸产业园区为合作平台，共同打造新亚欧大陆桥、中蒙俄、中国—中亚—西亚、中国—中南半岛等国际经济合作走廊。21世纪海上丝绸之路重点方向是从中国沿海港口过南海到印度洋并延伸至欧洲，从中国沿海港口过南海到南太平洋。海上以重点港口为节

点,共同建设通畅安全高效的运输大通道。①

作为一种新型跨区域合作架构,"一带一路"倡议不同于以往"核心—边缘"或"依附—被依附"的传统剥削式合作模式,也不同于西方崛起过程中所采用的殖民和强制的霸权式发展方式,它秉承"共商、共建、共享"原则,是和平的倡议、发展的倡议、合作的倡议、开放的倡议。所谓"共商",是指"一带一路"倡议坚持平等协商、共同决策,不搞"一言堂""一刀切",欧亚非各国无论大小、强弱、贫富都是"一带一路"倡议的平等参与者,都可以为"一带一路"建设建言献策。所谓"共建",是指"一带一路"倡议不是中国一国主导的国际合作倡议,也不是中国的对外援助计划,更不是中国版的"马歇尔计划",而是欧亚非各国共同参与的、共同行动的、开放的国际合作倡议,任何有意愿的国家和经济体均可参与进来共同建设。所谓"共享",是指"一带一路"倡议不搞零和博弈,不搞利益攫取,不搞对外扩张,"一带一路"建设所取得的成果和带来的利益由全体参与建设国家或经济体共同享有。2015年3月,国家主席习近平在博鳌亚洲论坛2015年年会发表主旨演讲时指出:"'一带一路'建设秉持的是共商、共建、共享原则,不是封闭的,而是开放包容的,不是中国一家的独奏,而是沿线国家的合唱。"②王毅外长也表示:"'一带一路'倡议是中国的,但机遇是世界的。'一带一路'秉持共商、共建、共享原则,奉行的不是'门罗主义',更不是扩张主义,而是开放主义。"③

"一带一路"倡议作为一种面向未来的全球经济治理新模式,致力于加快欧亚非大陆及附近海洋的互联互通建设,其以政策沟通、设施联通、贸易畅

---

① 《推动共建丝绸之路经济带和21世纪海上丝绸之路的愿景与行动》,载《人民日报》,2015年3月29日,第4版。

② 习近平:《迈向命运共同体 开创亚洲新未来——在博鳌亚洲论坛2015年年会上的主旨演讲》,载《人民日报》,2015年3月29日,第2版。

③ 《王毅谈"一带一路":倡议是中国的,机遇是世界的》,http://www.fmprc.gov.cn/web/zyxw/t1345928.shtml。

通、资金融通、民心相通为主要内容和合作重点。①政策沟通。加强政策沟通是"一带一路"建设的重要保障。"一带一路"建设倡导加强政府间合作，积极构建多层次政府间宏观政策沟通交流机制，以深化利益融合、促进政治互信、达成合作新共识，并就经济发展战略和对策进行充分交流对接，共同制定推进区域合作的规划和措施，协商解决合作中的问题，共同为务实合作及大型项目实施提供政策支持。②设施联通。基础设施互联互通是"一带一路"建设的优先领域。"一带一路"建设倡导在尊重相关国家主权和安全关切的基础上，加强沿线国家基础设施建设规划、技术标准体系的对接，共同推进国际骨干通道建设，逐步形成连接亚洲各次区域以及欧亚非之间的基础设施网络。③贸易畅通。贸易投资合作是"一带一路"建设的重点内容。"一带一路"建设着力研究解决投资贸易便利化问题，消除投资和贸易壁垒，构建区域内和各国良好的营商环境，积极同沿线国家和地区共同商建自由贸易区，激发释放合作潜力，做大做好合作"蛋糕"。④资金融通。资金融通是"一带一路"建设的重要支撑。"一带一路"建设倡导推进亚洲货币稳定体系、投融资体系和信用体系建设，扩大沿线国家双边本币互换、结算的范围和规模，推动亚洲债券市场的开放和发展，推进亚洲基础设施投资银行、金砖国家开发银行筹建，深化中国—东盟银行联合体、上合组织银行联合体务实合作。⑤民心相通。民心相通是"一带一路"建设的社会根基。"一带一路"建设倡导传承和弘扬丝绸之路友好合作精神，广泛开展文化交流、学术往来、人才交流合作、媒体合作、青年和妇女交往、志愿者服务等，为深化双多边合作奠定坚实的民意基础。①

---

① 《推动共建丝绸之路经济带和21世纪海上丝绸之路的愿景与行动》，载《人民日报》，2015年3月29日，第4版。

(二）国际社会积极支持和参与"一带一路"建设

"一带一路"是促进共同发展、实现共同繁荣的合作共赢之路，是增进理解信任、加强全方位交流的和平友谊之路。"一带一路"倡议一经提出便引发了国际社会的高度关注和强烈反响，并得到了相关国家的积极支持和参与。首先，俄罗斯、白俄罗斯、哈萨克斯坦等独联体国家积极支持"一带一路"倡议，并推进"一带一路"倡议与本国和地区发展战略实现对接。在2014年中俄两国发表的《中俄关于全面战略协作伙伴关系新阶段的联合声明》中，俄罗斯官方对"一带一路"表明了支持。①哈萨克斯坦表示将积极做好哈国"光明之路"经济发展战略与"一带一路"倡议的对接，加强同中国在经贸、产能、能源、科技等领域的合作。②白俄罗斯也表示愿意成为"一带一路"倡议的重要支柱，并希望与中国共同将中白"巨石"工业园项目打造成"一带一路"倡议重点项目。③其次，塞尔维亚、匈牙利、波兰等中东欧国家也积极响应"一带一路"倡议。在2014年第三次中国—中东欧国家领导人峰会期间，中国与16个中东欧国家发表了《中国—中东欧国家合作贝尔格莱德纲要》，全面强化与中东欧国家在基础设施、交通、能源、金融等领域的合作，并与匈牙利、塞尔维亚签署了《匈塞铁路项目合作谅解备忘录》。再次，津巴布韦、南非等非洲国家和沙特阿拉伯、埃及、伊朗等中东国家也对"一带一路"倡议表现出极大热情。2015年7月，津巴布韦副总统姆南加古瓦访问青岛，举行了"通商青岛新丝路，经济合作新伙伴"津巴布韦—青岛商务对话会，并与青岛市政府签署了《关于津巴布韦经济特区与工业园项目备忘录》。

---

① 《中华人民共和国与俄罗斯联邦关于全面战略协作伙伴关系新阶段的联合声明》，载《人民日报》，2014年5月21日，第2版。

② 《习近平同哈萨克斯坦总统纳扎尔巴耶夫会谈》，载《人民日报》，2015年5月8日，第1版。

③ 《卢卡申科：白俄罗斯愿成为"一带一路"倡议重要支柱》，http://news.china.com.cn/world/2015-05/12/ content_35548936.htm。

第四章
谋求开放创新、包容互惠的发展前景

2015年12月，习近平主席访问南非期间，两国签署了26项合419亿元人民币的"海上丝绸之路"合作项目协议，涵盖基础设施建设、能源、通信、金融等多个领域。2016年，中国与沙特阿拉伯、埃及和伊朗分别签署了《关于共同推进"一带一路"建设的谅解备忘录》，并与沙特阿拉伯和土耳其签署了《关于加强海上丝绸之路建设的谅解备忘录》，沙特阿拉伯、埃及和伊朗表示愿成为"一带一路"通往非洲和欧洲的支点。最后，巴基斯坦、印度尼西亚、泰国等南亚、东南亚国家也积极参与"一带一路"建设。2013年，中国与巴基斯坦提出共建"中巴经济走廊"以加强两国互联互通、促进两国共同发展，"一带一路"倡议提出后，"中巴经济走廊"成为"一带一路"建设的"旗舰项目"，连接巴基斯坦瓜达尔港—卡拉奇—中国喀什的公路及铁路构成这一项目的核心。2015年4月，中巴双方签署了30多项与"一带一路"和"中巴经济走廊"有关的合作协议和备忘录。同年，中国与印度尼西亚、泰国两国分别签署了《关于开展雅加达—万隆高速铁路项目的框架安排》《中泰高铁合作协议》。除此之外，法国、英国、德国、意大利、澳大利亚等国也对"一带一路"倡议表现出了积极的态度。

（三）"一带一路"建设成绩初现

"一带一路"倡议是中国根据古丝绸之路留下的宝贵启示，着眼于各国人民追求和平与发展的共同梦想，为世界提供的一项充满东方智慧的共同繁荣发展的方案。[①]"一带一路"倡议提出以来，在各国高层的引领和有关各方的共同努力下，"一带一路"建设逐渐从理念转化为行动，从愿景转变为现实，建设成果丰硕。第一，政策沟通不断深化。中国同有关国家协调政策，积极推进"一带一路"与沿线各国发展战略和规划的对接，并同40多个国家和国

---

① 习近平：《携手共创丝绸之路新辉煌——在乌兹别克斯坦最高会议立法院的演讲》，载《人民日报》，2016年6月23日，第2版。

际组织签署了合作协议，同30多个国家开展机制化产能合作，同60多个国家和国际组织共同发出推进"一带一路"贸易畅通合作倡议。第二，设施联通不断加强。中国和相关国家一道共同规划实施了一大批互联互通项目。目前，以中巴、中蒙俄、新亚欧大陆桥等经济走廊为引领，以陆海空通道和信息高速路为骨架，以铁路、港口、管网等重大工程为依托，一个复合型的基础设施网络正在形成。第三，贸易畅通不断提升。中国同"一带一路"参与国大力推动贸易和投资便利化，不断改善营商环境。2014—2016年，中国同"一带一路"沿线国家贸易总额超过3万亿美元。中国对"一带一路"沿线国家投资累计超过500亿美元。中国企业已经在20多个国家建设56个经贸合作区，为有关国家创造近11亿美元税收和18万个就业岗位。第四，资金融通不断扩展。中国同"一带一路"建设参与国和组织开展了多种形式的金融合作。亚洲基础设施投资银行已经为"一带一路"建设参与国的9个项目提供17亿美元贷款，"丝路基金"投资达40亿美元，中国同中东欧"16+1"金融控股公司正式成立。这些新型金融机制同世界银行等传统多边金融机构各有侧重、互为补充，形成层次清晰、初具规模的"一带一路"金融合作网络。第五，民心相通不断促进。"一带一路"建设参与国弘扬丝绸之路精神，开展智力丝绸之路、健康丝绸之路等建设，在科学、教育、文化、卫生、民间交往等各领域广泛开展合作，为"一带一路"建设夯实民意基础，筑牢社会根基。①

---

① 习近平：《携手推进"一带一路"建设——在"一带一路"国际合作高峰论坛开幕式上的演讲》，载《人民日报》，2017年5月15日，第3版。

/ 第五章 /

中国方案 CHINA CONCEPTION

促进和而不同、兼收并蓄的文明交流

冷战结束已经近30年，但是国际社会整体上看仍然存在着矛盾与纷争，西方在冷战后所鼓吹的"历史终结论"现在看来也被其自我所终结，文明要素在国际关系中所起到的作用越来越突出。在全球文明多样性凸显、文明交流增多、摩擦显著增强的表象之下，如何处理文明的多样性，促进不同文明间的交流互动，就成为现阶段国际社会所要面对的重要问题。中国作为有着五千年历史的文明古国，处在全球文明秩序变化的新阶段，需要在更高维度、更广领域和更深层次上，为推动世界不同文明之间的兼收并蓄与交流合作，提出具有中国智慧的有关文明领域的中国方案，以此彰显一个负责任大国的理念、使命、自信与担当。

一、文明交流互鉴是维护世界和平的纽带

当今世界正处在一个大发展大变革大调整时期，和平与发展仍然是时代的主题。世界多极化、经济全球化、文明多元化深入发展，但与此同时，地区冲突频发，全球性危机增多，世界面临的不确定性上升，由此导致的逆全球化、反全球化思潮在部分国家和地区不断蔓延，严重影响着世界和平与发展的进程。世界各国逐渐意识到单纯地依靠经济或政治手段难以解决这一系列全球性问题，各国需要更加重视文明在当今国际社会所发挥出的重要作用。文明的内生力在于与时俱进与交流互鉴，通过文明交流互鉴来维护世界和平，发挥文明的桥梁作用，对于每一个国家而言都格外重要。

（一）人类文明是多彩的、平等的、包容的

当今世界，全球化进程方兴未艾。经济全球化、政治多极化、文化多样化，正成为当今国际关系的显著特征。在关于全球化的讨论中，文明的概念、本质以及文明之间的关系，越来越占据着一个重要的位置。文明问题重要性的凸显，归功于国家间竞争越来越重视科技和文化软实力的竞争。谁拥

第五章
促进和而不同、兼收并蓄的文明交流

有自信的文明,谁就能够在国家间竞争中立于不败之地,谁就能够在未来的国际关系格局中掌握国际社会的话语权。2014年3月27日,国家主席习近平在联合国教科文组织总部的演讲中,强调文明交流互鉴,需秉持三点正确的态度和原则,即:文明是多彩的、平等的、包容的。习近平主席关于文明特征的重要阐述,是解决当今全球化突出问题的中国智慧,是处理各国之间文明差异的中国方案,对于全球治理有着重要的战略意义。在习近平主席的演讲中,提到了人类文明的三个关键概念,即:多彩性、平等性和包容性。通过对这三个文明核心概念的梳理,我们能够更好去认识文明以及文明之间应该如何相处。

首先人类文明是多彩的。正如习近平主席谈到的那样:"文明是多彩的,人类文明因多样才有交流互鉴的价值。"①多样性是人类文明最为基本的属性,当今世界有200多个国家和地区,有2500多个民族,有6000多种语言,因此,人类文明的多样性是世界的常态,也是人类文明不断进步的重要推动力。人类文明多样性的产生主要有以下几个原因:首先,人类文明不是抽象的,而是具体的。它是由各国文明组成,每个国家的文明产生于特定的地区,是由各个国家的人民在各自的历史进程中实践活动的产物,每个国家文明的特殊性决定了人类文明必然是丰富多彩的,可以说人类文明是作为多样性存在的,是人类社会的一种客观事实。各国在长期的社会发展和历史演进过程中,由于自然环境、历史条件、观念体系等诸多方面存在的差异,逐渐形成了具有自己独特个性色彩的文明样式。其次,人类文明的多样性还体现在人类社会的发展之中,不同的国家和民族,无论是价值取向、社会架构还是发展路径,都存在着差异,这是人类历史发展进程中的必然结果。任何文明的发展都不会排斥其他文明的发展,也不以其他文明的衰亡为前提。每一

---

① 《习近平在联合国教科文组织总部的演讲》(全文),新华网,2014年3月28日,http://news.xinhuanet.com/world/2014-03/28/c_119982831.htm.

种文明，在其发展的历史进程中，无论是有意还是无意，都为人类文明的发展作出了属于自己的贡献。正所谓"万物并育而不相害，道并行而不相悖"，各种文明在自身发展的过程中，也与其他文明存在着交流，也正是这种相互交流、融合与吸收，使得每一种文明都能够从其他文明中汲取自身所没有的养分，从而促进文明的健康成长。最后，文明的多样性是世界存在的一个基本面，是最为核心和本质的东西，更是推动世界文明进步的关键要素。承认世界文明多样性这一客观现实，并在此基础上尊重其他国家具有国家自身特色的历史文化、社会制度和发展模式。如果不顾及世界文明多样性这一最为基本的客观事实，企图把自己的社会制度、发展模式和价值理念强加于其他文明的之上，所换来的只能是文明之间的矛盾与冲突，从长远来看对于整个人类文明的发展是有百害而无一益的。

其次人类文明是平等的。不同文明凝结着不同民族的智慧，对人类文明有着属于自己的特殊贡献，不存在高低贵贱之分。从逻辑上看，人类文明的多样性和平等性二者间有着相辅相成的关系，多样性是平等性的重要基础，平等性则是多样性的客观保障。没有多样性的平等性并不存在，而没有平等性的多样性只会变成霸权横行的乐土。随着世界经济全球化步伐进程的不断加快，人类的足迹遍布于世界各大洲之间，不同文明的交流与接触也日益增多。通过对人类文明发展史的纵向观察，不同文明间对话有助于增进各国人民之间的信任与相互了解。换言之，解决不同文明间的误读最好的途径就是加强不同文明间交流与对话，增进彼此之间的信任与了解，而平等对待文明的多样性是构建这些的前提基础。所谓平等，就是要尊重世界上每个国家自主选择社会制度和发展道路的权利，推动各国根据本国国情实现国家的进步与发展，通过平等性来维护文明的多样性，加强不同文明之间的平等交流与对话，协力构建兼收并蓄的和谐社会。

再次人类文明是包容的。文明之间应该相互包容，而不是相互排斥，甚至是相互取代。可以说，相较于多样性和平等性这样客观性的表述，文明的包容性更体现了文明的自我能动性。首先，文明的差异，不应是不同文明体之间相互排斥的原因，而是相互借鉴学习的动力，只有通过相互之间交流借鉴，文明才能够充满活力。任何一种文明如果自以为能够凌驾于其他一切文明之上，从而丧失一种对其他文明包容的态度，所换来的只会是文明的衰退。其次，不同文明在某些方面是共同的，比如说禁止滥杀无辜、渴望世界和平、追求美好理想、倡导国家繁荣等。文明的共同性，决定了不同的文明体之间是可以相互交流的，也是能够达成文明之间的共识。偏执地坚持自身文明的特殊性和例外论，是幼稚的、不成熟的狭隘民族主义和极端地方主义的表现。这种狭隘的文明容易导致自私、自负、自大的极端心态。在和平时期，狭隘的文明心态极容易导致唯我独尊的极端民族主义，产生无穷的国家纷争和战争。在战争时期，狭隘的文明心态会导致胜利者的军国主义和过度自信，而失败者一方则完全否认自身文明的价值和自卑心理。近代以来的国家间战争，尤其是20世纪的两次世界大战，都和极端的民族主义有很大的关系。最后，对于不同的文明，树立包容的心态有助于不同文明的人民之间产生相互信任。一个具有包容心态的文明，既能够看到自己所处文明的优点，也能够承认其缺点；既能够平等地与外来文明相互学习，也能够在与外来相互交流中相互借鉴，以人之长补己之短。文明的包容性要求我们应该尊重人类文明的多样性，懂得尊重才会相互欣赏、相互认可、相互学习，共同推动人类文明的进步和发展。

（二）文明交流互鉴是推动人类社会进步的动力

文明是一个国家进步的精神标识和思想基础，习近平主席关于人类文明进步的一系列重要论述，深刻阐明了人类文明的本质特征和发展趋势，从宏观角度对人类文明进行了思考。通过梳理相关论述，可以明确地认识到文明交流互鉴对于任何一个国家的发展和进步所产生的影响都是深远的、广泛的和持久的。

首先，文明交流互鉴推动了人类社会经济生活的进步。马克思主义认为，人类的历史进程是多样性与统一性、偶然性与必然性、曲折性和前进性的综合产物。不同的社会发展阶段并不是相互排斥的，而是逐渐演进的。在某些国家和地区，也可能是跳跃式的前进。不论是渐进的方式，还是激进的方式，不同国家的发展，都离不开各种文明之间的交流互鉴。先进社会可以向落后社会了解过去的历史和进步的过程，前车之鉴，后事之师。落后社会则可以向先进社会学习发展的方向和道路，在社会历史的进程中少走弯路。相互借鉴、相互学习、取长补短，才会有人类历史的进步。如果没有文明的交流互鉴，现代化就只能发生在西欧，而不会推动其他地区的进步和发展。没有文明的交流互鉴，社会经济生活不可能进步，经济全球化也就无从谈起。

其次，文明交流互鉴推动了人类社会政治生活的进步。西方的资产阶级革命离不开文艺复兴和启蒙运动，而东方文明尤其是中国的儒家文明，对西方宗教文明的世俗化也起了重要的启蒙作用。另外，中国社会主义制度的建立和亚非拉国家的民族独立运动，在很大程度上是通过学习来自西方的社会主义、资本主义、民族主义并进行本土化的产物。中国通过马克思主义的中国化，成功地解决了半封建半殖民地问题、民族的独立问题、国家复兴的问题等，成为现代世界探索非西方现代化道路的成功案例。当然，中国在进一步改革开放过程中也面临一些棘手的问题，比如贫富分化、腐败问题、环境问题等，改革开放的成功实践证明了邓小平关于改革开放的重要论断："不坚持社会主义，不改革开放，不发展经济，不改善人民生活，只能是死路一条。"面对改革开放中出现的问题，只有进一步深化文明之间的交流互鉴，才可能找到解决社会发展问题的钥匙，不断拓宽解决发展问题的视野和思路。

再次，文明交流互鉴促进了人类日常生活的丰富。文明之间的交流，对于普通民众而言最为直观的感受就是日常生活的丰富。以中国自身为例来看，早在公元前100多年前，张骞出使西域，极大地带动了中西的文明交流。自那时起，中国就引进了西域的葡萄、苜蓿、石榴、胡麻、芝麻，西域的国家和地区则引进了中国的丝绸、茶叶、瓷器等,这种友好的文明交流,极大地促进了各国人民生活方式的多样化,也让不同文明体之间产生相互羡慕、相互吸引的强大魅力,促进了各个国家的发展和社会进步。各个国家、民族、地区的日常生活因文明交流而日益丰富多彩,世界因文明交流互鉴而不断进步。

最后,文明交流互鉴促进了人作为个体的自我发展。从宏观的角度来看,文明的交流互鉴促进着不同文明之间的相互交流和文明自身的发展。但文明的交流互鉴,其影响不仅存在于宏观维度,也存在于微观维度上,换言之就是对个体产生着深远的影响。人的自我发展实际上就是一个不断社会化的过程,人作为一种社会动物,只有在社会中才能够体现其真正价值。随着不同文明间的融合,人的社会生活也逐渐丰富起来,从而影响并推动着人的不断发展。通过学习其他文明中的优秀成分,人的思想与行为得到了提升与锻炼,最终使得个体逐渐成为一个完整的社会意义上的人。

(三)文明交流互鉴是增进各国人民友谊的桥梁

发挥文明在增进各国人民友谊之间的桥梁作用,是促进文明交流互鉴的一个重要目的。国家之间的友谊大多源自于自觉、自愿的互动。没有心与心之间的坦诚相待,一切友谊都将黯然失色。但是友谊的产生需要一种媒介或桥梁来协助其完成,而文明的交流就是增进各国人民友谊的重要桥梁。

首先,文明交流互鉴能够为不同文明搭建共同进步之桥。在人类历史的长河中,不同的文明有着不同的表现形式,也有着不同的优点与长处。中华文明创造了震撼世界的秦始皇兵马俑、长城、四大发明、紫禁城、中山陵、敦煌莫高窟等等,让外国游人叹为观止,由衷地感叹中华文明源远流长、博大精深。中华文明之所以绵延不绝,离不开中华文明的开放性。在中华文明的成长和发展过程中,通过不断地引进、吸收和消化外来的文明,不断丰富了中华文明的内涵,不断增强了中华文明的凝聚力和吸引力。早期的佛教来源于印度,在传入中国以后,经过和中国儒家、道家文化长期融合,形成了独具特色的中国佛教文化，对中国普通民众乃至精英阶层的生活产生了深远影响。文明的交流互鉴，促进了文明的发展，拉近了文明之间的距离，消除了文明之间的隔阂。当代中国的文明集中体现为中国特色社会主义文明，是由物质文明、政治文明、精神文明、社会文明、生态文明组成，这五位一体的文明观是对中华传统文明的继承和发展，也是对外来文明的吸收、消化和借鉴。这既体现了自身传统文明的自信，也能够以包容的心态对待外来文明，体现了当代中国文明的亲和力、凝聚力和辐射力。

其次，文明交流互鉴为不同文明搭建相互信任之桥。习近平主席在哈萨克斯坦纳扎尔巴耶夫大学演讲时曾强调："国之交在于民相亲。"与单纯的贸易或政治合作相比，文明之间的交流更加有温度，更加柔软，更能够打开不同国家之间的心扉，从而培育彼此间的相互信任。信任是国际社会中最为稀缺的一种资源，当国家间的交往有信任作为依托时，交往将变得非常容易，因为彼此至少能够不误判对方的动机与意图。反之，当两个国家缺乏信任时，国家之间的交往很容易被偶然性的不良信息所影响。相互信任的交往环境有助于不同文明体之间求同存异、相互包容，有助于不同文明之间建立和平、发展与合作共赢的外部环境。通过文明的交流互鉴，搭建不同文明间的信任之桥，有助于国家间合作更加着眼于长远利益，从而促进人类社会持久的和平、合作、发展与繁荣。

最后，文明交流互鉴为世界走向命运共同体搭建了可行之桥。中华文明将"和"字视为最高的道德追求，而西方文明中的主权观、世界和平论、自由理论、民主理论，这些价值观本质上也是对人类处境和命运的思考。中华文明与未来文明交流的历史也证明，中华文明的成长离不开对西方文明的吸收、消化与创造性的转化。文明交流互鉴，让不同文明国家的人们命运与共，在世界的和平问题、发展问题、安全问题等方面树立你中有我、我中有你的命运共同体意识，将为全球性问题的解决奠定重要的共识条件。当今国际社会所面临的全球性问题日益突出，其破坏性已经远远超过了单个主权国家的治理能力与能力范围。移民问题、犯罪问题、环境问题、恐怖主义、网络安全问题等接连不断，并且至今仍没有形成令各方满意的合理的解决方案。解决全球性问题，无疑需要全球性合作，而进行全球性合作的基础就是需要树立全球人类命运共同体意识。对于什么是人类共同面临的问题？哪些是急需解决的优先问题？解决这些问题最合理的方式、步骤是什么？当前的国际秩序是否是滋生全球性问题的根源？人类的未来究竟往何处去？等等，这些问题的思考和解决，需要不同的文明对话。只有在文明对话中，国际社会才能树立"人类只有一个地球"的人类命运共同体意识。在这个唯一的地球上，任何一个角落发生的问题都会被地球另一端的人民所感知，也会和他们的工作、学习和生活息息相关。在面临全球性的问题时，人类的命运是紧密联系在一起的。全球性问题早已超出了国界、民族、种族、性别等各个层面，如果还停留在国家之间的零和博弈的传统思维中，全球治理就无从谈起，人类的命运将没有未来。

二、文明的冲突并不代表人类文明发展的方向

文明之间的关系带来的是冲突还是繁荣？不同的人，会得出不同的答案。其中，塞缪尔·亨廷顿提出的"文明的冲突"的观点引起全球学者、政要以及文化爱好者的关注和广泛评价。一些学者认为"文明冲突论"为冷战后分析和研究国际冲突提供了一个新的思考范式，但是其主张也存在着重大的缺陷。我们认为，文明差异不应是冲突的根源，而是相互合作的动力，文明因交流而相互借鉴，因相互借鉴而共同繁荣。

（一）"文明冲突论"的基本观点、意义及缺陷

"文明冲突论"缘起于1993年夏美国《外交》季刊发表的塞缪尔·亨廷顿的《文明的冲突》一文，该观点一出现便引起了学界的广泛关注，一时间

关于"文明的冲突"这一逻辑推论所产生的纷争不绝于耳,许多学者从不同角度对亨廷顿的这一理论进行了评析,肯定的有之,否定的也有之。1996年,亨廷顿在对已有观点进行补充和修正的基础上出版了《文明的冲突与世界秩序的重建》一书,提出了著名的"文明冲突论"的观点。在亨廷顿本人看来,其对文明的冲突的论证是清晰和明确的,逻辑上是合理的、有说服力的。亨廷顿认为"文明冲突论"主要有以下几个基本的观点:

1. 文化和文化的认同形成了冷战后世界上的结合、分裂和冲突模式。

2. 在冷战后的世界中,全球政治在历史上第一次成为多极的和多文明的;现代化有别于西方化,它既未产生任何有意义的普世文明,也未产生非西方社会的西方化。

3. 文明之间的力量对比正在发生变化:西方的影响在下降;亚洲文明正在扩张其经济、军事和政治实力;伊斯兰世界正在出现人口爆炸,造成伊斯兰国家及其邻国的不稳定;非西方文明一般都正在重新肯定自己的文化价值。

4. 以文明为基础的世界秩序正在出现;文化类同的社会彼此合作;从一个文明转变为另一个文明的努力没有获得成功;各国围绕着它们文明的领导国家或核心国家来划分自己的归属。

5. 西方国家的普世主义日益把它引向同其他文明的冲突,最严重的是同伊斯兰和中国的冲突;在区域层面的断层线上的战争,很大程度上是伊斯兰和非伊斯兰的战争,产生了"亲缘国家的集结"和更广泛的逐步升级的威胁,并因此引起核心国家努力制止这些战争。

6. 西方的生存依赖于美国人重新肯定他们对西方的认同,以及西方人把自己的文明看作独特的而不是普世的,并且团结起来更新和保护自己的文化,应对来自非西方社会的挑战。避免全球的文明战争要靠世界领导人愿意维持全球政治的多文明特征,并为此进行合作。①

---

① [美] 塞缪尔·亨廷顿:《文明的冲突与世界秩序的重建》,周琪等译,新华出版社2010年版,第4—5页。

/ 第五章 /
促进和而不同、兼收并蓄的文明交流

亨廷顿的"文明冲突论"具有一定的建设性意义。一方面，亨廷顿依托于文明这一视角，假设世界的冲突源于文明的差异，并进行了一整套能够自洽的逻辑推演，最后得出了"文明的冲突"的结论。亨廷顿对国际冲突的文明因素的重视以及相关的案例分析，具有很强的说服力和逻辑自洽性，对冷战后国际局势的演变提供了一种新的研究视角，有助于人们在分析战后国际问题时重视文化因素的重要意义。中国学者金灿荣认为："亨廷顿承认民族国家仍然是现实政治生活中最重要的力量，只不过文明因素将越来越重要，未来将有可能出现文明成为人们主要的政治效忠范畴的情况。"①可以说，"文明冲突论"对理解国际事务提供了一个新的范式，文明越来越成为冷战后国际冲突的重要因素。长期以来，西方现实主义理论占据国际关系分析和研究的主流范式，没有对文明和国际冲突的关系给予应有的重视，而亨廷顿的贡献是对现实主义理论范式的很好的补充，有助于人们认识到文明因素在国际关系中的重要意义。

另一方面，一些西方学者认为，冷战后国际局势所发生的变化在一定程度上证实了亨廷顿的判断。世界政治所爆发的新一轮热点问题恰恰发生在亨廷顿所认为的"文明断层线"上。"9·11"事件后，西方学界又掀起了对"文明冲突论"的新一波热捧，更有甚者认为该事件的爆发，验证了"文明冲突论"对国际事务的正确预测。2011年，伊斯兰国（ISIS）开始崛起，不少人认为这是伊斯兰文明对西方文明所进行的又一轮挑战。在相关报道上，把伊斯兰国的崛起视为文明冲突的典型的声音不绝于耳，许多人开始担心，新一波"文明的冲突"即将到来。与此同时，东亚经济的崛起，尤其是中国的崛起，导致世界的经济重心、权力重心、问题重心都在从西方向东方的转变。这些重心的转移恰好表现在从基督教文明的世界中心向伊斯兰文明、儒教文明的转移。面对东亚经济的崛起和伊斯兰世界的政治觉醒，西方内部的

---

① 金灿荣：《"文明冲突论"的启示意义》，载《世界知识》，1995年第9期。

失业率增长、移民问题、环境问题、恐怖主义问题错综复杂，面对不确定的世界局势，西方社会人士难免表现出绝望的文明世界观。

虽然亨廷顿对冷战后的国际形势分析提供了重要的文明的分析视角，但不能因此而认为他得出的结论是正确的。如果对"文明冲突论"进行较为深入的分析，就不难发现，"文明冲突论"看似有着一定的解释力，但实际上有着很大的理论缺陷。亨廷顿把文明的差异视为国际冲突的主要根源，夸大了不同文明间的矛盾与冲突，这种观点是形而上学的、片面的，它将个别案例视为国际政治中的普遍现象。在此基础上我们进行进一步的分析，不难发现，亨廷顿的这种简单的逻辑关系存在着不少漏洞。

从文明的定义来看，亨廷顿对"文明"的定义及其划分是模糊的、不准确的。亨廷顿在书中提到："文明是终极的人类部落，文明的冲突则是世界范围内的部落冲突。"①他所谓的"终极的人类部落"也就是我们所说的由亨廷顿界定的最大规模的，在具有相对同质性文化认同基础上形成的超国家共同体——文明共同体。它是一种多层次多元结构的共同体，换句话说，就是在一个大的文明概念下，有着许多的次级单位，这些次级单位包括国家、民族、种族、宗教、企业、利益集团、宗族、家庭等，其中最主要的是民族国家。并且这些次级单位存在着进一步向下划分的可能性，这就是所谓的多层级。实际上，亨廷顿语境中的"文明"是一个内涵非常丰富的概念，这种拥有丰富内涵的概念存在着一个巨大的弱点，因为亨廷顿所定义的文明概念过于粗糙，导致在进行逻辑推演的过程中会出现一个致命的问题，即在实际分析的过程中，很难界定行为体对文明的认同是基于哪种文明而产生的。如果人们对这个超大型的共同体认同是弱的，只是一般的认同，而对次级共同体存在着深深的认同，那么在社会冲突之中，人们首先关心的就会是次级共同体的认同，其对这种超大型的共同体的认同就非常的脆弱，人们就不会对这

---

① [美] 塞缪尔·亨廷顿：《文明的冲突与世界秩序的重建》，周琪等译，新华出版社2010年版，第228页。

第五章
促进和而不同、兼收并蓄的文明交流

种超大型的共同体做出巨大的奉献和牺牲，因此，亨廷顿关于世界只有几个主要文明的论断就是武断的假定。同时，即使亨廷顿能够对"文明共同体"进行严格的定义，但是他把世界文明压缩至8到9个的做法也是不科学的。非洲存在各种部族文明；欧洲和北美也存在着较大的文明差异；伊斯兰文明中根据其教义差异也存在不同的宗教文明，文明的开放性和复杂性使得对其进行明确的划分很难做到同政治区分或民族区分那样的清晰，因此，亨廷顿对文明的横向定义也是拖泥带水的。

从逻辑推演的视角来看，"文明冲突论"也存在着诸多不足。

首先，亨廷顿的理论模糊了文明差异与文明冲突之间的关系。亨廷顿认为文明间的差异是一种更为根本的差异，深刻地烙印在不同文明体的人们的日常生活之中。由于这种差异是根本性和不可通约的，因此从长期来看会成为持续不安定的动因。但是，亨廷顿在这里模糊了一个问题，就是文明差异和文明冲突之间究竟是什么样的关系？差异一定会导致冲突吗？如果可以，其机制是什么？如果不行，那么差异所导致的冲突是一种臆想还是一种误判？如果文明能够被视为一个独立变量，那么为何在冷战期间，意识形态和国家利益完全成为国际关系的主导变量？

其次，亨廷顿片面地认为文明的差异必然引发文明间的冲突。从文明与权力的合成力量来看，文化间差异大致可以分为两种情况：一种是文化间力量对比过于悬殊；另一种则是存在差异的文化力量相当。前一种情况下，强势文明通常会在弱势文明面前取得压倒性的优势，在这种压倒性的优势面前，弱势文明会在强势文明的压力下逐渐消亡或趋同于强势文化。而在后一种情况下，文化间的差异存在引发冲突的可能性。当实力相当且差异明显的文化相遇时，如果双方都将自己的文化绝对化、神圣化，那么因文化而产生冲突的可能性就会大大提升。当文化的差异所导致的冲突被别有用心的政治精英利用时，冲突的表现形式就会变得更加激烈。这也是亨廷顿认为文明差异会导致冲突的逻辑所在。但从逻辑上来看，文明间的差异是有引发冲突的

可能性，但是差异性并不是冲突产生的充分条件，亨廷顿只关注到了他希望关注到的一面，而没有看到文化的差异有时候也会带来合作共赢的可能性。不同的文明之间是否会导致冲突，关键在于不同文明或者不同行为体如何看待文明之间的差异以及采取什么措施来处理文明之间的关系。如果人为地夸大自身文化的优越性和绝对性，蛮横地采取排他性的态度来处理文明之间的关系，那么冲突就有可能爆发。但是如果能正确认识到文明之间的差异性，并以平等、包容、理解的心态对待文明之间的差异性，积极相互学习、相互欣赏、相互借鉴，那么文明间的差异就不一定会导致冲突的产生。

最后，客观地看，冲突原因的多样化，也否定了文明差异是冲突的唯一因素。国际冲突的原因复杂多样，同一种文明之间可能因为地缘政治、种族问题、资源问题、领土纠纷、历史积怨等等因素交织在一起而发生冲突。亨廷顿为论证文明的冲突所列出的案例分析是片面的，这种旨在突出国际冲突的文明因素是合理的，但是武断地假设国际冲突源于文明差异却是错误的，极度地简化了国际冲突的复杂性。著名的德国学者哈拉尔德·米勒对亨廷顿的文明冲突论的评析一针见血，他说道："他们构造自我假设的努力似乎是中性的，但是实际上他们却在尽力遵循律师的'游戏规则'：只收集对自己当事人有利的证据，至于棘手的不利证据，则总是视而不见。"①

综上所述，我们不难看出，亨廷顿的"文明冲突论"是一种文化决定论，同以往的政治决定论或经济决定论相类似，其论述存在着以偏概全的不足之处。正如亨廷顿自己所理解的那样："文化有其独特的发展规律，不同文化有着不同的价值标准与价值理念。"②但是，不同价值取向之间存在冲突的可能性，并不意味着冲突是文化差异所导致的必然结果，冲突与暴力并不是解决文化差异的唯一方法，更不可能是促进文化共处的最好方法。更进一步

---

① [德]哈拉尔德·米勒：《文明的共存——对塞缪尔·亨廷顿"文明冲突论"的批判》，郦红、那滨译，新华出版社2002年版，第17页。
② [美]塞缪尔·亨廷顿：《文明的冲突与世界秩序的重建》，周琪等译，新华出版社2010年版，第267页。

地看，亨廷顿的"文明冲突论"其中隐含的其实是隐藏在承认文明多样性基础下的一种文化霸权理论，这同西方一直以来所鼓吹的"民主和平论"有着一定的相似之处。基于武断的西方普世主义话语自身的理论缺陷，亨廷顿对后冷战时代或者说全球化进程中历史现实批判是有一定道理的。然而这并不代表着亨廷顿赞成全球化进程中的文明多元化，反对西方的普世价值。相反，亨廷顿"文明冲突论"实质上是一种对文化多元化的悲观思考，只看到了文化差异所带来的矛盾、冲突的一面，却对不同文化之间交流互通、共同繁荣的一面缺乏信心。"文明冲突论"正是为维护和巩固西方文明在世界政治中的霸权地位，防范非西方文明的复兴。这样就将文明的差异性、多样性推向了冲突与斗争的前沿。

（二）文明之间存在差异性

世界各种文明之间存在差异是一种客观现象。各民族都有着自己的历史痕迹和记忆，不同民族的历史是不可复制的。在人类历史的长河中，各民族依托于自己的特定空间，有着各自的生产和生活方式，逐渐产生出来具有自己民族特色的文明，包括习俗、习惯、宗教、艺术等。文明之间的差异性首先是源于其历史性。文明并不是一个独立生成的概念，它是一个复合型概念，换句话来说，由于所经历的外部环境和文化禀赋存在着明显的区别，因此文明之间存在着较大的差异。关于文明历史的问题，德国历史学家雅斯贝尔斯的"轴心期"理论比较有说服力。他认为公元前800年至公元前200年之间，尤其是公元前600年至公元前300年间，是人类文明的"轴心时代"。这短短几百年时间，是人类文明发生重大突破时期，本来是相互隔绝的各个文明都不约而同地出现了自己的伟大精神导师，如古希腊有苏格拉底、柏拉图、亚里士多德等，以色列有犹太教的先知，印度有释迦牟尼，中国有以老子、孔子为代表的先秦诸子百家，他们提出的思想原则塑造了不同的文化传统，这就决定了后来不同地域不同文明各自迥异的文明形态。雅斯贝尔斯实际上揭示了人类精神的"裂变"过程,即不同文明形成了不同的文明传统。①

随着"裂变"的出现,文明开始有了自己的发展基点。基于各自的基点,不同的文明体又不断前行,并沿着业已形成的道路进一步地将自己的文明深化、特性化。但是,随着文明的不断成熟,在稳固自身影响的同时,其弊端也在逐渐显现出来,逐渐陷入了一种所谓"绝对真理"的困境,即对自己文明的绝对自信。因此,随着文明逐渐的成熟,文明开始时所出现的生命力逐渐淡化取而代之的是沿着历史路径所不断强化的元素,我们通常会将其称为"文化传统"。这时文明开始面临两种选择,一种是进一步强化自身文明的特殊性,另一种是文明之间开始进行交流。前者的文明不断封闭僵化,走向衰落,后者的文明通过学习、吸收、借鉴外来文明而不断成长壮大。中国古代的丝绸之路可以称得上是交流互鉴的典范。丝绸之路既促进了中国和世界的贸易繁荣,也是中华文明同外来文明相互交流的重要桥梁。漫漫丝路,不光是皆为利禄来来去去,更是不同文明相互爱慕、学习、借鉴的重要证明,有力地促进了中国和丝绸之路沿线国家的和平共处、繁荣进步。

(三)文明差异性并不必然导致文明之间的冲突

如前所述,从历史和现实来看,文明或者说文化存在差异性也是一种客观现象,因为不同的民族受制于不同的外部环境,又有着不同的社会实践和生活方式,自然会开出不同的文明之花。亨廷顿认为不同的文明所带来的必然是相互间的竞争,这种观点实际上是对西方的文化霸权主义在作一种"精巧"的辩护。只见树木,不见森林。文明的差异只是产生了冲突的可能性,而不是产生冲突的充分条件。如果不同的文明体能够以一种平等的心态承认文明的相对性,而不是武断地把自我文明当作绝对的普世价值的话,就能够积极和其他文明相互学习和借鉴,以人之长补己之短。所以,文明或文化多

---

① [德] 雅斯贝尔斯:《历史的起源与目标》,魏楚雄等译,华夏出版社1989年版,第4页、第15—16页。

第五章
促进和而不同、兼收并蓄的文明交流

样性与差异性不是国际冲突的必然根源。正确认识文明的差异性和冲突的关系，有助于不同文明之间展开和平对话，有利于维护人类文明的多样性。

随着人类文明的整体进步，人类越来越认识到，文明的差异是人类社会的基本特征。差异不应该是相互排斥的原因，而应该是相互学习、借鉴的动力。文明的差异，正是文明互补的必要条件，这既符合文明发展的规律，也符合人类对文明进步的美好愿望。同时，文明的差异性是不同文明体不断创新的源泉。文明的创新在许多情况下是在不同文明的交流中产生的。通过吸收与借鉴其他文明的优秀成果，自我文明在原有基础上能够得到进一步地发展。中国传统文明以唐宋为盛，在唐宋时期，中华文明在同其他文明的交流中获得飞跃式的发展，尤其是唐朝，其胡风之盛为中国古代历朝之最，因此，唐朝的文化遗产也最为丰富和大气。如果没有一种平等的、开放的、互动的文明心态，那么唐宋时期的中华文明就会逊色很多。

其实中国的哲人早在2000多年前便意识到文明差异的重要性。早在春秋时期，古代圣贤就认识到"和实生物，同则不继"[1]，即性质不同的事物聚合在一起才能产生新事物，而性质相同的事物重复相加，那就还是原来的事物，不可能产生新事物，就会停滞或窒息，甚至走向死亡。社会文化现象也一样，异性、异质事物具有互补性，同性、同质事物没有互补性，而且相互排斥。此所谓同性相斥、异性相吸的道理。不同的文明交流是互补的途径，越是异性、异质的文明，越有交流的必要，越有可能从对方身上吸收有价值的东西，越能够丰富自我文明的内涵。各种文明相互交流，是文明发展的重要动力，同时也是不同文明体社会进步的重要动因。文明的进步具有累积性、渐进性，世界上流传至今的所有重要文明，都是经过长期的逐渐积累而形成的。文明交流拓宽了文明的内容，丰富了文明的表现形式，极大地促进了文明的成长进步。

---

[1] 见《国语·郑语》。

从中国自身发展的实践来看，中西方文明在相互交流的过程中，是存在过矛盾与冲突，这似乎印证了亨廷顿关于东西方文明产生冲突的观点，但是冲突是暂时的，交流融合才是世界发展的根本趋势。经历了前期的磨合之后，两者能够相互学习、交流、交融、借鉴，促进了彼此的社会进步。英国著名思想家罗素早在20世纪初，就认识到东西方文明在当时的矛盾与冲突下，实际上蕴含着很强的互补性。在他看来，"东方文明在其传统发展的路径中，存在着一个致命的弱点即：缺乏科学思想。中国的艺术、文学、风俗习惯绝不亚于欧洲人"。他认为中西交流可以互补，"中西交流对双方都有好处。他们可以从我们这里学到必不可少的实用的效率；而我们则可以从他们那里学到一些深思熟虑的智慧……"[1]

日本历史学者村山节在《东西方文明沉思录》一书中，以东西方文明之间的差异性为例来对文明的差异性进行分析，认为西方文明是男性文明，具有较强的权力欲与逻辑性，具有一种征服性格和不断扩张的特点。东方文明正好与之相反，具有较强的综合型和感性，呈现出一种温和与非攻击性的女性性格和宽容的特点。[2]如果将这种观点用中国传统的思维来进行表达，那么文化间的差异性，可以用太极阴阳图的样式来进行描述。阴、阳可以说是中国太极图中完全对立的两个部分，但是在太极中，二者相辅相成缺一不可，两者看似相互对立，实则互补性极强。就如同古代中国先哲所描述的那样，"一阴一阳谓之道""阴阳和合万物生""孤阳不生，独阴不长"。因此，如果说从整个人类文明的角度来看，那么普世文明必然是存在的，因为文明贯穿人类历史发展的始终，是人类历史发展过程中最为重要的组成部分。但是如果从某一个文明代替其他文明成为唯一文明的角度来看，普世文明又是不存在的。如果世界上只存在一种文明，那么对于文明和人类社会而言，所面临

---

[1] ［英］罗素：《中国问题》，秦悦译，学林出版社1996年版，第37页。
[2] ［日］村山节、浅井隆、平文智：《东西方文明沉思录》，中国国际广播出版社2000年版，第134页。

的终将是人类社会进化的停滞，进而造成整个人类文明的危机，这并不是一件幸事，而是一场永无止境的灾难。

文明之间的差异并不必然导致文明间的冲突。人类文明发展到今天，人类更应该认识到和平共处的价值远远超过穷兵黩武的狭隘得失，更超过文明间的偏见、仇恨得来的虚伪的安慰感和幻灭感。在文明的交流的过程中，难免有歧见，但文明之间的冲突并不是文明差异的唯一结果，而仅仅是文明霸权主义想要看到的一种结果，违背了全世界大多数国家和人民对和平的向往、对发展的期待以及对人类命运唇齿相依的理性反思。因此，文明之间的和平交流是人类文明进步的必然要求。要和平，不要战争；要发展，不要贫穷；要平等相待，不要歧视和偏见。不同的文明体只有通过相互交流，才会发展和完善自己的文明，人类文明也才会滚滚向前迈进。我们既要学会欣赏自己拥有五千年历史的、从未中断的中华文明，也要学会欣赏丰富多彩的外来的西方文明、阿拉伯文明、非洲文明、美洲文明等。既要树立对自己的文明的自信，也要尊重一切外来文明的价值。文明之间本来就是可以取长补短、互通有无、同生共荣、兼收并蓄，唯其如此文明的历史进程才不会止步、彷徨和倒退，文明之光才会愈发夺目灿烂。

三、促进人类文明相互尊重、交流互鉴与和谐共处

显然，文明的差异性并不必然导致文明之间的冲突。虽然从客观上来看文明之间的碰撞确实导致了一定范围的冲突的存在，但从历史发展的长时期来看，所谓的文明冲突本质上都是暂时的，是文明在同其他陌生文明接触时所必然出现的一种应激反应，这种现象的出现其实是根植于人类潜意识中普遍存在的对未知的恐惧。由于文明的主体是实际存在的社会人，在面对未知文明时，特定的文明也会表现出与人类一样的应激反应，但是这种因反应过激而产生的敌对情绪，会随着文明间的交流而逐渐淡化，取而代之的是文明

间的交流互通、相互学习和共同进步。中国尊重世界上其他的文明,也希望同世界所有文明一道共同进步与发展,从而促进人类文明相互尊重、交流互鉴与和谐共处。

(一)关于文明和谐共处的思想渊源

文明的和谐相处,不仅是中国传统文化中的关键部分,也是一种广义上的"普世价值"。纵观世界历史,冲突与融合是世界文明的存在方式,而和谐则是冲突与融合在经过漫长时间磨合之后的一种更为高级的表现形式。每次文明的和谐相处时期都是人类文明蓬勃发展时期,因此文明间的和谐共处是东西方文明所见略同的认识成果和一致追求。

从东方文明的角度来看,和谐是中国传统文化中居于核心地位的民族精神,是中华民族长期以来逐渐形成的思想观念,也是中华民族传统的心理模式和思维模式。和谐的思想,从中华文化的代表标志八卦中可见一斑。中国传统文明以崇尚和合为特色,以和为最高的价值判断标准,视和谐是万物相处秩序中的最高表现形式。"和"字最早见于中国3000多年以前的甲骨文中,其含义大致可以概括为两点:第一,"和"并非个体简单的混杂,而是强调求同存异,不同要素共生相依,通过差异性达到一种真正的融合。正所谓"和实生物,同则不继。以他平他谓之和,故能丰长而物归之;若以同裨同,乃尽弃矣"[①]。第二,"和"强调的并非是简单的统一,而是一种对立统一的状态,"和"的概念并不是共存而是协调,是意识到存在差异后的和谐相处,所以可以将"和"视为一种更为高级的物质存在理念,是一种中国古人对世界和自然本质层面的感悟。

中华文明的和谐理念可以上溯到先秦时代,早在周代就有不少思想家、政治家提出和阐发了"和谐"的理念。其中最具代表性的就是《易经》。相传

---

① 见《国语·郑语》。

第五章
促进和而不同、兼收并蓄的文明交流

伏羲作八卦，文王作《易经》上下篇，孔子作《易传》十篇。《周易》以阴阳变易法则阐释了丰富的辩证思想，其整体思维、变易思维、阴阳互补思维、和谐与均衡思维奠定了和谐理念的基础。所谓"乾道变化，各正性命，保合大和，乃利贞"①，是说适应天道的变化而运行，万物各得其正，保持完满的和谐，万物才能顺利生存，所谓"一阴一阳谓之道"，万物在阴阳两势力的矛盾和推动中变化发展，此乃《周易》之阴阳感应和谐的思想。由此可以看出《周易》的根本精神就是和谐。

中国最早的史书《尚书》以"五行说"阐述了"和合"的观点，它将五行"金、木、水、火、土"视为五种基本原物质，认为这五种物质之间的和合作用产生出世界万物，并在此基础上进一步地提出了"和实生物，同则不继"的思想，即不同事物聚合而得到平衡，相异的事物相互协调方能产生新事物，故曰"和实生物"；相同的事物反复叠加，排除了事物的差异性和多样性，则不可能向前发展，故曰"同则不继"。

儒家思想对今天中国的和谐理念影响极大。孔子的"君子和而不同，小人同而不和"，强调不同事物和谐相处，不同意见相得益彰，表达了一种求同存异的和谐观。他还将"和而不同"的理念进一步哲理化、集中化，在此基础上提出了"中庸"的思想，道出了"万物并育而不相害，道并行而不相悖"的观点。中庸之道与"和为贵"思想相辅相成。子曰："喜怒哀乐之未发，谓之中；发而皆中节，谓之和。中也者，天下之大本也；和也者，天下之大道也。"②天地万物的和谐是中庸的内在追求，是中庸的目标和所追求的一种境界；万物和谐的表层状态下必然蕴含着中庸的理性精神。可见"中庸"追求的是一种有原则、有标准的和谐境界，主张的是不同之"和"。

西方文明中也有对和谐理念的独到思考。亚里士多德以整体论的视角来

---

① 见《易经·乾》。
② 见《论语·子路》。

看待有关思想和谐的问题，为西方日后和谐思想的发展奠定了重要的基础。亚里士多德"有机整体"的观点，同中国"和合"的观点有着异曲同工之处。该观点认为整体就是由互不相同的东西按照一定的比例、秩序以及内在特有的结构组合而成的有机体，有机体内部的各部分的比例是相当精妙的，是一种零散但整齐的统一。德国古典哲学的代表人物黑格尔在总结前人思想的基础上，把矛盾视为一切事物发展的普遍法则。通过对整体与部分、对称性与不对称性、一致性与不一致性、有序与无序、平衡与失衡、秩序与和谐等问题的研究，为世人提供了一种深邃、并且全面的和谐思想。在他的话语体系中，"和谐"是"从质上见出的差异面的一种关系"，"这种质的差异不再保持彼此之间的单纯的独立，而是转化为协调一致，才有和谐"①。因此，黑格尔眼中的和谐是指事物整体中差异的统一。可见，和谐理念在西方文明中也有着重要的地位，也被视为重要的价值取向。

马克思主义站在唯物史观的高度，将文明理论建立在文明形态演进的客观规律上，为文明和谐理念提供了科学的理论依据。辩证唯物主义关于世界多样性统一的思想是文明和谐理念的基础。马克思主义从哲学上的物质范畴出发，把世界的物质统一性概括为客观实在基础上的统一。世界物质的统一性是以具体物质形态的多样性和差异性为前提，客观世界的统一是多样性基础上的统一，不是单纯的无差别的统一。没有差异的世界是不存在的，多样性和差异性是客观世界的基础，离开差异性的统一性是空洞和抽象的。在马克思主义看来，所谓"和谐"，通俗地来讲就是所有差异性事物的辩证统一。唯物辩证法认为，多样性丰富着统一性的基本内涵，统一性则影响着多样性的前进方向，因此要基于辩证的视角来审视和谐问题。对立与统一的规律存在于世界的各个方面，自然也存在于文明中。人类文明本身就是一个矛盾，冲突与和谐是矛盾的两个方面，也是人类文明存在和发展的必然方式，文明

---

① [德] 黑格尔：《美学》（第一卷），朱光潜译，商务印书馆1996年版，第176、311页。

和谐的过程就是文明碰撞的过程，文明的交流也就代表着文明间的互构与整合。恩格斯从系统论的角度，也对和谐思想提出了自己的看法。恩格斯在谈到物质世界的"辩证图景"时就指出："当我们深思熟虑地考察自然界、人类历史或我们的精神活动的时候，首先呈现在我们眼前的是一幅由种种联系和相互作用无穷无尽地交织起来的画面。"[1]世界是存在于无尽的相互作用和相互联系之中的，联系是客观、普遍的，同时联系是有条件的，它以相互区别为前提，没有区别就没有联系。

由此可见，和谐理念在东西方文明中都有着重要的地位与价值。在文化多样性对国际关系影响日益突出的今天，对东西方文化中文明和谐思想的汲取有着重要的现实意义。

（二）习近平主席的新文明观

党的十八大以来，以习近平同志为核心的党中央站在历史与现实相交汇的时代制高点上，为推动世界的和平发展和人类的文明进步，在坚持马克思主义文明观的基础上，根植于中国优秀传统文化、吸收借鉴人类优秀文化遗产，提出了具有中国特色、中国气派的新文明观。2014年3月27日，习近平主席在巴黎联合国教科文组织总部发表演讲时明确指出："文明因交流而多彩，文明因互鉴而丰富。文明交流互鉴，是推动人类文明进步和世界和平发展的重要动力。"[2]2015年9月，在联合国大会上，习近平主席又强调指出："我们要促进和而不同、兼收并蓄的文明交流。人类文明多样性赋予这个世界姹紫嫣红的色彩，多样带来交流，交流孕育融合，融合产生进步。"[3]此后，

---

[1] 《马克思恩格斯全集》第十九卷，人民出版社2005年版，第219页。

[2] 《习近平在联合国教科文组织总部的演讲》（全文），新华网，2014年3月28日，http：//news.xinhuanet.com/world/2014-03/28/c_119982831.htm.

[3] 习近平：《在第七十届联合国大会一般性辩论时的讲话》，新华网，2015年9月29日，http：//news.xinhuanet.com/world/2015-09/29/c_1116703645.htm.

在多种场合，习近平主席论证了文明交流互鉴的意义与价值。概括起来，习近平主席提出的新文明观的核心内容主要有以下几个要素。

首先，人类文明因多样才有交流互鉴的价值。在人类漫长的发展史中，不同民族和国家的创造和发展出了多姿多彩的文明，每一种文明都有其存在的价值和美感。如果只有一种生活方式，只有一种语言、只有一种音乐、只有一种服饰，那是不可想象的。习近平主席引用"一花独放不是春，百花齐放春满园"来阐明人类文明多样性的珍贵，正是因为存在着不同的文明，当今世界才会变得丰富多彩。多样性是人类文明的基础，多样性也促进了文明的交流互鉴，要让人类拥有更加丰硕的文明成果，只有通过交流才能达到。习近平主席指出："文明相处需要和而不同的精神。只有在多样中相互尊重、彼此借鉴、和谐共存，这个世界才能丰富多彩、欣欣向荣。"①

其次，人类文明因平等才有交流互鉴的前提。习近平主席指出："各种人类文明在价值上是平等的，都各有千秋，也各有不足，世界上不存在十全十美的文明，也不存在一无是处的文明。文明没有高低、优劣之分。"②每个文明的产生都有一段艰苦修炼的漫漫历程，其背后都包含着特定人群的理想与信念。西方文明为人类发展作出过贡献，其他非西方文明也同样作出过贡献。只要秉持着人类文明平等的理念，抱着坦然的心态，就能在不断交融的过程中逐渐发现文明的真谛。"历史和现实都表明，傲慢和偏见是文明交流互鉴的最大障碍。"③以平等的眼光对待不同的文明，以博大的胸襟去接纳其他的文明，以长远的思考去认识差异的文明，对人类迈向一个真正和平的世界

---

① 习近平：《在第七十届联合国大会一般性辩论时的讲话》，新华网，2015年9月29日，http：//news.xinhuanet.com/2015-09/29/c_1116703645.htm.

② 《习近平在联合国教科文组织总部的演讲》（全文），新华网，2014年3月28日，http：//news.xinhuanet.com/world/2014-03/28/c_119982831.htm.

③ 《习近平在联合国教科文组织总部的演讲》（全文），新华网，2014年3月28日，http：//news.xinhuanet.com/world/2014-03/28/c_119982831.htm.

第五章
促进和而不同、兼收并蓄的文明交流

有着极为重要的意义。

再次，人类文明因包容才有交流互鉴的动力。海纳百川，有容乃大。人类创造的各种文明都是人类劳动和智慧的结晶，每一种文明都是独特的，一切文明成果都值得尊重，一切文明成果都要珍惜。人类历史的发展告诉我们，只有交流互鉴，一种文明才能充满生命力，只要秉持包容精神，就不存在什么"文明冲突"，就可以实现文明和谐。习近平主席以中国文明为例，特别强调指出，"中华文明是在中国大地上产生的文明，也是同其他文明不断交流互鉴而形成的文明"①。雨果说，世界上最宽阔的是海洋，比海洋更宽阔的是天空，比天空更宽阔的是人的胸怀。习近平主席指出："对待不同文明，我们需要比天空更宽阔的胸怀……我们应该推动不同文明相互尊重、和谐共处，让文明交流互鉴成为增进各国人民友谊的桥梁、推动人类社会进步的动力、维护世界和平的纽带。"②

综上所述，习近平主席通过对人类文明发展的深刻理解和对中华五千年文明发展特点的深入研究，提供了一种解决当今世界文明问题的新思路与新视角。以"文明交流互鉴"为核心的新文明观融合了东西方智慧，是面对新的时代挑战对文明发展的新正名，同时也是中国向世界所提出的在文明交流领域的中国方案。习近平主席反复倡导不同文明之间应该交流互鉴、兼收并蓄，旨在超越文明歧视和对抗，倡导文明的平等对话，这种具有中国特色的文明观是中国为当今变化的世界贡献的中国智慧，是中国共产党人面对新时代国际形势发展变化进行积极探索所提出的最合理的文明交流的方案，也是中国坚定不移走和平发展道路的必然要求。习近平主席关于文明交流互鉴的重要思想，受到国际社会的普遍认可和欢迎，有力地提升了中国在国际社会

---

① 《习近平在联合国教科文组织总部的演讲》（全文），新华网，2014年3月28日，http：//news.xinhuanet.com/world/2014-03/28/c_119982831.htm。

② 《习近平在联合国教科文组织总部的演讲》（全文），新华网，2014年3月28日，http：//news.xinhuanet.com/world/2014-03/28/c_119982831.htm。

中负责任、有担当的大国形象，为维护世界普遍和平、促进世界共同发展作出了重要贡献。

（三）促进人类文明交流互鉴是时代必然的要求

"每一种文明都延续着一个国家和民族的精神血脉，既需要薪火相传、代代守护，更需要与时俱进、勇于创新。"[①]文明是扎根于历史，在现实中发展同时又面向未来的。以"文明交流互鉴"为核心的新文明观，对新时代对国际关系发展和中国对外关系具有重要的指导意义。

促进和而不同、兼收并蓄的文明交流，是中国面对纷繁复杂的国际局势作出的新思考，是面对变化无穷的国际形势所提出的中国方案。文明的多样性是世界的常态，也是人类社会进步的重要推动力。文明交流互鉴需要有和而不同的精神。中国历来以其宽广的胸怀主动容纳不同文明，崇尚"各美其美，美人之美；美美与共，天下大同"的美好图景。文明交流互鉴只有相互尊重、彼此借鉴、和谐共存，这个世界才能丰富多彩、欣欣向荣。不同文明凝聚着不同民族的智慧，对人类文明都有其特殊的贡献，不存在高低优劣之分。文明之间应当开展对话交流，而不是互相排斥，甚至妄图互相取代。我们要尊重各种文明，平等相待，互学互鉴，兼收并蓄，推动人类文明实现创造性发展。

对于中国而言，在当今这个时代，人类文明的进步与世界和平的发展息息相关。在现在以和平发展为主题的时代背景下，文明之间的相互交融已经逐渐成为世界各国之间的一种共识。博科娃在2015年8月为中国《文明》杂志特刊《中国的世界文化遗产》所写序言中写道："中国领导人的远见与联合国教科文组织的使命不谋而合，全世界所有的国家都应该通过教育、文化、

---

① 《习近平在联合国教科文组织总部的演讲》（全文），新华网，2014年3月28日，http://news.xinhuanet.com/world/2014-03/28/c_119982831.htm.

第五章
促进和而不同、兼收并蓄的文明交流

科学、交流和信息等'软实力'携手共进,推动人类的文明进步与世界的和平发展。"①

2017年10月18日,在决定当代中国命运、具有深远历史意义的中国共产党第十九次全国代表大会上,习近平总书记强调指出:"要尊重世界文明多样性,以文明交流超越文明隔阂、文明互鉴超越文明冲突、文明共存超越文明优越。"②习近平总书记的文明观再次告诉人们:只有树立多样的、平等的、包容的文明心态,只有秉持交流、互鉴、共存的文明观,不同的文明国家和民族才能实现共同发展,人类社会才能实现共同繁荣。西方鼓吹所谓的"文明冲突论"或"文明优越论",实则是以孤立和僵化的眼光看待人类文明,将不同文明过去的区别和历史上的冲突绝对化、永恒化,却拒绝承认文明本身的发展性和动态性,看不到文明具有多样性、平等性和包容性。这些戴着有色眼镜看待人类文明的人,既没有看到文明之间建立交流互鉴的广阔空间,也没有看到每一种文明都有现阶段难以估量的发展潜力。这些文明等级论、对抗论、冲突论的实质,就是要在主观上给人们带来莫名的恐惧心理,以文明的名义来制造世界的分裂,最后达到谋取世界政治的霸权的目的。这种片面的文明观与世界各国人民对和平与发展的期盼背道而驰,与人类的命运与共的宗旨也是根本相悖的。

中华文明与外来文明有过分歧、争论,但更多的是学习、消化、融合、创新。当今世界上一些有识之士认为,包括儒家文明在内的中国传统文明中蕴藏着解决当代人类发展难题的重要启示,可以为人们认识和改造世界提供有益启迪,可以为治国理政提供有益启示,可以为道德建设提供有益启发,可以为调解社会关系和鼓励人们向上向善提供思想指引。在传统文明与现代

---

① 刘延东、博科娃:《推进文明国际传播和世界遗产保护》,http://world.people.com.cn/n/2015/1105/c1002-27779416.html。

② 习近平:《决胜全面建成小康社会 夺取新时代中国特色社会主义伟大胜利——在中国共产党第十九次全国代表大会上的报告》,人民出版社2017年版,第59页。

化的当代实践关系上,中华文明经历了5000多年的历史变迁,但始终一脉相承,积淀着中华民族最深沉的精神追求,代表着中华民族独特的精神标识,为中华民族生生不息、发展壮大提供了丰富的精神食粮。中华民族伟大复兴的中国梦的实现,将推动物质文明和精神文明比翼双飞、均衡发展,使中华文明按照时代进步的要求,在继承的基础上,不断创造性转化和创新性发展,释放出深藏的旺盛生命力,同世界各国人民创造的丰富多彩的文明一道,为人类社会的当代问题解决提供科学、合理的全球治理方案。人类历史是一幅不同文明相互交流、彼此借鉴、和合融通的宏伟画卷。世界各种文明因包容才有交流互鉴的动力,因交流互鉴才变得更加丰富多彩。任何一种文明,不管它产生于哪个地区、哪个国家、哪个民族的社会土壤之中,都是流动的、开放的,都是在同其他文明的交流交融中发展、演化成今天的形态。习近平总书记指出,我们对人类社会创造的各种文明,"都应该采取学习借鉴的态度,都应该积极吸纳其中的有益成分,使人类创造的一切文明中的优秀文化基因与当代文化相适应、与现代社会相协调,把跨越时空、超越国度、富有永恒魅力、具有当代价值的优秀文化精神弘扬起来"[①]。这样,人类文明才能充满生命力,不断创造性转化和创新性发展。世界文明的大花园才能变得万紫千红、生机盎然。因此,人类文明本质上是命运与共的,不仅不存在什么文明冲突,相反可以实现和谐共存。

文明的多样性是人类文明的本来面貌。"夫物之不齐,物之情也"[②]。人类文明因多样才有交流互鉴的价值,因平等才有交流互鉴的意愿,因包容才有交流互鉴的动力。中华文明向来主张文明的交流互鉴,丝绸之路是中外文明平等对话、交流互鉴、相互学习、共同进步的最好见证。它跨越了亚洲、欧洲、非洲、美洲,跨越了中国文明、埃及文明、巴比伦文明、印度文明的

---

① 习近平:《在"一带一路"国际合作高峰论坛开幕式上的演讲》,新华网,2017年5月14日,http://news.xinhuanet.com/politics/2017-05/14/c_1120969677.htm.

② 见《孟子·滕文公上》。

第五章
促进和而不同、兼收并蓄的文明交流

边界，跨越了佛教、基督教、伊斯兰教的边界。漫长的人类历史见证了文明之间是可以和平共处的，不同文明之间应该坚持求同存异、开放包容。唯其如此，不同文明才能携手绘就共同发展的美好画卷，才能书写人类命运与共的壮丽诗篇。

国之交在于民相亲，民相亲在于心相通。每个国家和民族应该从不同文明中取其之长补己之短，为自我文明的不断成长与繁荣提供源源不竭的动力。不同文明应该相互学习、兼收并蓄、互学互鉴，就能为丰富多彩的人类文明添砖加瓦，为人类社会进步提供强大的精神支撑。人类本是一家，不同文明之间应该平等共处、相互尊重，齐心协力共同应对当今世界面临的各种困难和挑战，将心比心地来实现人类的共同发展、进步与繁荣。人类文明已经经历过几千年的风雨沧桑，今天的人类文明应该更加理性、包容、和平、平等。任何一个国家、民族的进步都是在文明交流互鉴的基础上取得的，世界也是在人类文明交流互鉴中才成为唇亡齿寒的命运共同体。推进人类文明交流交融、互学互鉴、共生共存、兼容并包，是每一个文明人的基本的人道责任。世界必将因此而变得更加美丽，各国人民生活必将因此而更加美好，人类的未来必将因此而更加光明。

/ 第六章 /

构筑尊崇自然、绿色发展的生态体系

中国方案 CHINA CONCEPTION

在经济全球化持续发展、世界多极化不断深入的当代世界，生态环境恶化越来越成为一个突出的全球性问题，解决生态危机日益成为世界各国必须面对的重大问题，成为国际社会必须共同应对的紧迫课题。然而在当代，解决生态问题、建设生态文明仍然存在诸多障碍和挑战。这体现在全球生态问题还在大量出现、全球生态治理体系尚需完善、国际生态合作受到各种国际争端的干扰等等。为解决全球生态文明建设中面临的困境，中国以负责任的态度积极履行国际责任和义务，为国际社会应对生态问题贡献中国智慧、提供中国方案，并与世界各国一道，为构筑尊崇自然、绿色发展的生态体系进行坚持不懈的努力和探索。

一、不能重走"先污染后治理"的老路

过去300年，为追求经济发展，大多数国家都走过了"先污染后治理"的发展道路。正是在这一发展道路的影响下，全球生态环境急剧恶化。目前，全球正面临着层出不穷的生态问题，由此而产生的危害触目惊心。实践证明，"先污染后治理"的发展道路决不可取，构筑尊崇自然、绿色发展的生态体系是大势所趋。习近平总书记指出，"要走可持续发展的道路，不能走先污染后治理的道路"[①]。因此，在新时代转变发展模式、加快建设人类生态文明是实现人的全面可持续的发展的必由之路。

（一）竭泽而渔的传统发展道路

回顾历史，自工业革命以来，发达国家和发展中国家先后走上了一条"先污染后治理"的工业化道路。这一传统发展道路在带来经济的快速增长的

---

① 习近平：《干在实处走在前列——推进浙江新发展的思考与实践》，中共中央党校出版社2006年版，第59页。

同时，给全球生态环境造成了巨大危害。

发达国家的"先污染后治理"始自工业革命。18世纪下半叶开始，英、法、德、美、俄、日等国家相继开始了工业革命，最终建立了以煤炭、冶金、化工等为基础的工业生产体系。这一时期，发达国家为追求经济增长，在国家、企业、个人等层面均走上了一条"先污染后治理"的发展道路。从国家层面来说，发达国家片面追求工业和国力的增长，在相关生态环保制度没有跟进的情况下，大力扶持高污染、高耗能的工业企业的发展，并存在过度兴修水利、过度垦荒、盲目扩大城市面积等现象（例如，普鲁士兴办西里西亚国营煤矿和铁矿厂、日本明治维新时期扶持三井矿山公司、美国的西进运动等等）。从企业层面来说，企业为了追求高利润，也不惜牺牲环境来换取发展。这体现在三个方面：一是企业不加节制地开采自然资源，造成资源的浪费、枯竭；二是企业对于污染物排放关注不够，缺乏对污染物的处理；三是企业发明和大量采用一些对环境有害的技术，如威廉·帕特里奇发明的化学印染技术、小托马斯·米奇利所发明的氟利昂冰箱等等。从个人层面来说，由于生态环保意识淡漠，人类个体在生产生活过程中也有意无意地对环境造成了破坏（如私人烧山开荒、偷猎盗伐、过度放牧等），对全球的生态环境危机起到了推波助澜的作用。发达国家所走的传统发展道路对生态环境造成了危害，是全球生态环境恶化的开端。

发展中国家的"先污染后治理"始自20世纪中叶。二战结束后，大批发展中国家获得了政治独立。此后，发展中国家也开始进行工业化，但在发达国家错误经验的影响下，发展中国家的工业化亦走上了"先污染后治理"的老路。其一，发展中国家也在国家、企业、个人等层面效仿了"先污染后治理"的发展模式。例如，印度为了保证自身工业产值的增长，在其二氧化碳排放量预计到2019年将超过欧洲的情况下，仍表示在未来30年内不会考虑减排。[①]这反映出一些发展中国家政府对环境保护的举措不力。此外，据一份调查显示，只有24%的俄罗斯人表示会将使用过的物件回收再利用，4%的俄罗斯人在购买商品时会考虑选择可回收包装的产品。这反映出在一些发展中国家，国民的生态环保意识仍然淡漠。其二，一些客观因素也导致发展中国家只能接受"先污染后治理"的现实：一些非洲国家虽然希望治理环境问题，但因为缺乏资金和技术，所以无力阻挡水资源短缺、植被破坏、生态系统失衡等问题的出现；一些发展中国家在引进外资外企的过程中，接受了来自发达国家的低端污染产业，从而导致本国生态环境出现恶化。在传统发展模式的影响下，发展中国家遭受了比发达国家更为严重的环境污染和破坏，目前，水污染、大气污染、土地荒漠化等成为发展中国家普遍存在的环境问题。

在遭受到来自自然的惩罚之后，世界各国痛定思痛，在"先污染"之后纷纷走上了生态治理之路。但是，正所谓"污染容易治理难"，这些国家在恢复生态环境的过程中，遭遇了前所未有的困难。一方面，在很多时候，被破坏的生态环境几乎无法恢复，给人类的可持续发展带来了永远无法弥补的损失。另一方面，即使能够恢复生态环境，其花费的代价也过于巨大。英国治理城市大气污染，耗时100年；日本治理沿海水污染，耗时50多年；德国治理莱茵河污染和酸雨问题，耗时40多年。这些国家为解决环境问题，耗费了巨大的人力、精力和时间，这些用来治理环境污染所投入的巨资，要远远超过当年"先污染后治理"所带来的经济增长。总的来说，"先污染后治理"不但对生态环境造成伤害，而且在经济上也是得不偿失的。

综上所述，在过去300年间，世界上的大部分国家都走上了一条"先污染后治理"的发展道路，其本质是通过牺牲人类赖以生存的生态环境来换取经济发展。可见，传统发展道路给全球生态环境造成了极大损害，是一系列

[①]《全球污染最严重城市印度13个，政府民间均不重视环保》，搜狐新闻，2015年3月8日，http://news.sohu.com/20150308/n409470748.shtml.

生态问题出现的主要原因。

（二）层出不穷的全球生态问题

在各国长期推行传统发展模式的影响下，全球生态环境急剧恶化。到20世纪，全球生态环境已经不堪重负，一些令世人震惊的环境公害不断发生。其中重大的环境公害事件有：比利时马斯河谷烟雾事件、美国洛杉矶光化学烟雾事件、美国多诺拉事件、英国伦敦烟雾事件、日本四日市哮喘病事件、日本水俣病事件、日本富山痛痛病事件、意大利塞维索化学污染事故、美国三里岛核电站泄漏事故、莱茵河污染事故、北美死湖事件、美国"卡迪兹"号油轮事件、北美黑风暴事件、巴西库巴唐"死亡谷"事件、西德森林枯死病事件、雅典"紧急状态"事件，等等。

虽然在部分国家的治理下，环境公害事件逐渐减少，但是从全球范围来看，由于传统发展理念的深度影响，生态问题仍有逐步加重的趋势。目前，世界面临着全球气候变暖、臭氧层破坏、生物多样性减少、森林锐减、湿地面积减少、物种跨境入侵、水资源危机、土地荒漠化、大气污染、酸雨污染、土壤污染、白色污染、有机物污染、太空垃圾等一系列生态问题。其中，全球气候变暖、水资源危机、土地荒漠化、大气污染等问题对人类的危害最为显著，引起了国际社会的普遍关注。

过去100年间，全球平均气温上升了0.74℃。全球气候变暖已经引起国际社会的高度重视。它会导致海平面上升、酷暑天气增多、冰川和冻土消融、部分地区荒漠化加剧、自然灾害增多等严重问题。其中，海平面上升所造成的危害最大。据估计，当全球平均气温上升2℃后，世界海平面会上升7米，一些沿海城市（如上海、达卡、纽约、鹿特丹、墨尔本等）和岛屿国家（如图瓦卢、瑙鲁、斐济、汤加等）将面临部分甚至全部被淹没的危险。

随着人类社会的发展，同时受自然条件的影响，人类所面临的水资源危机也越来越严重。一方面，由于人类对淡水资源浪费使用，淡水短缺的现象十分普遍。据联合国调查，全球约有4.6亿人生活在用水高度紧张的国家或地区内。另一方面，人类的生产生活和海洋运输等活动使水资源遭到严重污染。目前，人类活动使近海区的氮和磷增加50%—200%，全球已有41%的海域被人类捕鱼、化学垃圾排放、污染、海运等活动污染，侥幸未受人类活动侵害的海域不足4%。水资源危机已经严重影响到人类的生存发展，它一方面会对人类的生命健康及生存环境造成不利影响，另一方面会导致全球气候异常、水体生态圈严重破坏等严重后果。

由于气候变化和人类不合理的经济活动等因素，世界范围内土地荒漠化正在加剧。据统计，全球已有100多个国家和地区、约10亿多人口受到沙漠化的威胁，全球每年因荒漠化而遭受的经济损失高达420亿美元。土地荒漠化已经给人类生存和发展带来一系列严重挑战：其一，造成耕地面积减少，引发粮食危机；其二，造成水土流失、河流断流、沙尘暴等自然或地质危害；其三，影响地区交通环境，加剧地区贫困；其四，导致可居住面积减少，威胁人类生存环境。

人类在工业生产过程中排放了大量有害气体和烟尘（如悬浮颗粒物、一氧化碳、臭氧、二氧化碳、氮氧化物、铅等），产生了大气污染问题。大气污染是产生化学烟雾事件、雾霾事件的元凶，它给人类生命健康带来的危害是巨大的。据统计，大气污染导致每年有30万—70万人因烟尘污染提前死亡，2500万的儿童患慢性喉炎。除危及人的身体健康之外，大气污染还会带来动植物死亡、气候异常、酸雨等问题。

层出不穷的全球生态问题给人类的生存和发展带来了严重挑战。首先，生态问题直接对人的生命和健康构成威胁。其次，在一系列生态问题的影响下，人类的生存环境遭到恶化，其生存空间受到挤压，适宜人类居住的范围不断缩小。再次，跨国的生态问题会引起国际纠纷甚至是国际冲突。中亚水资源危机、印度河水资源开发纠纷、碳减排问题等均是此类危害的具体反映。最后，生态环境恶化会影响地区交通状况，危害地区农业、旅游业的发展,从而对地区经济发展造成阻碍,并带来人口减少、贫困加剧、社会动荡、教育缺失等问题。

综上所述,"先污染后治理"导致了全球生态问题的集中爆发,给人类的生存和发展构成严重威胁。如何解决上述生态问题是人类在实现可持续发展过程中必须应对的挑战。

(三)"以环境换经济"决不可取

解决传统发展理念造成的问题,我们必须正确认识和处理人与自然的关系,人类必须明确,人与自然是生命共同体,生态环境对人类的可持续发展具有重要意义。首先,生态环境是人类赖以生存的根基,其对人类的重要意义要大于经济发展。如果生态环境被破坏殆尽,那么人类便会失去生存空间。其次,生态环境是实现人类可持续发展的重要基础。良好的生态环境原本便是巨大的生产力,它不但有助于人民生活水平的改善,从长远上看也有助于经济的持续、高质量发展。最后,生态环境也是人类发展的目的所在。追求幸福是人的美好愿望,生态环境与人的幸福指数呈正相关关系,良好的生态环境会提高人的幸福感。反之,如果生态环境遭到破坏,人类就很难获得高质量的生活体验,这是单纯发展经济所不能解决的。所以,人类所要追求的理想状态便是人与自然的和谐共生。

事实表明,世界各国曾长期推行"先污染后治理"的发展模式割裂了保护自然和发展经济之间的联系,将二者对立起来,其本质是牺牲生态环境换取一时的经济增长。它所导致的结果便是既恶化了生态环境,也妨害了经济的可持续发展。人类如果继续坚持传统的发展模式,迟早会毁于对自然的掠夺。正如习近平总书记所指出的:"如果仍是粗放发展,即使实现了国内生产总值翻一番的目标,那污染又会是一种什么情况?届时资源环境恐怕完全承载不了……经济上去了,老百姓的幸福感大打折扣,甚至强烈地不满情绪上来了,那是什么形势?"①可见,传统发展模式不利于人类的长远发展,其终将被历史所淘汰。为了使发展真正造福于人类,实现人类社会普遍永续的发展,中国主张,各国必须转变发展思路,从"以环境换经济"转变为"人与自然的和谐共生",尊重自然、顺应自然、保护自然,构筑全球生态文明体系。

二、树立生态文明理念

历史的经验证明,"以环境换经济"的发展模式是行不通的,发展经济必须兼顾环境保护。为解决生态问题、寻求绿色发展之路,中国历届政府作出了不懈努力和探索,主动作为,加大生态治理力度,生态文明建设取得了突出成就。在这个过程中,中国的生态文明理念也不断发展和完善,这些理念为各国发展生态文明提供了有益借鉴,对促进世界生态文明发展具有重要意义。

(一)中华人民共和国成立以来生态文明思想的形成和发展

中华人民共和国成立以来,为了把战乱萧条的旧中国建设成为和谐美丽的新中国,历届中国政府作出了不懈努力,在不断实践和总结经验的基础上,形成了比较完善的生态文明理念,为新时代中国进一步发展生态文明奠定了基础。

中华人民共和国成立初期,在长期战乱的摧残下,中国的生态系统十分脆弱,自然灾害频发、环境承载能力接近崩溃。以毛泽东同志为主要代表的中国共产党人面对严峻的生态环境形势,从森林植被保护、防治水旱灾、节约资源、控制工业污染、保持城市卫生等方面入手,采取了一系列保护生态环境的

---

① 中共中央文献研究室编:《习近平关于全面深化改革论述摘编》,中央文献出版社2014年版,第103页。

措施。中华人民共和国成立初期的生态环保工作为中国生态文明建设奠定了基础。

改革开放初期,随着经济持续快速发展,中国生态环境压力增大。面对这种形势,以邓小平同志为主要代表的中国共产党人更加突出了环保工作的重要性。邓小平指出:"污染问题是必须解决的……我们国家的污染问题没有欧洲、日本和美国那么严重,但也还是一个很大的问题。污染问题是一个世界性的问题。我们现在进行建设就要考虑处理废水、废气、废渣这三废。"[①]为此,中国政府从颁布生态环保法律法规、落实生态环保决议、设立生态环保政府机构、启动"三北防护林"工程、签署一系列国际环保公约(如《保护臭氧层维也纳公约》)等方面入手,在保护生态环境、防治污染等方面取得了巨大成绩。

进入20世纪90年代,中国经济加速发展,大踏步向小康社会迈进。但同时,由于发展模式落后,中国的生态问题也日益凸显。以江泽民同志为主要代表的中国共产党人高度重视中国经济发展过程中出现的生态问题,着力推进经济发展模式的转变,提出"在现代化建设中,必须实施可持续发展战略"[②]。这一时期,中国颁布了大气污染防治法等生态环保法律法规,开展了退耕还林、"33211"工程[③]、三江源保护等生态环保工程,签署了《联合国气候变化框架公约》京都议定书、《生物多样性公约》等国际环保公约,并将国家环境保护局升格为国家环境保护总局(正部级)。通过以上举措,中国生态文明建设进一步向前迈进,中国与国际社会的环保合作也得到进一步加强。

进入新世纪,中国的绿色发展取得了一定成绩,但仍面临诸多问题和挑

---

① 中共中央文献研究室编:《邓小平文集(一九四九—一九七四年)(下卷)》,人民出版社2014年版,第381页。

② 《中国共产党第十五次全国代表大会文件汇编》,人民出版社1997年版,第29页。

③ "33211"污染防治工程,指的是对"三河"(淮河、海河、辽河)、"三湖"(太湖、滇池、巢湖)、"两控区"(酸雨污染控制区和二氧化硫污染控制区)、"一市"(北京市)、"一海"(渤海)进行污染的防控与治理的工程。

战，同时，日益严重的全球生态问题也给中国带来巨大压力。在这种情况下，以胡锦涛同志为主要代表的中国共产党人继承和发展了历届政府关于绿色发展的思想，进一步加强生态文明建设。2003年8月，胡锦涛在江西调研时提出要牢固树立全面发展、协调发展、可持续发展的科学发展观；2007年，"科学发展观"在党的十七大上被写入党章，胡锦涛在会上指出："科学发展观，第一要义是发展，核心是以人为本，基本要求是全面协调可持续，根本方法是统筹兼顾。"[①]并提出，"必须坚持全面协调可持续发展……坚持生产发展、生活富裕、生态良好的文明发展道路，建设资源节约型、环境友好型社会。" 2012年，胡锦涛在党的十八大报告中指出："必须更加自觉地把全面协调可持续作为深入贯彻落实科学发展观的基本要求，全面落实经济建设、政治建设、文化建设、社会建设、生态文明建设五位一体总体布局。"[②]在"科学发展观"等生态文明理念的指导下，中国生态文明建设取得了一系列成绩。在这一时期，中国颁布了循环经济促进法等多部生态环保法律法规，采取了退耕还林、防风固沙、保护三江源等生态环保举措，参加了哥本哈根气候大会等国际生态环保合作会议并签订相关协议，并于2008年7月将国家环境保护总局升格为环境保护部。

在历届中国政府的努力下，中国生态文明建设不断向前发展，生态文明的作用不断加强，并为国际生态文明建设作出了重大贡献。历届中国政府在探索绿色发展过程中所取得的成绩，为新时代中国进一步建设生态文明提供了宝贵的经验和良好的基础。

（二）"绿水青山就是金山银山"

经过数十年的努力，中国的生态文明建设取得巨大成绩，部分地区生态

[①] 胡锦涛：《高举中国特色社会主义伟大旗帜，为夺取全面建设小康社会新胜利而奋斗——在中国共产党第十七次全国代表大会上的报告》，人民出版社2007年版，第15页。

[②]《十八大报告辅导读本》，人民出版社2012年版，第9页。

第六章
构筑尊崇自然、绿色发展的生态体系

环境得到了一定程度的修复。同时，随着中国特色社会主义建设迈入新时代，生态文明建设也面临着更多的新形势、新挑战。这一系列新形势，需要更成熟的理论对其进行指导。在此背景下，"绿水青山就是金山银山"的提出为新时代中国生态文明建设指明了方向。

2005年8月15日，习近平在浙江省安吉县余村考察时首次提出"绿水青山就是金山银山"。2006年，习近平对"绿水青山"和"金山银山"这"两座山"的关系进行了进一步论述："第一个阶段是用绿水青山去换金山银山，不考虑或者很少考虑环境的承载能力，一味索取资源。第二个阶段是既要金山银山，但是也要保住绿水青山，这时候经济发展和资源匮乏、环境恶化之间的矛盾开始凸显出来……第三个阶段是认识到绿水青山可以源源不断地带来金山银山，绿水青山本身就是金山银山。"①这一论述的提出，从根本上更新了人们关于自然资源无价的传统认识，打破了简单把发展和保护对立起来的思维束缚，指明了实现发展和保护内在统一、相互促进和协调共生的方法论。②

2013年9月7日，习近平主席在哈萨克斯坦纳扎尔巴耶夫大学对"绿水青山就是金山银山"作了经典的阐述，他指出："建设生态文明是关系人民福祉、关系民族未来的大计……我们既要绿水青山，也要金山银山。宁要绿水青山，不要金山银山，而且绿水青山就是金山银山。"③其中，"既要绿水青山，也要金山银山"体现了可持续、可循环的科学发展观，指出经济发展必须兼顾生态保护；"宁要绿水青山，不要金山银山"辨析了一旦经济发展与生态保护发生冲突矛盾时，必须毫不犹豫地把保护生态放在首位，决不可再走"先污染后治理"的老路；"绿水青山就是金山银山"阐明了经济与生态的辩

---

① 习近平：《干在实处走在前列——推进浙江新发展的思考与实践》，中共中央党校出版社2006年版，第198页。

② 王金南、苏洁琼、万军：《"绿水青山就是金山银山"的理论内涵及其实现机制创新》，载《环境保护》，2017年第11期，第13页。

③ 《习近平总书记系列讲话精神学习读本》，中共中央党校出版社2013年版，第95页。

证统一关系，指出保护生态环境就是保护生产力，如果能够把生态环境优势转化为生态农业、生态工业、生态旅游等生态经济的优势，那么绿水青山也就变成了金山银山。

在此之后，"绿水青山就是金山银山"这一充满辩证的生态文明思想不断得到成熟和完善。2015年3月，习近平总书记进一步阐发了该理论的内涵："环境就是民生、青山就是美丽、蓝天也是幸福。要像保护眼睛一样保护生态环境，像对待生命一样对待生态环境。"这一阐述将生态与生命等量齐观，把生态环境放在至关重要的地位。2015年3月，《关于加快推进生态文明建设的意见》把"坚持绿水青山就是金山银山"写进中央文件，成为推进中国生态文明建设的指导思想。2015年10月，中国共产党十八届五中全会指出必须牢固树立并切实贯彻创新、协调、绿色、开放、共享的发展理念，"五大发展理念"正式被提出。2017年10月18日，习近平总书记在党的十九大报告中指出："建设生态文明是中华民族永续发展的千年大计。必须树立和践行绿水青山就是金山银山的理念。"[①] "绿水青山就是金山银山"也在党的十九大上以写入党章的形式确立为新时代中国生态文明建设的指导思想。

综上所述，"绿水青山就是金山银山"是新时代中国生态文明建设的重要理论创新，它回答了新时代中国生态文明建设的意义、目标，以及如何建设新时代中国生态文明的问题，其提出具有重大的时代意义、理论意义和现实意义，为新时代中国乃至世界的生态文明建设作出了巨大贡献。

（三）打造人类生态命运共同体

地球是人类共同的家园，破坏地球生态环境就是破坏人类赖以生存和发展的物质基础。保护生态环境、解决生态问题、建立公平有效的全球生态治

---

① 习近平：《决胜全面建成小康社会 夺取新时代中国特色社会主义伟大胜利——在中国共产党第十九次全国代表大会上的报告》，载《人民日报》，2017年10月28日，第1版。

理体系、构筑世界范围内的生态文明是实现人类普遍永续发展所亟待采取的举措。然而,当前全球生态治理刚刚起步,其发展过程中仍存在国际合作缺失、国际规则不公平等问题。为解决全球生态治理中出现的困境,中国向世界阐述"绿水青山就是金山银山"生态文明理念,提出打造生态领域的人类命运共同体的倡议,为全球生态治理提供了中国方案。

目前全球生态治理中的困境主要来自两个方面。一方面,虽然自1972年第一次联合国人类环境会议以来,人类为加强生态合作、保护全球生态环境做出了不懈努力,但是,全球生态治理在很多问题上仍处于缺失状态。由于理性的个体在实现集体目标时往往具有"搭便车"(free-riding)的倾向,所以,国际社会的生态合作经常会出现"集体行动的困境"。生态资源的非排他性加剧了这一困境的存在。这种非合作博弈下的集体行动逻辑反映在公共事务管理现实中可能会出现公共产品供给短缺、公共资源利用无度、公共秩序混沌无序、公共组织效率缺失、公共政策执行失范等诸多问题。[①]于是,在全球生态治理中,每个国家都希望别国承担足够多的成本,而自己却可以免费享用公共物品,从而使"搭便车"现象越来越多。比如,在气候变化问题上,多数国家承诺减少污染物排放,但是美国、印度等国家从本国利益出发,拒绝减少污染物的排放,这样一来,美国、印度等国家就可以白白享有其他国家污染物减排所带来的利好。上述在国际生态合作中出现的矛盾与争端,导致国际生态合作在很多重要领域还处于缺失状态。

另一方面,在已经确立起来的国际生态合作当中,有一部分生态合作的规则很不公平。比如,在处理污染物等问题上,发达国家提出了"谁污染的多,谁就治理的多;谁污染的少,谁就治理的少"的主张。这个主张看似遵循了权利和义务对等的原则,但实际上,这个主张是对发达国家的偏袒。根

---

① 陈潭:《集体行动的困境:理论阐释与实证分析——非合作博弈下的公共管理危机及其克服》,载《中国软科学》,2003年第9期,第139页。

据这个主张，发达国家在解决环境污染问题中承担的责任会大大减少，因为它们拥有雄厚的资金和技术，在限制污染物排放、绿化环境、防治污染等方面的确处于国际领先地位。但问题的症结在于，发达国家在处理污染物问题上的领先地位并不是凭空获得的，而是用"先污染后治理"的资本原始积累换来的。发达国家之所以有雄厚的资金和技术来治理本国的生态问题，乃是由于它们在过去的200年间牺牲环境换取经济发展。所以，发达国家理应为全球生态治理承担更多责任。但是，在当前的全球生态治理体系中，发达国家拥有绝对话语权，所以它们承担的责任依然有限。尽管1992年联合国环境与发展大会确定了"共同而有区别的责任"这一国际环境合作原则，但这一原则在发达国家这里基本处于失效状态。

全球生态文明发展过程中出现的这些问题，需要一个更加合理的全球生态治理规则予以解决。改善当前全球生态治理中的种种不利局面、加强世界各国的生态保护合作、建立公平有效的生态保护合作机制是解决当前世界生态问题、实现人类可持续发展的明智选择。这要求中国在其中承担大国责任、发挥大国作用、贡献中国智慧。为此，"绿水青山就是金山银山"这一生态文明理念和"人类命运共同体"这一全球治理主张实现了有机结合，为推进和完善全球生态治理体系提供了答案。

2013年9月，在访问哈萨克斯坦期间，习近平主席向国际社会阐述了"绿水青山就是金山银山"的生态文明理念，获得了国际社会的普遍认同和积极响应。作为对中国生态文明理念和全球生态治理倡议的肯定，2013年2月，联合国环境规划署第二十七次理事会通过了推广中国生态文明理念的决定草案，并在3年后发布了《绿水青山就是金山银山：中国生态文明战略与行动》报告。"绿水青山就是金山银山"在世界范围的传播，为形成全球生态治理的中国方案奠定了基础。

2015年9月28日，习近平主席在第七十届联合国大会一般性辩论中提出了构建"人类命运共同体"的倡议，并指出："建设生态文明关乎人类未来。

/ **第六章** /
构筑尊崇自然、绿色发展的生态体系

国际社会应该携手同行,共谋全球生态文明建设之路,牢固树立尊重自然、顺应自然、保护自然的意识,坚持走绿色、低碳、循环、可持续发展之路。"①2015年11月30日,习近平主席在气候变化巴黎大会开幕式的讲话中呼吁国际社会"携手努力,为推动建立公平有效的全球应对气候变化机制、实现更高水平全球可持续发展、构建合作共赢的国际关系作出贡献"②。2017年1月18日,习近平主席在联合国日内瓦总部的演讲中指出,国际社会要从生态建设等方面为构建人类命运共同体作出努力,并针对人类生态命运共同体,提出要"坚持绿色低碳,建设一个清洁美丽的世界"③。上述讲话为打造人类生态命运共同体指明了方向,全球生态治理的中国方案基本形成。

此后,习近平主席在更多国际场合阐述中国的生态文明理念,全球生态治理的中国方案进一步得到发展和完善。2017年7月,习近平主席致信祝贺第十九届国际植物学大会开幕,强调"植物是生态系统的初级生产者,深刻影响着地球的生态环境……中国将坚持创新、协调、绿色、开放、共享的发展理念,加强生态文明建设,努力建设美丽中国,广泛开展植物科学研究国际交流合作,同各国一道维护人类共同的地球家园"④。2017年9月,习近平主席向《联合国防治荒漠化公约》第十三次缔约方大会高级别会议发出贺信,表示"防治荒漠化是人类面临的共同挑战,需要国际社会携手应对。我们要弘扬尊重自然、保护自然的理念,坚持生态优先、预防为主,坚定信心,面向未来,制定广泛合作、目标明确的公约新战略框架,共同推进全球

---

① 习近平:《携手构建合作共赢新伙伴,同心打造人类命运共同体——在第七十届联合国大会一般性辩论时的讲话》,《人民日报》,2015年9月29日,第2版。
② 习近平:《习近平谈治国理政》(第二卷),外文出版社2017年版,第531页。
③ 习近平:《共同构建人类命运共同体——在联合国日内瓦总部的演讲》,《人民日报》,2017年1月20日,第2版。
④ 《习近平致信祝贺第十九届国际植物学大会开幕》,载《人民日报》2017年7月25日,第1版。

荒漠生态系统治理,让荒漠造福人类"①。

2017年10月18日,党的十九大报告指出:"要坚持环境友好,合作应对气候变化,保护好人类赖以生存的地球家园。"②作为全球生态治理的中国方案,建设生态领域的人类命运共同体被写入党的十九大报告中,凸显了中国对加强全球生态治理、建设全球生态文明体系的重视。同时,人类生态命运共同体这一理念也更加成熟和完善。

人类生态命运共同体有两大理论来源——"人类命运共同体"全球治理主张和"绿水青山就是金山银山"生态文明理念。人类命运共同体是人类生态命运共同体的第一个理论来源,后者是前者的一个组成部分,是前者在生态文明领域的体现。"绿水青山就是金山银山"是人类生态命运共同体的第二个理论来源,后者是前者的应用范围扩大到全球的结果。因此,人类生态命运共同体一方面要确立和维护人同自然的协调关系,另一方面要求人类社会实现在保护生态环境方面的普遍合作。打造人类生态命运共同体需要满足以下几个特征:共生性、公平性、共享性、可持续性。所谓共生性,就是指实现和维护人与自然的和谐共生状态,使人类在发展的同时保护自然,并且能从对自然的保护当中获益;所谓公平性,就是指各国在发展过程中要履行与之对等的生态环保义务,实现各国在生态合作上的规则共商、责任共担;所谓共享性,就是指人类在利用自然、开发自然过程中所获取的好处和发展前景由人类共享;所谓可持续性,就是指人类生态命运共同体的建设并非一朝一夕的事情,人类应长久地维护同自然的和谐共生关系,在获得自然所给予的馈赠的同时,要注重对自然的保护和回馈,使自然资源能够在将来继续为后代人所用,给子孙后代保留继续发展的空间。

---

① 《习近平致信祝贺〈联合国防治荒漠化公约〉第十三次缔约方大会高级别会议召开》,载《人民日报》,2017年9月12日,第1版。

② 习近平:《决胜全面建成小康社会 夺取新时代中国特色社会主义伟大胜利——在中国共产党第十九次全国代表大会上的报告》,载《人民日报》,2017年10月28日,第1版。

中国所提出的构建全球生态文明体系的理念得到了国际社会的普遍赞赏和认可。国际社会积极评价了中国在构建全球生态文明体系中所做的努力，认为中国把生态文明建设放在突出位置，有助于为人类创造良好的生存环境，有助于全球生态安全和人类的可持续发展。时任法国总统奥朗德高度赞赏中方提出建设生态文明、推动绿色发展的战略，希望两国企业界抓住机遇，深化合作，开创法中经济关系和全球绿色发展的崭新局面。①联合国副秘书长、环境规划署执行主任埃里克·索尔海姆肯定了中国的生态文明理念："中国的生态文明建设理念和经验，正在为全世界可持续发展提供重要借鉴。"②联合国环境规划署秘书处执行秘书蒂娜·玻比利对中国保护臭氧层方面做出的努力和取得的成果予以赞赏，她表示，中国臭氧层保护的成功经验为各国采取联合行动实现持续发展目标提供了很好的范例，中国走向绿色经济为世界未来的发展作出了贡献。③

三、为全球生态治理贡献中国力量

作为世界上人口最多的国家，中国生态问题对世界环境具有重要影响。中国作为负责任的大国，为帮助解决全球生态问题、加强全球生态治理，正积极调整自身角色，在全球生态治理中承担更多国际责任和义务，为全球生态治理作出了巨大贡献。

---

① 《李克强与法国总统奥朗德共同出席中法气候与绿色经济论坛》，载《经济日报》，2015年11月4日，第3版。

② 《夯实机制创新理念压实责任，绘就生态文明"中国图景"》，载《中国经济导报》，2017年10月20日，第A02版。

③ 《国际保护臭氧层日大会举行，中国"补天"行动受联合国赞赏》，国际在线，2015年9月17日，http：//gb.cri.cn/42071/2015/09/17/8011s5106499.htm。

（一）解决自身环境问题

中国政府高度重视环保工作，习近平主席就推动形成绿色发展方式和生活方式提出加快转变经济发展方式、加大环境污染综合治理、加快推进生态保护修复、全面促进资源节约集约利用、倡导推广绿色消费、完善生态文明制度体系六项重点任务。[①]基于这六个方面，中国积极加强环境保护和污染治理，为世界环保作出了巨大贡献。

1. 加快转变经济发展方式。党的十八大以来，中国政府为加快转变经济发展方式提供了重要的政策、资金和技术的支持，取得了显著成绩。我国节能环保行业工业生态化成为中国新型工业化发展的新方向、新内容，绿色发展、循环经济、低碳经济、"互联网+"等已成为中国工业企业升级转型的关键词。伴随着工业化、低碳化、生态化发展的兴起，我国环保行业成为新的经济增长点。环保产业从2012年的3万亿元增长到2016年的5.26万亿元，年增长率为15.2%。[②]在良好的形势下，2016年政府工作报告进一步指出，要大力发展节能环保产业，将其培育成中国发展的一大支柱产业。

2. 加大环境污染综合治理。"十二五"期间，中国着重治理了各类污染物的排放问题。据统计，2011—2015年，主要污染物化学需氧量、氨氮、二氧化硫、氮氧化物排放量分别下降10.1%、9.8%、12.9%和8.6%。2014年，中国五种重点重金属污染物（铅、汞、镉、铬和类金砷）排放总量比2007年下降五分之一。2014年首批实施新环境空气质量标准的74个城市PM2.5平均都比2013年下降11.1%。此外，中国今天的酸雨面积已经恢复到20世纪90年代水平。中国不仅在国内解决污染问题，也为国际环境污染问题的解决作出

[①] 习近平：《推动形成绿色发展方式和生活方式　为人民群众创造良好生产生活环境》，新华网，2017年5月27日，http://news.xinhuanet.com/politics/2017-05/27/c_1121050509.htm.

[②] 《夯实机制创新理念压实责任绘就生态文明"中国图景"》，载《中国经济导报》，2017年10月20日，第A02版。

巨大贡献。截至2014年,全国单位国内生产总值二氧化碳排放同比下降了6.1%,比2010年累计下降了15.8%,对全球温室效应的防范起到积极作用。中国还对国际社会作出庄严承诺,"有信心和决心"在2030年使单位国内生产总值二氧化碳排放量比2005年下降60%—65%。

3. 加快推进生态保护修复。"十二五"期间,国家发展与改革委员会大力推进生态保护与修复工作,累计安排中央预算内投资1098.2亿元,启动实施新一轮退耕还林还草工程,继续推进天然林资源保护、重点防护林体系建设、退牧还草、水土保持等重大生态修复工程,大力实施京津风沙源、岩溶石漠化、三江源、青海湖等重点区域综合治理工程,全面加强自然保护区、湿地保护与恢复、森林草原防火、有害生物防治等支撑保障工程建设,有效促进了工程区林草植被覆盖度大幅提升,群众生产生活环境有效改善,全国生态恶化态势趋缓。

4. 促进资源节约集约利用。党的十八大以来,资源节约和高效利用取得明显成效。数据显示,2013—2016年,我国单位国内生产总值能耗分别比上年降低3.7%、4.8%、5.6%和5.0%,节能降耗成效显著。[①]在能源消费总量增长放缓的同时,2016年水电、风电等清洁能源消费比重比上年提高1.6个百分点。

5. 倡导推广绿色消费。2016年4月25日,商务部发布《关于促进绿色消费的指导意见》。《意见》指出,要加强宣传教育,在全社会厚植崇尚勤俭节约的社会风尚,大力推动消费理念绿色化;规范消费行为,引导消费者自觉践行绿色消费,打造绿色消费主体;严格市场准入,增加生产和有效供给,推广绿色消费产品;完善政策体系,构建有利于促进绿色消费的长效机制,营造绿色消费环境。目前,中国对绿色消费理念的推广已初步取得成效,奢

---

① 《夯实机制创新理念压实责任绘就生态文明"中国图景"》,载《中国经济导报》,2017年10月20日,第A02版。

侈浪费行为得到遏制,绿色产品市场占有率大幅提高,勤俭节约、绿色低碳、文明健康的生活方式和消费模式正在逐步形成。

6. 完善生态文明制度体系。党的十八大以来,为完善生态文明制度体系,中国先后制定或修订了《环境保护法》《海洋环境保护法》、新《中华人民共和国水法》(2016年7月修订)、新《中华人民共和国节约能源法》(2016年7月修订)《环境影响评价法》《大气污染防治法》等一系列保护生态环境的相关法律。同时,中国进一步建立和完善相关的环境保护监察机构,加强自然资源和生态环境监管,推行河长制,推进环境保护督察,落实生态环境损害赔偿制度,完善环境保护公众参与制度,用严格的环保监察机制保证环保政策、环保法律的贯彻实施。

综上所述,中国生态文明建设在近几年来成效显著。通过大力度推进生态文明建设,全党全国贯彻绿色发展理念的自觉性和主动性显著增强,忽视生态环境保护的状况明显改变。生态文明制度体系加快形成,主体功能区制度逐步健全,国家公园体制试点积极推进。全面节约资源有效推进,能源资源消耗强度大幅下降。重大生态保护和修复工程进展顺利,森林覆盖率持续提高。生态环境治理明显加强,环境状况得到改善。中国解决自身生态问题,本身就为世界生态环保作出了重大贡献。在此基础上,党的十九大报告从推进绿色发展、着力解决环境问题、加大生态系统保护力度、改革生态环境监管体制四个方面对加快生态文明体制改革、建设美丽中国提出了更高要求,推动中国乃至世界的生态文明建设进一步向前发展。

(二)积极推动国际环保合作

党的十九大报告中,习近平总书记提出"积极参与全球环境治理,落实减排承诺"。中国在着力治理国内环境问题的同时,也以负责任大国的姿态,积极推动国际环保合作。长期以来,中国充分利用双边、多边和国际组织合作机制和交流平台,通过政府、企业、学术界之间的交流合作,加强与其他国家在信息共享、技术和项目交流等方面的合作，推动国际环保经验技术交流，推进建设"绿色丝绸之路"，为促进国际环保合作作出重大贡献。

1. 中国积极参与全球生态治理相关会议。1972年斯德哥尔摩环境大会、2007年巴厘岛气候会议、2009年哥本哈根气候会议、2011年德班气候会议、2012年多哈气候会议等几次全球生态治理的重要节点性会议中国均悉数参加。党的十八大以来，中国参加了2013年联合国气候大会波兰会议、2014年联合国气候大会利马会议、2015年联合国可持续发展峰会、2016年联合国环境大会内罗毕会议、2016年世界水大会、2016年马拉喀什气候会议、2017年波恩气候会议等全球生态治理大会。在参加上述全球生态治理大会的过程中，中国为全球生态治理贡献了中国智慧，并对履行国际环保责任和义务作出了承诺。

在华沙气候大会上，中方主张，所有人都在同一个地球上，绿色、低碳和可持续发展是人类社会的共同利益，节能减排和绿色发展是可持续发展的内在需求，中国为华沙气候会议通过相关决议贡献了自己的力量。在联合国可持续发展峰会上，中国展示出落实2015年后发展议程的坚定决心。习近平主席在会上发言，全面阐述中国对全球发展问题的看法，提出以公平、开放、全面、创新为核心要素的发展理念。在巴黎气候大会上，中国提出"共同而有区别的责任"原则，积极为发展中国家争取正当权益，以实际行动为国际社会作出表率，为《巴黎协定》的达成作出了巨大贡献。与会期间，习近平表示："巴黎大会达成的协议要平衡处理减缓、适应、资金、技术等各个要素，拿出切实有效的执行手段""发达国家要履行在资金和技术方面的义务，落实到2020年每年提供1000亿美元的承诺，并向发展中国家转让气候友好型技术"。中国在巴黎气候大会上作出庄重承诺："未来，中国将进一步加大控制温室气体排放力度，争取到2020年实现碳强度降低40%—45%的目标。"

2. 中国自主举办或承办了一系列国际环保会议，为国际环保合作机制化建设作出了贡献。党的十八大以来，中国主办了历届世界环保大会，并先后召开或承办了2013年水生态和环境保护国际会议（郑州）、2014年国际防治荒漠化科学技术大会（北京）、2015年第五届世界环境大会（西安）、2017年荒漠化公约第十三次缔约方大会（鄂尔多斯）等国际环保会议。相关会议的召开和承办，彰显了全球生态治理中的中国力量，体现了中国为了积极应对世界生态合作中出现的新形势、新挑战所做的努力和决心，推动了世界各国在经济与环境和持续发展方面的交流与合作。

3. 中国加强同有关国家的双边、多边生态合作。2014、2015、2016年，中国和美国多次发表《中美气候变化联合声明》，为推动全球生态问题合作向前迈进打下了重要基础。2013年5月6日，中日韩三国环保部长三方会谈闭幕，三方发表共同声明，以解决"PM2.5跨国飘散问题"[①]。2014年6月17日，中英发布《中英气候变化联合声明》。2015年5月15日，中印发布《中印气候变化联合声明》。2015年6月30日，中国与欧盟发布《中欧气候变化联合声明》。2015年11月2日，中法发布《中法元首气候变化联合声明》。2017年10月23日，中俄举行了两国发展与气候变化联络组第三次会议。2014年7月6日，德国总理默克尔访华，中德就加强环保、电动汽车等领域的合作展开交流。[②]2015年12月21日中国和韩国同意扩大在碳排放交易方面的合作，其中包括共同努力连接两国碳排放交易市场。[③]

4. 中国为援助发展中国家解决气候问题也作出了巨大努力。2013年，为帮助中美洲国家应对气候问题，中国与安提瓜和巴布达、巴巴多斯、多米尼

---

① 《中日韩设立政策对话机构合作应对PM2.5跨国飘散》，环球网，2013年5月7日，http：//world.huanqiu.com/exclusive/2013-05/3906127.html。

② 《德国总理默克尔访华将加强中德在环保等领域合作》，北极星节能环保网，2014年7月6日，http：//news.bjx.com.cn/html/20140706/524952.shtml。

③ 《韩媒：中韩敲定合作连接两国碳排放交易市场》，新华网，2015年12月22日，http：//news.xinhuanet.com/world/2015-12/22/c_128555606.htm。

克等国签署了《关于应对气候变化物资赠送的谅解备忘录》。[①]2015年9月26日,习近平主席在访美期间宣布出资200亿元人民币建立"中国气候变化南南合作基金",支持最贫困的发展中国家应对气候变化。[②]2015年9月28日,习近平主席在出席南南合作圆桌会议时表示:未来5年中国将向发展中国家提供"6个100"项目支持,包括100个生态保护和应对气候变化项目。[③]2015年12月,习近平主席在中非合作论坛约翰内斯堡峰会开幕式上的致辞中强调:"中方将支持非洲增强绿色、低碳、可持续发展能力,支持非洲实施100个清洁能源和野生动植物保护项目、环境友好型农业项目和智慧型城市建设项目。中非合作绝不以牺牲非洲生态环境和长远利益为代价。"[④]

综上所述,在新时代,为共同应对全球生态出现的新问题、新挑战,中国积极履行国际环保责任和义务,参加并推动国际生态合作机制建设、积极推进同相关国家在生态环保领域的经验和技术交流。上述举措为加强全球生态治理贡献了中国力量和智慧,彰显了中国负责任大国的姿态和担当。

（三）全球生态文明建设任重而道远

人与自然的和谐发展是关乎世界每个国家的大事。各国为解决世界生态问题,实现人类普遍而永续的发展,进行了努力与合作。然而,生态文明的建设具有长期性,决不能因一时的成绩而放松懈怠。目前,全球生态治理仍然任重而道远,世界各国应当同心勠力,加强生态环保的国际合作,构建生态环保国际合作机制,共同打造人类生态命运共同体。

[①] 张新平:《中国特色的大国外交战略》,人民出版社2017年版,第182页。

[②] 《中美元首气候变化联合声明》,《人民日报》,2015年9月26日,第3版。

[③] 《习近平在南南合作圆桌会议上发表讲话——阐述新时期南南合作倡议强调要把南南合作事业推向更高水平》,《人民日报》,2015年9月28日,第1版。

[④] 《习近平:提供600亿美元支持中非合作计划》,新华每日电讯,2015年12月5日,http://news.xinhuanet.com/mrdx/2015-12/05/c_134887591.htm。

中国方案 CHINA CONCEPTION

首先,国际社会为解决生态问题、加强生态合作召开了一系列生态治理大会,并在会议上通过了一些重要决议,推动了国际环保合作向前发展。2013年以来,国际社会召开了世界环保大会、水生态和环境保护国际会议、联合国气候变化大会华沙会议、世界水大会、联合国气候大会利马会议、国际防治荒漠化科学技术大会、世界环境大会、世界气候大会巴黎会议、联合国环境大会内罗毕会议、联合国马拉喀什气候大会、联合国可持续发展峰会、荒漠化公约第十三次缔约方大会等重要的生态会议并通过了一些重要决议,为解决世界生态问题、加强国际生态合作发挥了积极作用。

在上述会议中,联合国可持续发展峰会和世界气候大会巴黎会议是比较重要的两次会议。联合国可持续发展峰会于2015年9月25日在纽约举行,会议通过了《2030年可持续发展议程》。《议程》涉及社会、经济、环境、和平、正义、机构发展等17项可持续发展目标,致力于推动世界在今后15年内实现消除极端贫穷、战胜不平等和不公正以及遏制气候变化。2016年1月1日,《2030年可持续发展议程》正式启动,为推动国际社会加强生态环保合作、实现人类可持续发展、构建全球生态文明体系作出了卓越贡献。巴黎气候大会于2015年11月30日举行,会议目的是促使196个缔约方(195个国家+欧盟)形成统一意见,达成一项普遍适用的协议,并于2020年开始付诸实施。会议提出了"自主减排模式",这种"自下而上"式的减排模式成为推动各国在气候问题上加强磋商、达成一致的重要创举。巴黎气候大会最终通过了《巴黎协定》,协定指出,各方将加强对气候变化威胁的全球应对,把全球平均气温较工业化前水平升高控制在2℃之内,并为把升温控制在1.5℃之内努力。《巴黎协定》获得了所有缔约方的一致认可,具有诸多意义,它摒弃了零和博弈的思维,提出了"共同而有差别"的责任原则,体现出各国互惠共赢的强烈愿望,将世界所有国家都纳入了呵护地球生态的命运共同体之中。

其次,世界各国还通过签订生态环保协定、加强生态环保经验技术交流、为国际生态环保提供资金援助等形式，推动双边或多边的生态环保合作向前发展。2016年1月，日印发表联合声明，表示日本将为印度提供高效清洁煤发电和可再生能源技术支持[①]；2016年5月17日，韩国和伊朗签署有关环境领域合作的谅解备忘录[②]；美国加利福尼亚州和墨西哥签署国际协议，以便在发展低碳经济、发展新能源汽车等方面做进一步合作[③]；蒙古为了改善严重的大气污染问题，导入了严格的环境标准，并开始与日本进行技术方面的合作[④]；欧盟印度科技创新合作基金提供340万欧元资助，用以加强欧盟印度的清洁煤技术合作[⑤]；据几内亚政府官网报道，几内亚政府与欧盟达成共识，从"欧洲发展基金"承诺给几内亚的第十一批援款中拿出8400万欧元，用于几内亚科纳克里的垃圾清除和垃圾处理项目[⑥]。一系列双边或多边生态环保合作项目的达成，进一步推动了世界环保合作的发展，表明生态文明理念在更多国家被践行。

在国际社会的共同努力下，全球生态治理取得了长足进展。但我们也应看到，全球生态治理的问题和挑战依旧很多。首先，部分国家对全球生态治理消极对待。2017年6月1日，美国宣布退出《巴黎协定》，这是对全球生态治理的巨大打击。印度政府也消极对待《巴黎协定》，在重要的碳减排问题

---

① 《日印聚焦可再生能源、清洁煤、能效合作》，载《中国能源报》，2016年1月18日，第6版。
② 《韩国伊朗签订环境领域合作谅解备忘录时隔6年重启合作》，环球网，2016年5月18日，http://world.huanqiu.com/exclusive/2016-05/8944678.html.
③ 《加州和墨西哥合作推动低碳经济》，北极星环保网，2014年8月15日，http://news.bjx.com.cn/html/20140815/537071.shtml.
④ 《蒙古与日本技术合作解决PM2.5等大气污染问题》，中国新闻网，2013年12月19日，http://finance.chinanews.com/ny/2013/12-19/5641084.shtml.
⑤ 《欧盟印度加强清洁煤技术合作》，中华人民共和国驻欧盟使团，2015年12月16日，http://www.fmprc.gov.cn/ce/cebe/chn/kjhz/kjdt/t1324838.htm.
⑥ 《欧盟经援几内亚8400万欧元用于首都科纳克里垃圾清理和垃圾处理项目》，中华人民共和国驻几内亚共和国大使馆经济商务参赞处，2017年1月27日，http://gn.mofcom.gov.cn/article/jmxw/201701/20170102508631.shtml.

上,印度认为对其很不公平,让印度失去了发展机会。其次,一些国家对中国提出的全球生态治理主张仍存在不理解、不信任,2009年哥本哈根谈判的破产集中体现了这一点。再次,在有关气候变化、碳减排、污染防治等问题上,发达国家和发展中国家有对立化的趋势,这种对立不利于尽早形成公平有效的全球生态治理规则。最后,大部分国家国民的生态文明理念普遍淡漠,这也在很大程度上阻碍了全球生态文明的建设进程。

综上所述,近几年来,世界各国为保护地球这个人类共同家园做出了认真、积极的探索和尝试,国际生态合作取得了长足进展。然而,由于全球生态治理的政治性、复杂性、长期性,建设全球范围内的生态文明依然任重而道远。这就要求世界各国消除成见,摒弃零和博弈思维,推动全球生态治理不断向前发展。在这个过程中,中国总结过去几十年的绿色发展经验教训,提出了"绿水青山就是金山银山"的生态文明理念和"建设清洁美丽的世界"的倡议,为全球生态治理贡献了中国方案——人类生态命运共同体。在未来,人类生态命运共同体将继续为人类可持续发展贡献力量,人类社会迈向生态文明的脚步将更加坚定,一个清洁美丽的世界终会实现。

/ 第七章 /

中国方案彰显负责任大国的自信、使命与担当

中国方案
CHINA CONCEPTION

中国方案 CHINA CONCEPTION

"中国方案"指的是中国共产党和中国政府在国家治理和全球治理过程中提出的有别于西方国家的新理念、新思想、新战略、新规划、新建议、新思路等。党的十八大以来,"中国方案"多次进入中国领导人话语并向世界宣布,2014年3月,习近平主席在德国科尔伯基金会发表演讲时就曾提出:"我们将从世界和平与发展的大义出发,贡献处理当代国际关系的中国智慧,贡献完善全球治理的中国方案,为人类社会应对21世纪的各种挑战作出自己的贡献。"[1]同年7月,习近平主席在出席金砖国家领导人第六次会晤期间接受采访时指出:"我们将更加积极有为地参与国际事务,致力于推动完善国际治理体系,积极推动扩大发展中国家在国际事务中的代表性和发言权。我们将更多提出中国方案、贡献中国智慧,为国际社会提供更多公共产品。"[2]2016年7月,习近平总书记在纪念中国共产党成立95周年大会上所作的报告中明确提出:"中国共产党人和中国人民完全有信心为人类对更好社会制度的探索提供中国方案。"[3]中国方案体现了中国特色和中国自信,昭示了中国作为社会主义大国的使命和担当,有利于推动全球治理体制更加公正合理,为人类探索更好的社会制度提供借鉴和支撑。

一、中国方案彰显中国智慧、中国特色、中国自信

(一)中国方案彰显中国智慧

面对人类社会发展过程中的突出问题,中国共产党和中国政府立足于五

---

[1] 《习近平在德国科尔伯基金会的演讲》,中华人民共和国中央人民政府网站,http://www.gov.cn/xinwen/2014-03/29/content_2649512.htm。

[2] 习近平:《中国将更积极有为参与国际事务》,人民网,http://hn.people.com.cn/n/2014/0715/c338398-21667378.html。

[3] 习近平:《在庆祝中国共产党成立95周年大会上的讲话》,新华网,http://news.xinhuanet.com/politics/2016-07/01/c_1119150660.htm。

第七章
中国方案彰显负责任大国的自信、使命与担当

千年中华文明史、五百年社会主义发展史、近百年建党史、近七十年建国史、近四十年改革开放史，为人类社会的发展从价值追求、利益导向、合作路径、战略指引等方面贡献中国智慧。

第一，中国方案彰显以民为本的价值追求。"民为邦本、本固邦宁"，中国的发展都要以人民为中心，体现人民的主体地位。中国共产党治国理政的宗旨就是"为人民服务"，习近平总书记指出，"人民对美好生活的向往，就是我们的奋斗目标"[①]，要以"人民高不高兴，人民答不答应，人民满不满意"作为衡量一切工作的标准。以民为本既是政党获取执政合法性的主要资源，也是一个国家实现永续发展的不竭动力。以民为本的价值追求要求国家在发展过程中第一层面需要解决的是人的生存问题，其次才是人的发展问题，人的生存问题涉及"饱""温""居""富""福"等，人的发展问题涉及"民主""自由""平等""公正""法制"等，由于生产力发展水平的差异，每一个国家的发展程度和发展阶段不同，因此不存在产生在其基础上的普遍适用的价值，任何国家在其发展的过程中既要尊重历史和人民的选择，又要尊重客观的社会发展规律，不能超越其历史阶段盲目追随所谓的现代化脚步。

第二，中国方案彰显以义为先的利益导向。"国不以利为利，以义为利"，正确的义利观是中华民族千百年来一以贯之的道德准则和行为规范，孔子强调，"君子义以为上"；墨子提出，"义，利也"；孟子主张，"生亦我所欲也，义亦我所欲也；二者不可得兼，舍生而取义者也"。近代以来，在西方国家的主导下，"利益至上""只有永恒的利益，没有永恒的朋友"等西方理念被视作国际关系的不变法则，各国争权夺利、结盟对抗，因此战争频发。在新形势下，中国提出了要坚持正确的义利观，习近平总书记多次强调，要"坚持正确义利观，永远做发展中国家的可靠朋友和真诚伙伴。""坚持正确义

[①]《人民对美好生活的向往就是我们的奋斗目标》，人民网，http://politics.people.com.cn/n/2012/1116/c1024-19596289.html.

利观，义利并举、以义为先。""坚持正确义利观，做到义利兼顾，要讲信义、重情义、扬正义、树道义。""只有义利兼顾才能义利兼得，只有义利平衡才能义利共赢"。正确义利观突出"义"的价值，重义轻利、先义后利、取利有道，是新时代中国外交的一面旗帜，体现了中国作为负责任大国在处理国际关系中的正确利益导向。

第三，中国方案彰显以共为核心的合作路径。"共"是共同的意思，强调"相同""一样"，意味着彼此都具有、使用或承受，"共"并非一方制定规则而让另一方遵守，亦非一方发展而让另一方落后，而是要双方共同制定规则，共同实现发展。习近平总书记多次提到，"各美其美，美美与共""共商共建共享""责任共同体""利益共同体""人类命运共同体""合作共赢""同舟共济、携手共进"等理念，以"共"为核心的合作路径就是要摒弃"你输我赢，赢者通吃"的零和思维，要兼顾各方利益和关切，体现各方智慧和创意，充分发挥各方优势和潜能，寻求各方利益契合点和合作最大公约数，在追求本国利益时兼顾他国合理关切，在谋求本国发展中促进各国共同发展，做大共同利益蛋糕，让发展成果惠及更广泛的区域。以共为核心的合作路径能够避免单边霸权行为，避免大国发展过程中落入"修昔底德陷阱"，以开放包容的建设性路径和协调合作的建设性方式促进国际关系的民主化。

第四，中国方案彰显以和为贵的战略指引。"以和邦国，以统百官，以谐万民"，以和为贵在中华文化和中华价值观中同样源远流长。《尚书·尧典》提出："克明俊德，以亲九族。九族既睦，平章百姓。百姓昭明，协和万邦。"此后，"协和万邦"便成为中华世界观的典范。孔子把"和"作为同外部世界交往的原则，提出"'柔远能迩，以定我王'，平之以和也"，构建一个和平共处的世界，是中华文明几千年来持续不断的理想。中华人民共和国成立以后，党和政府把和平共处五项原则作为处理与世界各国关系的基本准则，党的十八大以来，我们提出了处理周边关系的"亲、诚、惠、容"的理念和处理非洲国家关系的"真、实、亲、诚"原则。习近平主席强调，"中华文化崇尚和谐，中国'和'文化源远流长，蕴涵着天人合一的宇宙观、协和万邦的国际观、和而不同的社会观、人心和善的道德观"①。"和平、发展、公平、正义、民主、自由是全人类的共同价值"②。西方国家崇尚竞争文化，强调"西方中心主义"和"丛林法则"，总想用自己的力量，克服非我、宰制他者、占有别人，中国方案倡导求同存异，尊异求同，把追求永久和谐作为对待外部世界的态度，以和为贵的战略指引是中国对当今国际关系基本准则的新贡献。

（二）中国方案体现中国特色

中国方案是中国政府在21世纪为解决人类社会面临的突出问题所提出的解决思路和政策方略。因此中国方案充分体现了中国的实践特色、民族特色、理论特色和时代特色。

第一，中国方案体现中国实践特色。"实践是理论之源""实践是检验真理的唯一标准""实践发展永无止境，我们认识真理、进行理论创新就永无止境"。中国方案是中国共产党带领中国人民在中国革命、建设、改革的伟大实践中的宝贵经验总结。自新民主主义革命以来，中国社会的发展过程中先后经历了"城市包围农村"与"农村包围城市"之争、"以阶级斗争为纲"与"以经济建设为中心"之争、"计划经济"与"市场经济"之争。改革开放以来的伟大实践，推动了中国社会的长足进步，当前中国共产党正在带领全体中国人民为实现全面建成小康社会和中华民族伟大复兴的中国梦进行不懈的努力，我们的思想和理论都发源于这一伟大实践。中国发展的成功经验表明，任何国家在发展过程中都要摒弃"本本主义""教条主义""主观主义"

---

① 《习近平在第七十届联合国大会一般性辩论时的讲话》（全文），新华网，http：//news.xinhuanet.com/world/2015-09/29/c_1116703645.htm.

② 《习近平在第七十届联合国大会一般性辩论时的讲话》（全文），新华网，http：//news.xinhuanet.com/world/2015-09/29/c_1116703645.htm.

"经验主义",都要从本国的国情出发,都要从本国当时的生产力与生产关系、经济基础与上层建筑的矛盾出发,不能照抄或者照搬别国模式。中国方案毫无疑问是中国社会丰富实践发展的产物。

第二,中国方案体现中国民族特色。中华民族是一个具有优秀历史文化传统的民族,五千年的古老文明孕育了中华民族坚强不屈、独立自强的优秀品质。近代以来,在西方的坚船利炮下,中华民族衰落了,由完全独立的封建主义国家一步步沦为半殖民地半封建社会。中国共产党诞生以来,在中国共产党的带领下,中华民族打败了日本帝国主义,推翻了国民党反动统治,完成了新民主主义革命的胜利,建立了中华人民共和国,实现了中国从几千年封建专制政治向人民民主的伟大飞跃,逐渐实现了民族独立、国家富强和人民幸福,也一步步地实现了由"站起来""富起来"到"强起来",中华民族由弱到强的历史性飞跃为殖民地国家、半殖民地国家或者发展中国家走向现代化提供了一条崭新的途径,既避开了国际上一些大国的干扰,又避开了"中等收入陷阱",分步骤分阶段地实现国家的独立和富强。中国的经验表明,任何国家的发展过程中都要坚持民族独立和民族自主,都要有一个强有力的领导核心,都要在既尊重本民族历史文化传统又吸收世界优秀民族文化的前提下进行发展。

第三,中国方案体现中国理论特色。"理论是行动的先导","中国方案"处处闪耀着理论的光辉。鸦片战争之后,中国仁人志士纷纷寻找救国图存的良方,地主阶级洋务派曾提出"师夷长技以制夷""中体西用"的方案,企图在不触动封建官僚体制的理论根基下只学习西方的技术和方略以图自强,但甲午战争的残酷事实表明没有制度、体制、思想、观念等理论的更新,只借用西方的"术"不能实现国家的富强,民族资产阶级虽然提出了"三民主义"救中国,但由于民族资产阶级的软弱性和理论的局限性,亦未能实现国家的独立。"十月革命一声炮响,给中国送来了马克思列宁主义",中国革命的面貌从此焕然一新,马克思主义进入中国后,与中国革命、建设、改革的实际相结合，产生了中国化的马克思主义理论，形成了毛泽东思想、邓小平理论、"三个代表"重要思想、科学发展观和习近平新时代中国特色社会主义思想，在中国化马克思主义理论指导下，中国社会发生了巨大的历史性变化。中国的经验表明，任何国家的发展都要坚持自己的理论特色，都要在发展的过程中不断探索并形成符合本国特色的理论体系来指导发展着的实践。

第四，中国方案体现中国时代特色。"时代是思想之母"，中国方案的逻辑起点和理论出发点就在于解决当代的问题。面对民族独立、国家富强的历史任务，毛泽东思想应运而生；面对"人民日益增长的物质文化需求同落后的社会生产之间的矛盾"，邓小平理论应运而生；面对党情、世情、国情的深刻变化，"三个代表"重要思想应运而生；面对发展中不平衡、不协调、不可持续的问题，科学发展观应运而生；"经过长期努力，中国特色社会主义进入了新时代，这是我国发展新的历史方位"[①]，面对新时代经济社会发展的问题，习近平新时代中国特色社会主义思想应运而生。当前情况下，中国国内处于全面建成小康社会的决胜时期，"人民日益增长的美好生活需要和不平衡不充分的发展之间的矛盾"成为社会的主要矛盾，国际上面临着逆全球化、恐怖主义滋生、难民问题突出、温室气体排放不断加剧等问题，中国提出了"新的三步走""共商共建共享""正确的义利观"等方案，为解决当代问题提供了中国智慧。

（三）中国方案凸显中国自信

习近平总书记指出："全党要坚定道路自信、理论自信、制度自信、文化自信，当今世界，要说哪个政党、哪个国家、哪个民族能够自信的话，那中

[①] 习近平：《决胜全面建成小康社会 夺取新时代中国特色社会主义伟大胜利——在中国共产党第十九次全国代表大会上的报告》，人民出版社2017年版，第10页。

国共产党、中华人民共和国、中华民族是最有理由自信的。"①这一论述内涵丰富，意蕴深刻，中国方案与"四个自信"有着天然的内在关联性和契合性。

第一，中国方案凸显中国道路自信。"方向决定道路，道路决定命运"，近代以来，中国人民艰辛探寻实现中华民族伟大复兴的道路，先后曾出现过农民阶级的革命救国道路、地主阶级的洋务运动道路、资产阶级的改良道路、资产阶级革命道路等，但这些道路均以失败告终。直到中国共产党的诞生，中国人民才在党的领导下推翻帝国主义、封建主义、官僚资本主义三座大山，取得了新民主主义革命的伟大胜利，经过农业、手工业、资本主义工商业的社会主义改造，在中国确立社会主义基本制度，经过40年的改革开放，逐步探索出实现中华民族伟大复兴的正确道路——中国特色社会主义道路。"中国特色社会主义道路是实现社会主义现代化、创造人民美好生活的必由之路"，中国特色社会主义道路，就是在中国共产党领导下，立足基本国情，以经济建设为中心，坚持四项基本原则，坚持改革开放，解放和发展社会生产力，坚持"五位一体"的总体布局和"四个全面"的战略布局，促进人的全面发展，逐步实现全体人民共同富裕，建设富强民主文明和谐美丽的社会主义现代化国家。世界上没有统一的现代化道路，只有适合自己的道路，适合的就是最好的，中国特色社会主义道路的成功，开启了多元化发展道路的时代，是对人类社会发展规律的新探索，为世界上那些既希望加快发展又希望保持自身独立性的国家和民族提供了全新的选择。

第二，中国方案凸显中国理论自信。近代以来，中国人民尝试过各种理论，无论是改良主义、自由主义，还是三民主义，都没能找到中华民族伟大复兴的正确道路。经过激烈斗争，中国人民最终选择了马克思主义理论，马克思主义理论是经过实践检验的科学理论，以无可辩驳的事实和严密科学的

---

① 习近平：《在庆祝中国共产党成立95周年大会上的讲话》，新华网，http://news.xinhuanet.com/politics/2016-07-01/c_1119150660.htm.

逻辑揭示了人类社会发展的规律。中国共产党人将马克思主义基本原理与中国具体实践相结合，形成了中国化的马克思主义理论——毛泽东思想和中国特色社会主义理论体系，包括习近平新时代中国特色社会主义思想，中国化的马克思主义理论是指导党和人民实现中华民族伟大复兴的正确理论，为人类对更好社会制度的探索提供科学指南。20世纪90年代，针对由于苏联解体、东欧剧变而出现的否定马克思列宁主义的错误倾向，邓小平斩钉截铁地指出，"马克思主义是打不倒的"[1]，因为马克思主义是颠扑不破的真理。"不要惊慌失措，不要认为马克思主义就消失了，没用了，失败了。哪有这回事！"[2]"我坚信，世界上赞成马克思主义的人会多起来的，因为马克思主义是科学。"[3]马克思主义理论在中国的成功实践为当今世界各国克服意识形态的傲慢与偏见，吸收运用人类社会创造的先进思想理论和文明成果提供了经验，树立了标杆。

第三，中国方案凸显中国制度自信。一个国家的发展道路合不合适，只有这个国家的人民才最有发言权，正所谓"鞋子合不合脚，自己穿了才知道"。近代以来，中国人民孜孜以求美好社会制度，从"凡天下田，天下人同耕""无处不均匀，无人不饱暖"的天朝田亩制度，"无国家，全世界置一总政府，分若干区域"的大同制度，到君主立宪制度、民主共和制度、议会民主制度，都没能找到适合中国社会发展的制度，中国近代历史发展表明，只有中国特色社会主义制度适合中国。中国特色社会主义制度包括中国特色社会主义政治制度、中国特色社会主义经济制度、中国特色社会主义文化制度等。习近平总书记指出："全党要更加自觉地坚持党的领导和我国社会主义制度，坚决反对一切削弱、歪曲、否定党的领导和我国社会主义制度的言

---

[1]《邓小平文选》第三卷，人民出版社1993年版，第382页。
[2]《邓小平文选》第三卷，人民出版社1993年版，第383页。
[3]《邓小平文选》第三卷，人民出版社1993年版，第382页。

行。"①中国特色社会主义制度有力地回击了西方"历史终结论"和"民主化浪潮"的攻击,是当代中国社会发展进步的根本制度保障,是具有鲜明中国特色、明显制度优势、强大自我完善能力的先进制度,能够为人类对更好社会制度的探索提供可供参考的借鉴。

第四,中国方案凸显中国文化自信。中华文化是中华民族的基因和血脉,近代中国一步步沦为半殖民地半封建社会的过程中,一些人曾将中国的落后错误地归因于中国文化的落后,主张削弱中国文化,导致中国文化长期的不自信。新民主主义革命以来,在中国共产党的带领下,中国人民从一个胜利走向另一个胜利,在革命、建设、改革的历史发展中,逐步形成了中国特色的社会主义文化,中国特色社会主义文化是激励全党全国各族人民奋勇前进的强大精神力量,既传承了中华优秀传统文化的精粹,又吸收了西方先进文化的养分,还继承和发扬了中国共产党领导创造的革命文化和社会主义先进文化。进入新世纪以来,中国相继提出了社会主义核心价值体系和社会主义核心价值观,党的十九大报告指出:"必须坚持马克思主义,牢固树立共产主义远大理想和中国特色社会主义共同理想,培育和践行社会主义核心价值观,不断增强意识形态领域主导权和话语权,推动中华优秀传统文化创造性转化、创新性发展,继承革命文化,发展社会主义先进文化,不忘本来、吸收外来、面向未来,更好构筑中国精神、中国价值、中国力量,为人民提供精神指引。"②此外,还要不断弘扬长征精神、延安精神、大庆精神、载人航天精神等体现中国历史和时代特色的文化品质,推动中华文化实现历史性的跨越,形成最新的具有世界意义的文化形态,为解决人类当前面临的问题作出中国贡献。

---

① 习近平:《决胜全面建成小康社会 夺取新时代中国特色社会主义伟大胜利——在中国共产党第十九次全国代表大会上的报告》,人民出版社2017年版,第15页。

② 习近平:《决胜全面建成小康社会 夺取新时代中国特色社会主义伟大胜利——在中国共产党第十九次全国代表大会上的报告》,人民出版社2017年版,第23页。

第七章
中国方案彰显负责任大国的自信、使命与担当

二、中国方案昭示社会主义大国的使命和担当

习近平总书记指出:"全党同志必须牢记,我们要建设的是中国特色社会主义,而不是其他什么主义。历史没有终结,也不可能被终结。中国特色社会主义是不是好,要看事实,要看中国人民的判断,而不是看那些戴着有色眼镜的人的主观臆断。"①中国方案昭示社会主义大国的使命和担当,为世界贡献社会主义国家价值。

(一)中国方案体现社会主义大国使命

苏东剧变后,国际共产主义运动陷入了前所未有的低谷。中国共产党保持战略定力,勇敢地承担起马克思主义的历史使命和社会主义事业的历史责任,坚定不移地进行改革创新,坚定不移地发展中国特色社会主义,取得了举世瞩目的成就,成为当今国际共产主义运动的中流砥柱。

第一,保持战略定力。战略定力是指在错综复杂形势下为实现战略意图和战略目标所具有的战略自信、意志和毅力,习近平总书记多次强调要有"定力",要有"乱云飞渡仍从容"的战略定力。苏东剧变之后,以俄罗斯为代表的前独联体国家和东欧国家的政治经济制度发生了根本性的改变,"历史终结论"甚嚣尘上,弗朗西斯·福山认为,"自由民主制度也许是'人类意识形态发展的终点'和'人类最后一种统治形式',并因此构成'历史的终结'"②,仿佛新自由主义主导下的资本主义自由民主制度成了全人类的终极选择。在此情势之下,中国共产党领导中国人民,克服国内外双重压力,冲破资本主义的经济封锁,坚持走社会主义道路。1989年10月,邓小平指出:

---

① 习近平:《在庆祝中国共产党成立95周年大会上的讲话》,新华网,http://news.xinhuanet.com/politics/2016-07/01/c_1119150660.htm.

② [美]弗朗西斯·福山:《历史的终结及最后之人》,黄胜强等译,中国社会科学出版社2003年版,第1页。

"中国搞社会主义，是谁也动摇不了的。我们搞的是有中国特色的社会主义，是不断发展社会生产力的社会主义，是主张和平的社会主义。"①1989年11月，他又进一步指出："西方国家正在打一场没有硝烟的第三次世界大战。所谓没有硝烟，就是要社会主义国家和平演变。东欧的事情对我们说来并不感到意外，迟早要出现的。"② "中国坚持社会主义，不会改变。"③ "只要中国社会主义不倒，社会主义在世界将始终站得住。"④邓小平还提出了"不争论"的原则，他指出："不搞争论，是我的一个发明。不争论，是为了争取时间干。一争论就复杂了，把时间都争掉了，什么也干不成。不争论，大胆地试，大胆地闯。"⑤在党的十九大报告中，习近平总书记也强调："既不走封闭僵化的老路，也不走改旗易帜的邪路，保持政治定力，坚持实干兴邦，始终坚持和发展中国特色社会主义。"⑥ "我们走中国特色社会主义道路，具有无比广阔的时代舞台，具有无比深厚的历史底蕴，具有无比强大的前进定力。"⑦在关键时期保持战略定力，坚持和发展社会主义，彰显了中国作为社会主义大国的使命和国际共产主义运动的强大生命力。

第二，进行改革创新。长期以来，世界各社会主义国家对"什么是社会主义，怎样建设社会主义"没有一个清晰的认识，中国在不断深化改革的实践探索进程中，创造性地回答了这一问题。1992年，邓小平在南方谈话中指出："社会主义的本质，是解放生产力，发展生产力，消灭剥削，消除两极分

---

① 《邓小平文选》第三卷，人民出版社1993年版，第328页。
② 《邓小平文选》第三卷，人民出版社1993年版，第344页。
③ 《邓小平文选》第三卷，人民出版社1993年版，第345页。
④ 《邓小平文选》第三卷，人民出版社1993年版，第346页。
⑤ 《邓小平文选》第三卷，人民出版社1993年版，第346页。
⑥ 习近平：《决胜全面建成小康社会 夺取新时代中国特色社会主义伟大胜利——在中国共产党第十九次全国代表大会上的报告》，人民出版社2017年版，第17页。
⑦ 习近平：《决胜全面建成小康社会 夺取新时代中国特色社会主义伟大胜利——在中国共产党第十九次全国代表大会上的报告》，人民出版社2017年版，第70页。

化，最终达到共同富裕。"①把解放和发展生产力作为社会主义的本质，强调消灭剥削，消除两极分化，突出了最终达到共同富裕的这一社会主义目标。在姓"资"姓"社"问题上，邓小平指出："计划多一点还是市场多一点，不是社会主义与资本主义的本质区别。计划经济不等于社会主义，资本主义也有计划；市场经济不等于资本主义，社会主义也有市场。计划和市场都是经济手段。"②1992年党的十四大把市场经济确定为我国经济体制改革的目标定位，创造性提出社会主义市场经济理论，平稳而高效地实现了经济体制的转型。在所有制结构上，邓小平提出以"三个有利于"为标准，使我国的所有制结构从"以公有制经济为主体，多种经济成分并存"，发展到现在的"公有制为主体，多种所有制经济共同发展"。在分配制度上从"以按劳分配为主体，其他分配方式为补充，兼顾效率与公平"，发展到现在的"以按劳分配为主体，多种分配方式并存"。在市场的作用上，由"市场在资源配置中起基础性作用"到"市场在资源配置中起决定性作用和更好发挥政府作用"。党的十八大以来，中国又提出"坚持把完善和发展中国特色社会主义制度，推进国家治理体系和治理能力现代化作为全面深化改革的总目标"③。这一系列改革创新都对"什么是社会主义，怎样建设社会主义"进行了卓有成效的探索，使世界各国对社会主义有了一个新的认识。

第三，发展社会主义。中国坚定不移地坚持和发展社会主义，在发展战略上，中国实行"分步走"的战略，由党的十三大提出的"老三步走"，发展为党的十五大提出的"新三步走"，在党的十九大报告中又提出了从2020年到本世纪中叶分"两步走"全面建设社会主义现代化国家的新目标，"分步走"战略充分体现了阶段性与整体性的统一、跨越性与可持续性的统一、重点性与全面性的统一、求实性与创新性的统一，对于我国的社会主义建设具

---

① 《邓小平文选》第三卷，人民出版社1993年版，第373页。
② 《邓小平文选》第三卷，人民出版社1993年版，第373页。
③ 《习近平关于全面深化改革论述摘编》，中央文献出版社2014年版，第23页。

有重要指导意义。在发展理念上，从邓小平提出贫穷不是社会主义，发展才是硬道理，要以经济建设为中心；江泽民强调发展是党执政兴国的第一要务，要促进社会主义物质文明、政治文明、精神文明协调发展，强调依法治国，促进人的全面发展；胡锦涛提出科学发展观，强调以人为本，树立全面、协调、可持续的发展观，促进经济社会和人的全面发展；到习近平系统提出五大发展理念，即树立并切实贯彻创新、协调、绿色、开放、共享的发展理念，发展理念的不断完善表明中国建设和发展社会主义水平的不断提高。在发展格局上，中国不断深化对外开放，由设立经济特区到开放沿海城市，由沿边开放、沿江开放、沿路开放，到内陆省份开放，形成了"全方位""多层次""宽领域"的对外开放格局，党的十八大以来，中国又提出了"一带一路"倡议，向广大的发展中国家和中国西部内陆地区开放。中国通过各种方式坚持和发展社会主义，成为国际共产主义运动的一面旗帜、一个标杆。

（二）中国方案昭示社会主义大国担当

作为社会主义大国，中国不搞意识形态对抗，不以社会制度和意识形态的异同论亲疏，主动维护世界和平、促进共同发展，是世界和平的建设者、全球发展的贡献者、国际秩序的维护者，昭示了社会主义大国的担当。

第一，中国是世界和平的建设者。习近平总书记指出："中国共产党和中国人民从苦难中走过来，深知和平的珍贵、发展的价值，把促进世界和平与发展视为自己的神圣职责。"[①]20世纪50年代，中国政府提出和平共处五项原则并以此为准则处理与世界各国关系，中国不仅积极倡导和平共处五项原则，而且是忠诚地奉行和平共处五项原则，现在该原则已经成为规范国际关

---

① 习近平：《在庆祝中国共产党成立95周年大会上的讲话》，新华网，http://news.xinhuanet.com/politics/2016-07/01/c_1119150660.htm.

/ **第七章** /
中国方案彰显负责任大国的自信、使命与担当

系的重要准则。20世纪中后期,世界形势开始发生重大变化,形成了有利于维护和平、促进发展的总趋势,面对国际形势的深刻变化,邓小平敏锐地观察到,世界大战是可以避免的,我们有可能争取较长时期的和平环境,进而提出"和平与发展是时代的主题"的论断。江泽民进一步指出,"追求和平与发展是我们时代的主流",中国对时代主题的正确判断打消了世界各国对"战争与革命"的疑虑,为促进世界各国的和平发展贡献了智慧。进入新世纪,中国提出了"和谐世界"的理念,明确了与各国人民携手努力,推动建立持久和平、共同繁荣的和谐世界的长远目标,这一理念从根本上回击了形形色色的"中国威胁论",从根本上回答了人类希望有一个什么样的世界,以及怎么样去构筑这样的世界的问题。党的十八大以来,以习近平同志为核心的党中央面对当今世界多极化、全球化深入发展,各国相互依存、休戚与共的现实,面对全球治理体系面临挑战的状况,提出了构建"人类命运共同体"的中国方案,并通过一系列外交举措积极推动人类命运共同体的建设,推动世界的和平发展。

第二,中国是全球发展的贡献者。20世纪50—70年代,亚洲、非洲、拉丁美洲民族独立运动空前高涨,中国在经济十分困难的情况下,坚决支持亚非拉民族解放运动和正义事业,把交朋友的重点放在亚非拉,与亚非拉国家一道联合反对霸权主义和强权政治,援建坦赞铁路,成为中非友谊的象征。20世纪80—90年代,国际上意识形态对抗不断加剧,中国于1982年宣布不结盟,主动与世界各国发展平等友好关系。进入新世纪以来,中国主动维护世界团结,为全球经济发展作出重要贡献,2008年国际金融危机爆发后,世界经济经历深度调整,发达经济体复苏乏力,发展中经济体陷入低迷。中国推进经济结构转型升级,不断释放出经济增长潜力,展现韧性,经济增长保持中高速,成为拉动世界经济增长的主引擎。国际货币基金组织和世界银行的统计数据显示,2013—2016年,中国对世界经济的贡献率平均为31.6%,超过美国、欧元区和日本贡献率的总和。同时,中国对亚洲经济增长的贡献

率已经超过50%，对非洲发展的贡献率超过30%。①党的十八大以来，中国"一带一路"倡议提出的"共商共建共享"的原则，就是要让沿线国家搭载中国经济发展的快车，实现共同发展和共同繁荣。习近平总书记指出："中国人民深知，中国发展得益于国际社会，愿意以自己的发展为国际发展作出贡献。中国对外开放，不是要一家唱独角戏，而是要欢迎各方共同参与；不是要谋求势力范围，而是要支持各国共同发展；不是要营造自己的后花园，而是要建设各国共享的百花园。"②

第三，中国是国际秩序的维护者。世界反法西斯战争胜利后，国际社会创建了以联合国为核心、以《联合国宪章》宗旨和原则为基础的国际秩序和国际体系。中国作为主要战胜国之一，第一个签署了《联合国宪章》，《联合国宪章》确立了各国主权平等、内政不容干涉、和平解决争端、禁止使用武力或以武力相威胁等重要原则，成为指导和规范当代国际关系的基石，中国秉承宪章宗旨，坚持不懈地致力于国际和平、安全与合作。作为联合国安理会常任理事国，中国始终坚持和平解决国际争端，主张大小国家一律平等，反对动辄诉诸武力，摒弃强权政治和零和博弈的冷战思维。进入新世纪以来，中国提出了构建"不冲突不对抗、相互尊重、合作共赢"为核心的中美新型大国关系，以"亲、诚、惠、容"的理念处理周边外交，用"真、实、亲、诚"四字真言处理中非关系，主张构建更加公正合理的国际政治经济新秩序。习近平总书记指出："什么样的国际秩序和全球治理体系对世界好、对世界各国人民好，要由各国人民商量，不能由一家说了算，不能由少数人说了算。中国将积极参与全球治理体系建设，努力为完善全球治理贡献中国智慧，同世界各国人民一道，推动国际秩序和全球治理体系朝着更加公正合理

---

① 《中国经济对全球经济的贡献度》，中国经济网，http://intl.ce.cn/specials/zxgjzh/201709/21/t20170921_26176533.shtml.

② 习近平：《在庆祝中国共产党成立95周年大会上的讲话》，新华网，http://news.xinhuanet.com/politics/2016-07/01/c_1119150660.htm.

方向发展。"①中国特色的外交思想和理念为维护当代国际秩序发挥积极作用。

(三) 中国方案贡献社会主义国家价值

第一,中国方案突出公平正义。公平正义是中国特色社会主义的本质要求,也是中国方案的首要价值,社会主义的一个基本价值取向,就是消灭资本主义制度下存在的剥削与两极分化,建设一个公平正义的社会。习近平总书记曾指出:"要把促进社会公平正义、增进人民福祉作为一面镜子,审视我们各方面体制机制和政策规定,哪里有不符合促进社会公平正义的问题,哪里就需要改革,哪个领域哪个环节问题突出,哪个领域哪个环节就是改革的重点。"②党的十九大报告也指出,"促进社会公平正义""努力让人民群众在每一个司法案件中感受到公平正义""推动建设相互尊重、公平正义、合作共赢的新型国际关系""维护国际公平正义,反对把自己的意志强加于人,反对干涉别国内政,反对以强凌弱"。中国特色社会主义的本质是最终实现"共同富裕",在国际社会上倡导公平、正义和文明,公平正义是中国特色社会主义基本原则,也是中国对国际社会贡献的中国智慧。

第二,中国方案完善治理体系。实现治理体系和治理能力现代化是中国特色社会主义全面深化改革的总目标,中华人民共和国成立以来特别是改革开放以来,中国在坚持和发展马列主义、毛泽东思想、中国特色社会主义理论体系的过程中形成了完整的治理体系:以党的领导、人民当家作主和依法治国相统一为代表的中国特色社会主义政治体系;以社会主义市场经济为代表的中国特色社会主义经济体系;以社会主义核心价值体系为代表的中国特色社会主义文化体系;以和谐社会建设为代表的中国特色社会主义社会体系;以山水林田湖草是一个生命共同体为代表的中国特色社会主义生态体

---

① 习近平:《在庆祝中国共产党成立95周年大会上的讲话》,新华网,http://news.xinhuanet.com/politics/2016-07/01/c_1119150660.htm.

② 习近平:《切实把思想统一到党的十八届三中全会精神上来》,载《人民日报》,2014年1月1日,第1版.

系，还形成了依法治国与以德治国相结合、自治民主与协商民主相结合、国家保障和社会保险相结合、政府考核和社会评估相结合的组织制度、评价体系等。这些治理体系为中国特色社会主义建设提供了制度、理论、机制、法律基础，保障了中国特色社会主义事业的顺利进行，也为发展中国家走向现代化提供了可供借鉴的制度和范式。

第三，中国方案凸显中国特色社会主义的政治优势。习近平总书记指出："中国特色社会主义最本质的特征是中国共产党领导，中国特色社会主义制度的最大优势是中国共产党领导，党是最高政治领导力量。"[1]因为解决中国一切问题的关键在于党，在中国，"党政军民学，东西南北中，党是领导一切的""党是当之无愧的主心骨"。中国共产党成立90多年来，带领中国人民实现了国家独立、民族富强和人民幸福，带领中国人民探索出了适合中国国情的革命和建设道路、理论和制度，中国共产党的领导，是中国近代历史的选择，也是中国人民的选择，中国共产党的领导是中国方案最本质的特征，也是中国特色社会主义制度的最大优势。党的十八大以来，以习近平同志为核心的党中央创新发展马克思主义党建学说，把全面从严治党纳入"四个全面"战略布局，坚定不移推进全面从严治党、依规治党，强调政治意识、大局意识、核心意识、看齐意识，强化党的监督体系建设，在全党范围内开展巡视，以刮骨疗毒、猛药去疴的勇气推进反腐倡廉建设，使中国共产党始终保持与人民群众的血肉联系，使中国共产党的执政能力不断提升。世界历史表明，后发展国家迈向现代化，必须有一个强大、成熟的政治领导集团，只有依靠强有力的领导核心，才能避免国家走向内耗、矛盾、冲突甚至分裂。中国共产党是中国特色社会主义事业的坚强领导核心，是中国取得历史性变革的关键，坚持中国共产党的领导是中国方案的鲜明特色。

---

[1] 习近平：《决胜全面建成小康社会 夺取新时代中国特色社会主义伟大胜利——在中国共产党第十九次全国代表大会上的报告》，人民出版社2017年版，第20页。

三、中国方案推动全球治理体制更加公正合理

习近平总书记指出:"中国将继续发挥负责任大国作用,积极参与全球治理体系改革和建设,不断贡献中国智慧和力量。"①中国积极参与全球治理,一方面是为了让中国融入世界以实现中华民族的伟大复兴;另一方面是以中国智慧和中国力量推动全球治理体制向着更加公正合理方向发展,为我国发展和世界和平创造更加有利的条件。

(一)中国方案彰显治理新理念

党的十八大以来,中国外交的主线就是深度参与全球治理,以中国理念引领全球治理理念的创新和发展,中国理念不仅包括中国国内发展的理念、中国传统文化的理念,还包括中国共产党治国理政的一系列新理念新思想新战略。

第一,中国理念摒弃全球治理旧思维。17世纪威斯特伐利亚体系的出现开启了近代国际关系发展的历史,它确定的以平等、主权为理念的国际关系准则,成为几百年以来人们解决各国间矛盾、冲突的基本方法。此后,各国在此基础上又签订了许多和约、条约,建立了各种体系和国际组织,包括维也纳体系、凡尔赛—华盛顿体系和雅尔塔体系等,并建立了联合国。但随着主权国家综合实力此消彼长的不断变化,国际关系并没有出现理想中的大小国家平等、主权不受侵犯、和平解决争端等局面,而是出现了"你输我赢、赢者通吃"、集团政治、零和博弈、结盟对抗、国强必霸等思维,直至21世纪,国际关系中还遗存着以欧美大国为主导的不平等、不和谐、不公正的旧的国际秩序。面对这种状况,中国理念摒弃了零和博弈、集团政治的国际治

---

① 习近平:《决胜全面建成小康社会 夺取新时代中国特色社会主义伟大胜利——在中国共产党第十九次全国代表大会上的报告》,人民出版社2017年版,第60页。

理旧思维，倡导以"知行合一、止于至善"推动全球治理走向公正合理、以"开放包容、公正平等"推动中国与世界各国共商共建共享、以"义利兼顾、兼善天下"推动中国积极参与联合国在全球的行动、以"顽强拼搏、文化自信"推动全球治理理念创新发展。中国不承认国强必霸的陈旧逻辑，倡导和平、发展、合作、共赢的全球治理新理念，必将为中国发展、人类进步作出更大贡献。

第二，中国理念体现中国新思想。党的十八大以来，中国共产党在治国理政方面提出了一系列新理念新思想新战略，这些新理念新思想新战略很多上升为全球治理的中国思想。从话语体系和理念层面上来讲，一方面，中国方案打破西方主导的全球治理话语体系；另一方面，中国方案对全球治理理念给予一种新的时代诠释。2012年年底，习近平提出了"中国梦"的概念，并进一步将"中国梦"阐述为"中华民族伟大复兴的中国梦"，认为"中国梦"是"国家富强、民族振兴、人民幸福"的梦，其实现途径是"走中国道路，弘扬中国精神，凝聚中国力量"。2013年9月，习近平主席在哈萨克斯坦发表演讲时说："我们既要绿水青山，也要金山银山。宁要绿水青山，不要金山银山，而且绿水青山就是金山银山。"[①]"绿水青山"的概念生动地反映了生态文明建设与经济建设之间的关系。2013年12月，习近平总书记在中央经济工作会议上的讲话中提出经济"新常态"的概念，2014年又在不同场合阐述了经济"新常态"的内涵。2015年10月，党的十八届五中全会确立了"创新、协调、绿色、开放、共享"的五大发展理念。这些思想很多上升为全球治理的新思想，2013年3月，习近平主席在坦桑尼亚尼雷尔国际会议中心的演讲中提到了中国梦、非洲梦、世界梦的概念，他指出："13亿多中国人民正致力于实现中华民族伟大复兴的中国梦，10亿多非洲人民正致力于实现联合自强、发展振兴的非洲梦。中非人民要加强团结合作、加强相互支持和帮

[①]《习近平总书记系列重要讲话读本》，人民出版社2016年版，第230页。

助,努力实现我们各自的梦想。我们还要同国际社会一道,推动实现持久和平、共同繁荣的世界梦,为人类和平与发展的崇高事业作出新的更大的贡献"![①]2015年G20峰会期间,习近平主席首次把五大发展理念带入国际峰会,引领全球经济治理改革完善,为解决国际经济问题提供中国方案。此外,习近平主席还将中国的"绿水青山""新常态"等概念带入国际舞台,体现了中国智慧。

第三,中国理念引领国际新实践。中国方案提出的全球治理新理念在中国参与全球治理的过程中得到了实践,中国在与美国的合作与矛盾中探索出一条"不冲突、不对抗,相互尊重,合作共赢"新型大国关系之路,中国在与发展中国家交往过程中,提出坚持正确义利观、与周边国家关系恪守"亲、诚、惠、容"的外交新理念,在参与全球治理、融入全球化过程中,提出建构"同呼吸、共命运"的人类命运共同体的全球治理新理念。从合作共赢和全球发展方面来看,中国在2013年提出"一带一路"倡议,并在近几年的发展中推动了"一带一路"沿线地区和国家共享发展机遇,将"互联互通"落到实处,加快了后经济危机时代的全球复苏步伐。而从全球互联网治理层面来讲,中国作为世界性的互联网大国,在近20年的互联网发展过程中,提出了以坚持尊重网络主权、维护和平安全、促进开放合作、构建良好秩序等四项原则和加快全球网络基础设施建设、打造网上文化交流共享平台、推动网络经济创新发展、保障网络安全、构建互联网治理体系等五点主张的中国互联网治理新理念,为全球互联网治理贡献中国方案。

(二)中国方案助推国际新秩序

20世纪以来,世界政治格局出现了多次调整,一战结束后,战胜的帝国

[①]《习近平在坦桑尼亚尼雷尔国际会议中心的演讲》(全文),人民网,http://politics.people.com.cn/n/2013/0326/c1001-20910891-3.html。

中国方案 CHINA CONCEPTION

主义国家通过两次会议的召开确定了战后国际新秩序;二战结束后,以美国为首的西方国家采取了遏制共产主义的冷战政策并由此形成了两级对抗新的世界格局;冷战结束之后,新兴大国和发展中国家经济实力、国际地位和国际影响力显著增强,但霸权主义、强权政治依然存在,建立更加公正合理的国际政治经济新秩序成为世界各国人民的共同心愿。20世纪80年代以来,中国就提出了构建国际政治经济新秩序的主张,党的十九大报告也提出了"推动建设相互尊重、公平正义、合作共赢的新型国际关系",当前"中国方案"助推国际新秩序的构建主要表现在以下几个方面。

第一,在起点上,中国方案坚持相互尊重,共商国际政治经济新秩序。苏东剧变之后,雅尔塔体系宣告结束,建立在该体制之上的国际秩序也失去了存在的基础,美国随之成为世界上唯一的超级大国,企图建立以美国为领导、以西方联盟为主体的国际秩序:确立美国在世界范围内的领导地位;向全世界推行美国的价值观念、意识形态和政治经济模式;强调西方盟国的"伙伴关系";以"民主"和"人权"为旗帜绕开联合国在世界范围内充当国际警察等等。在以美国为首的西方国家主导的国际政治经济秩序下,广大弱国、小国、穷国、新兴经济体和发展中国家缺乏国际秩序参与的话语权,在国际秩序和国际规则的制定过程中没有利益表达的机会。随着中国综合国力和国际话语权的不断增强,中国积极主张建立更加公正合理的国际政治经济新秩序,认为"世界各国一律平等,不能以大压小、以强凌弱、以富欺贫","倡导国际关系民主化,坚持国家不分大小、强弱、贫富一律平等,支持联合国发挥积极作用,支持扩大发展中国家在国际事务中的代表性和发言权"[①],从源头上吸引更多的国家参与国际秩序的缔造,更加注重发展中国家和新兴经济体的作用,有利于形成更加民主、公正、合理、有序的国际政治经济新

---

① 习近平:《决胜全面建成小康社会 夺取新时代中国特色社会主义伟大胜利——在中国共产党第十九次全国代表大会上的报告》,人民出版社2017年版,第60页。

秩序。

　　第二，在过程中，中国方案坚持公平正义，共建国际政治经济新秩序。"大道之行也，天下为公"，2015年9月，在联合国大会上，习近平主席提出了"人类共同价值"这一重要概念，他强调，和平、发展、公平、正义、民主、自由，是全人类的共同价值，也是联合国的崇高目标[1]，这六项重要理念是人类共同价值内核，具有最广泛普遍性和吸引力，与西方所提倡的"普世价值"不同，中国高度重视和平与发展在实现一切价值追求中的基础地位和首要作用；倡导国家间交往要坚持公平与正义原则。中国方案强调国际政治经济秩序要重新构建，但是需要世界各国共同参与变革与建设，要充分照顾到不同国家的利益和关切，而非仅仅照顾大国和强国。如在全球网络治理中，习近平主席强调："国际网络空间治理，应该坚持多边参与，由大家商量着办，发挥政府、国际组织、互联网企业、技术社群、民间机构、公民个人等各个主体作用，不搞单边主义，不搞一方主导或由几方凑在一起说了算。""更加平衡地反映大多数国家意愿和利益。"[2]中国方案坚持公平正义，不仅强调要坚持主权正义，还强调要坚持历史正义，坚持历史正义就是要维护世界反法西斯战争所形成的历史认知和基本结论。

　　第三，在结果上，中国方案坚持合作共赢，共享国际政治经济新秩序。国际政治经济新秩序关乎各国、各民族的发展与安全，中国方案强调世界各国都能够享受到新秩序所带来的实惠和好处，2014年11月，习近平总书记在中央外事工作会议上指出："我们要坚持合作共赢，推动建立以合作共赢为核心的新型国际关系，坚持互利共赢的开放战略，把合作共赢理念体现到政

---

[1]《携手构建合作共赢新伙伴 同心打造人类命运共同体》，新华网，http：//news.xinhuanet.com/world/2015-09/29/c_1116703645.htm。

[2]《习近平在第二届世界互联网大会开幕式上的讲话》，载《人民日报》，2015年12月17日，第1版。

治、经济、安全、文化等对外合作的方方面面。"①在2015年联合国大会上,习近平主席又强调:"我们要坚持多边主义,不搞单边主义;要奉行双赢、多赢、共赢的新理念""秉承开放精神,推进互帮互助、互惠互利。"②中国方案强调世界范围内的开放合作,"将自身发展经验和机遇同世界各国分享,欢迎各国搭乘中国发展'顺风车',一起来实现共同发展"③,反对逆全球化,在开放合作的过程中"创造更多利益契合点、合作增长点、共赢新亮点"④。

(三)中国方案创新国际新规则

所谓"国际规则",一般指对世界各国国际行为和国际互动有约束力的指令性规定,2014年12月5日,习近平总书记在中央政治局集体学习时指出:"我们不能当旁观者、跟随者,而是要做参与者、引领者,善于通过自由贸易区建设增强我国国际竞争力,在国际规则制定中发出更多中国声音、注入更多中国元素,维护和拓展我国发展利益。"⑤党的十八大以来,中国积极参与国际规则制定,为国际新规则贡献了中国智慧和中国方案。

第一,国际规则体现中国主张。二战结束以后,为了维护世界大国和西方资本主义国家的利益,在美苏两国的主导下,多种国际组织制定了涉及政治、经济、国际社会等各个方面的国际规则。冷战结束后,以美国为首的西方资本主义国家牢牢掌握了国际规则制定的主导权,设置重重障碍阻挠后发

---

① 《习近平出席中央外事工作会议并发表重要讲话》,新华网,http://news.xinhuanet.com/politics/2014-11/29/c_1113457723.htm.
② 《习近平在第七十届联合国大会一般性辩论时的讲话》(全文),新华网,http://news.xinhuanet.com/world/2015-09/29/c_1116703645.htm.
③ 《习近平在第七十届联合国大会一般性辩论时的讲话》(全文),新华网,http://news.xinhuanet.com/world/2015-09/29/c_1116703645.htm.
④ 《习近平在第二届世界互联网大会开幕式上的讲话》(全文),新华网,http://news.xinhuanet.com/politics/2015-12/16/c_1117481089.htm.
⑤ 《习近平主持中共中央政治局第十九次集体学习并发表重要讲话》,人民网,http://cpc.people.com.cn/n/2014/1207/c64094-26161930.html.

第七章
中国方案彰显负责任大国的自信、使命与担当

展国家的参与。进入新世纪以来，新兴市场和发展中国家在国际政治经济格局中的作用不断增强，但在国际规则的制定过程中仍然缺乏话语权。长期以来，中国一直是国际规则的接受者、融入者，面对国际规则对新兴市场和发展中国家的限制和约束，中国以负责任大国的姿态，提倡各国平等协商，互相尊重、互相体谅，以开放、包容的态度集思广益，积极主张国际新规则变革应该朝着有利于提升新兴经济体和发展中国家规则话语权的方向发展。在世界经济论坛2017年年会开幕式上，习近平主席指出："国家不分大小、强弱、贫富，都是国际社会平等成员，理应平等参与决策、享受权利、履行义务；要赋予新兴市场国家和发展中国家更多代表性和发言权。"①党的十九大报告也指出，中国将"支持扩大发展中国家在国际事务中的代表性和发言权"，中国还积极组织新兴市场国家和发展中国家参与国际会议和国际规则制定，国际规则的制定过程中越来越体现中国主张。

第二，国际规则注入中国元素。中国参与国际规则制定的过程中处处体现着中国元素，中国元素是中国文化、中国哲学、中国智慧的集中彰显：强调文化文明交流互鉴时提出"五色交辉，相得益彰；八音合奏，终和且平"；主导国际规则制定的过程中，强调要顺势而为、以德服人，秉持人类命运共同体理念；在制定解决国际争端和利益纠纷的国际规则时，强调兼爱、非攻、己所不欲勿施于人的精神和化敌为友、化干戈为玉帛；从"计利当计天下利"到"万物并育而不相害"，从"山积而高，泽积而长"到"己所不欲，勿施于人"，在国际规则制定过程中，中国秉持"和而不同"的理念、采用求同存异的策略，承认"物之不齐，物之情也"的差异、敞开"浩渺行无极，扬帆但信风"的胸襟，面对风起云涌的国际环境，展现了一个大国的自信、坦诚、务实和担当。

---

① 《习近平主席在世界经济论坛2017年年会开幕式上的主旨演讲》，新华网，http://news.xinhuanet.com/2017-01/18/c_1120331545.htm。

第三，国际规则发出中国声音。近年来，中国在国际规则的制定过程中频频发出中国声音，体现中国的要求和倡议。在2014年G20布里斯班峰会上，中国明确提出加强全球税收合作、打击国际逃避税、帮助发展中国家和低收入国家提高税收征管能力三点主张。2015年，《中共中央国务院关于构建开放型经济新体制的若干意见》中指出，要"全面参与国际经济体系变革和规则制定，在全球性议题上，主动提出新主张、新倡议和新行动方案，增强我国在国际经贸规则和标准制定中的话语权"[①]。2016年，中国担任G20轮值主席国，成功举办了G20杭州峰会，在这次峰会上，习近平主席首次全面阐述了中国的全球经济治理观，首次把创新作为核心成果，首次把发展议题置于全球宏观政策协调的突出位置，首次形成全球多边投资规则框架，首次发布气候变化问题主席声明，借G20委托OECD对国际税收规则进行重塑的时机，中国提出"修改数字经济税收规则""利润在经济活动发生地和价值创造地征税"等1000多项立场声明和意见建议，为发展中国家和"一带一路"沿线国家在跨国公司利润分配中争取更大份额，这些意见大多被纳入最终成果文件。继第七十一届联合国大会通过关于"联合国与全球经济治理"的决议后，"一带一路"倡议、"共商、共建、共享"等被写入联合国决议，都使国际规则发出了中国声音。

四、中国方案为人类探索更好社会制度提供新选择

党的十九大报告指出，中国特色社会主义进入新时代，"意味着中国特色社会主义道路、理论、制度、文化不断发展，拓展了发展中国家走向现代化的途径，给世界上那些既希望加快发展又希望保持自身独立性的国家和民族

---

① 《中共中央　国务院关于构建开放型经济新体制的若干意见》，中华人民共和国国家发展和改革委员会网站http：//www.ndrc.gov.cn/fzggqz/wzly/zcfg/201509/t20150921_751689.html.

第七章
中国方案彰显负责任大国的自信、使命与担当

提供了全新选择,为解决人类问题贡献了中国智慧和中国方案"[1]。中国方案立足中国国情,把握当今时代大势,为发展中国家走向现代化、为既想发展又想保持独立的国家和民族、为坚持和发展社会主义社会的国家、为解决人类社会发展面临的问题提供了中国智慧。

(一)为发展中国家走向现代化提供借鉴

走向现代化,是广大发展中国家和人民的梦想。在走向现代化的过程中,不同时代的不同国家都有着不同的尝试,二战以后,多数发展中国家的现代化都是仿照西方模式进行的,西方模式为发展中国家走向现代化指出了一条路径。以20世纪20—30年代形成的新自由主义为理论基础,该路径的基本主张就是"市场化""自由化"和"私有化"。1989年,在美国政府和西方金融界的推动下,形成了指导拉美经济改革的十项政策主张[2],后来被称为"华盛顿共识",其核心内容就是"市场化""自由化"和"私有化"。然而,这一所谓"共识"自20世纪90年代在拉美推行以来,拉美国家连续发生经济和金融危机,面临严重的经济衰退、两极分化和尖锐的社会矛盾。除拉美国家之外,非洲、亚洲等一些发展中国家也盲目崇拜所谓的西方模式和"华盛顿共识",导致国内经济停滞不前、政局动荡、社会矛盾此起彼伏。

中国方案是一条成长于资本主义体系之外,从根本上打破对西方路径依赖的现代化道路。对中国而言,中国方案是一个致力于实现从传统社会向现代社会转型的自我再造、自我更新方案,中国方案的目标就是要把中国从一

---

[1] 习近平:《决胜全面建成小康社会 夺取新时代中国特色社会主义伟大胜利——在中国共产党第十九次全国代表大会上的报告》,人民出版社2017年版,第10页。

[2] 十个方面:①加强财政纪律,压缩财政赤字,降低通货膨胀率,稳定宏观经济形势;②把政府开支的重点转向经济效益高的领域和有利于改善收入分配的领域(如文教卫生和基础设施);③开展税制改革,降低边际税率,扩大税基;④实施利率市场化;⑤采用一种具有竞争力的汇率制度;⑥实施贸易自由化,开放市场;⑦放松对外资的限制;⑧对国有企业实施私有化;⑨放松政府的管制;⑩保护私人财产权。

个半殖民地半封建社会带入一个富强民主文明和谐美丽的社会主义现代化国家,就是要把一个经济文化相对落后的13亿多人口大国带入快速现代化的发展轨道,就是要实现中华民族伟大复兴的中国梦。中国方案立足本国国情,继承和发展马克思列宁主义、吸收借鉴中国传统文化、西方先进文化的优良成果,在坚持本国发展道路的过程中根据实际情况不断进行改革,以达到生产关系和生产力的相互促进。中国方案包括中国共产党的领导,中国的政治制度、经济制度、文化制度、社会制度、生态制度等一系列内容。邓小平明确提出:"过去搞民主革命,要适合中国情况,走毛泽东同志开辟的农村包围城市的道路。现在搞建设,也要适合中国情况,走出一条中国式的现代化道路。"① 习近平总书记也指出:"解决中国的问题只能在中国大地上探寻适合自己的道路和办法……我们推进国家治理体系和治理能力现代化,当然要学习和借鉴人类文明的一切优秀成果,但不是照搬其他国家的政治理念和制度模式,而是要从我国的现实条件出发来创造性前进。"② 作为一种有别于西方资本主义道路的全新的现代化路径,中国方案的出现打破了西方对于现代化道路解释的垄断与掌控,将世界现代化进程从原先只拥有单一答案的选择题,变成了拥有开放答案的问答题,为各国探索适合自身的更好的社会制度提供了借鉴与支撑。

中国的成功实践表明,现代化不是西方化,现代化必须本土化,每个国家都应该根据本国的具体国情来选择自己的发展道路,而不应该迷信别国的发展模式。中国方案给世界启示,社会主义制度、强有力的政府、混合经济、宏观调控,同样可以成为现代化的成功元素。

---

① 《邓小平文选》第二卷,人民出版社1994年版,第163页。
② 习近平:《解决中国的问题只能在中国大地上探寻适合自己的道路和办法》,新华网,http://news.xinhuanet.com/politics/2014-10/13/c_1112807354.htm.

/ 第七章 /
中国方案彰显负责任大国的自信、使命与担当

（二）为既想发展又想保持独立的国家和民族提供新选择

在资本主义发展的过程中，为了获取更多的原料产地和市场，帝国主义国家纷纷通过政治干涉、经济剥削、军事侵略、文化渗透等手段使弱小国家不同程度地丧失独立和主权，沦为帝国主义国家的殖民地和半殖民地。二战后，这些殖民地和半殖民地通过民族独立运动摆脱了宗主国的殖民统治，走上了独立自主的发展道路。但是在经济发展的过程中，由于资金、技术、管理、知识等的匮乏，无法实现本国经济的快速发展，又重新回到了依附西方发达国家的老路，西方国家以巨额投资、经济援助、技术支持等为诱饵，迫使众多刚刚走上独立的发展中国家向西方国家敞开大门，按照西方国家已经制定好的游戏规则行事，政治上、经济上、文化上、军事上又重新受到西方左右，成为资本主义链条上的被动一环。西方资本主义国家通过"剪刀差"、垄断等方式变相对发展中国家进行资源、资本、人才等的掠夺，造成发展中国家长期落后于西方发达国家的客观事实，继而出现了发展中国家如果想发展就要受制于西方国家，如果想独立就无法发展的尴尬局面。

中国方案从一开始就强调国家的独立统一，在中国革命胜利前夕，中共中央就制定了"另起炉灶""打扫干净屋子再请客"和"一边倒"的三大外交政策，其中独立自主是这"三大政策"的本质和核心。中国虽然"一边倒"地倒向社会主义阵营一边，但是在发展与社会主义国家关系的过程中也始终坚持"独立自主"的外交政策，在中苏"联合舰队"问题上，毛泽东曾指出"要讲政治条件，连半个指头都不行"[①]，中苏关系交恶之后，中国"以苏为戒"，独立探索一条有别于苏联模式，适合中国国情的社会主义建设道路，在探索中，我们既取得了很大成绩，也发生过重大失误。党的十一届三中全会后，我们走上了改革开放的道路，"走自己的道路，建设有中国特色的社会主

[①]《毛泽东文集》第七卷，人民出版社1999年版，第391页。

义"①，从而开辟了中国特色社会主义建设的新局面。此后，中国"保持战略定力和坚定信念，坚定不移走自己的路"，推动了中国特色社会主义进入新时代。

中国的成功实践表明，发展中国家在发展本国经济的过程中首先要保持本国的领土和主权独立，要有明确的发展思路和发展规划，要综合运用行政、金融、税收等多种手段宏观调控外国资本和本国经济，保持政治经济发展的独立性和自主性。中国方案给世界的启示是：独立自主、自力更生、强有力的政府、宏观调控，同样能够实现国家独立的前提下经济的不断发展。

（三）为发展社会主义社会的国家提供了中国方案

苏东剧变之后，资本主义道路成为西方国家政客和理论家宣扬的走向现代化的唯一一条正确道路，但发展中国家在采用资本主义制度后并没有带来期望中的发展和繁荣，资本主义的弊端不断彰显：生产社会化与生产资料私有制之间的矛盾不断增大、生产过剩与民众生活水平低下之间的矛盾不断凸显、社会资产分布极度不均衡、金融泡沫周期性出现、经济发展过程中资本逐利的弊端出现、自由民主带来的政治混乱和政治内耗愈演愈烈等等。资本主义国家为了挽救资本主义的颓势做出了相应的努力，但是无论是采取什么样的方式，只要没有触及资本主义本身，就很难解决这些业已存在的问题。因此，资本主义必须被超越，这是人类探索社会发展新道路的必然选择。

中国方案是一种完全不同于资本主义的发展方案，是一种发展中国特色社会主义的方案，是对"历史终结论"的有力回应：在政治上，中国方案强调中国是"工人阶级领导的，工农联盟为基础的，人民民主专政的社会主义国家"，国家的一切权力来源于人民，国家实行人民代表大会制度的政权组织形式，中国共产党和八个民主党派之间是执政党和参政党的关系，要"长期

---

① 《邓小平文选》第三卷，人民出版社1993年版，第3页。

/第七章/
中国方案彰显负责任大国的自信、使命与担当

共存、互相监督、肝胆相照、荣辱与共",在组织制度和领导制度上实行民主集中制,这样有利于避免资本主义制度所出现的行政效率低下、国家失序、公民政治参与度低等问题;经济上,中国方案强调社会主义公有制和市场经济体制的有机结合,强调"市场在资源配置中的决定性作用和更好发挥政府作用",坚持"公有制为主体,多种所有制经济共同发展"的所有制结构,实行"按劳分配为主体,多种分配方式并存"的分配制度,解决了资本主义市场经济过程中所存在的弊端与不足,实现了效率和公平、计划与市场、公有制与其他所有制之间的平衡发展;文化上,中国方案强调培育和践行"富强、民主、文明、和谐,自由、平等、公正、法治,爱国、敬业、诚信、友善"的社会主义核心价值观,激发全民族文化创新创造活力,建设社会主义文化强国,有别于西方所宣扬的"普世价值";社会上,中国方案强调完善公共服务体系,保障群众基本生活,不断满足人民日益增长的美好生活需要,不断促进社会公平正义,打造共建共治共享的社会治理格局;生态上,中国方案强调"绿水青山就是金山银山""山水林田湖草是一个生命共同体",人类必须尊重自然、顺应自然、保护自然,还自然以宁静、和谐、美丽;在外交上,中国方案坚持走和平发展道路,推动建设相互尊重、公平正义、合作共赢的新型国际关系,与各国人民同心协力,推动构建人类命运共同体。因此,中国方案是一种有别于西方资本主义国家的方案,经过近70年的发展,已经在中国取得了重大的成功。

中国的成功实践表明,资本主义不是唯一的发展方案,中国特色社会主义道路也可以成为发展中国家实现富强的一条道路,而且"是所有道路中已被证明行之有效的一条",中国从本国经验出发一再强调,中国模式不追求普适性,每个民族都可以有自己的成功之路。中国方案给世界启示,中国特色社会主义发展道路为发展社会主义社会的国家提供了一种新选择。

（四）为解决人类社会发展问题提供中国智慧

当前，世界正处于大发展大变革大调整时期，世界多极化、经济全球化、社会信息化、文化多样化深入发展，全球治理体系和国际秩序变革加速推进，各国相互联系和依存日益加深，人类社会发展面临许多共同挑战，世界经济增长动能不足，贫富分化日益严重，地区热点问题此起彼伏，恐怖主义、网络安全、重大传染性疾病、气候变化等非传统安全威胁持续蔓延。在这些问题上，西方国家依旧拿出过去的"人权无国界""民主化""新干涉主义""先发制人""贸易保护主义"等口号和手段，对全球问题的解决缺乏有针对性的对策和思路，给世界带来了混乱、破坏、动荡、倒退和灾难，引起世界各国尤其是发展中国家的不满。

中国方案从一个发展中的社会主义大国的角度对当前全球性问题给出了自己的答案，中国旨在构建人类命运共同体，建设一个持久和平、普遍安全、共同繁荣、开放包容、清洁美丽的世界，为了实现这一奋斗目标，中国提出要相互尊重、平等协商，坚决摒弃冷战思维和强权政治，走对话而不对抗、结伴而不结盟的国与国交往的新路；坚持以对话解决争端、以协商化解分歧，统筹应对传统和非传统安全威胁，反对一切形式的恐怖主义；促进贸易和投资自由化便利化，推动经济全球化朝着更加开放、包容、普惠、平衡、共赢的方向发展；尊重世界文明多样性，以文明交流超越文明隔阂、以文明互鉴超越文明冲突、以文明共存超越文明优越；坚持环境友好，合作应对气候变化，保护好人类赖以生存的地球家园。在世界经济增长动能不足上，中国方案提出"创新发展方式，挖掘增长动能，应该调整政策思路，做到短期政策和中长期政策并重，需求侧管理和供给侧改革并重"[①]；在贫富分化问题上，中国方案提出"促进包容性发展，实现共同发展是各国人民特别

---

① 《构建创新、活力、联动、包容的世界经济》，载《人民日报》，2016年9月5日，第3版。

是发展中国家人民的普遍愿望,共同承诺积极落实2030年可持续发展议程"①;在安全问题上,中国方案提出"树立共同、综合、合作、可持续的新安全观,谋求开放创新、包容互惠的发展前景,促进和而不同、兼收并蓄的文明交流,构筑尊崇自然、绿色发展的生态体系"。

中国的成功实践表明,中国是世界和平的建设者、全球发展的贡献者、国际秩序的维护者,中国能够为解决人类社会发展问题提供有别于西方的方案。中国方案给世界的启示,人类命运共同体、新安全观、创新活力联动包容性发展、共同但有区别的责任,同样可以为解决人类社会发展所面临的突出问题提供解决路径。

---

① 《构建创新、活力、联动、包容的世界经济》,载《人民日报》,2016年9月5日,第3版。

一、著作类

[1] 马克思恩格斯选集 [M]. 北京：人民出版社, 2012.

[2] 毛泽东选集 [M]. 北京：人民出版社, 1991.

[3] 毛泽东外交文选 [M]. 北京：中央文献出版社、世界知识出版社, 1994.

[4] 邓小平文选（第一至三卷）[M]. 北京：人民出版社, 1994、1993.

[5] 邓小平文集（1949—1974年）（下卷）[M]. 北京：人民出版社, 2014.

[6] 江泽民文选（第1至三卷）[M]. 北京：人民出版社, 2006.

[7] 胡锦涛文选（第1至三卷）[M]. 北京：人民出版社, 2016.

[8] 习近平谈治国理政 [M]. 北京：外文出版社, 2014.

[9] 习近平谈治国理政（第二卷）[M]. 北京：外文出版社, 2017.

[10] 中国共产党第十六次全国代表大会文件汇编 [M]. 北京：人民出版社, 2002.

[11] 中国共产党第十七次全国代表大会文件汇编 [M]. 北京：人民出版社, 2007.

[12] 中国共产党第十八次全国代表大会文件汇编 [M]. 北京：人民出版社, 2012.

[13] 十八大报告辅导读本 [M]. 北京：人民出版社, 2012.

［14］十八大以来重要文献选编（上、中）［M］.北京：中央文献出版社，2014、2016.

［15］习近平关于全面深化改革论述摘编［M］.北京：中央文献出版社，2014年版.

［16］习近平总书记系列重要讲话读本［M］.北京：人民出版社，2014.

［17］习近平总书记系列重要讲话读本［M］.北京：人民出版社，2016.

［18］习近平.决胜全面建成小康社会　夺取新时代中国特色社会主义伟大胜利——在中国共产党第十九次全国代表大会上的报告［M］.北京：人民出版社，2017.

［19］党的十九大报告辅导读本［M］.北京：人民出版社，2017.

［20］党的十九大报告学习辅导百问［M］.北京：人民出版社，2017.

［21］中国共产党第十九次全国代表大会文件汇编［M］.北京：人民出版社，2017.

［22］吴建民.如何做大国：世界秩序与中国角色［M］.北京：中信出版社，2016.

［23］涂晓艳.传染病与国家安全［M］.北京：社会科学文献出版社，2016.

［24］杜受祜.全球变暖时代中国城市的绿色变革与转型［M］.北京：社会科学文献出版社，2015.

［25］陈东晓.全球安全治理与联合国安全机制改革［M］.北京：时事出版社，2012.

［26］阎学通.中国国家利益分析［M］.天津：天津人民出版社，1996.

［27］阎学通.历史的惯性：未来十年的中国与世界［M］.北京：中信出版社，2013.

［28］郑永年.通往大国之路：中国的知识重建和文明复兴［M］.北京：东方出版社，2012.

［29］郑永年.通往大国之路：中国与世界秩序的重塑［M］.北京：东方出版社，2011.

［30］张新平.中国特色的大国外交战略［M］.北京：人民出版社，2017.

[31] 陈岳蒲. 构建人类命运共同体 [M]. 北京：中国人民大学出版社，2017.

[32] 王义桅. 世界是通的——"一带一路"的逻辑 [M]. 北京：商务印书馆，2016.

[33] 金灿荣等. 中国智慧：十八大以来的中国外交 [M]. 北京：中国人民大学出版社，2017.

[34] 郑永年. 中国模式：经验与挑战 [M]. 北京：中信出版社，2016.

[35] 钱穆. 从中国历史来看中国民族性及中国文化 [M]. 北京：中华书局，2016.

[36] 李兆祥. 近代中国的外交转型研究 [M]. 北京：中国社会科学出版社，2008.

[37] [古希腊] 亚里士多德. 尼各马可伦理学 [M]. 北京：商务印书馆，2003.

[38] [美] 弗朗西斯·福山. 历史的终结与最后的人 [M]. 陈高华等译，桂林：广西师范大学出版社，2014.

[39] [美] 塞缪尔·亨廷顿. 文明的冲突与世界秩序的重建 [M]. 周琪等译，北京：新华出版社，2010.

[40] [美] 亨利·基辛格. 论中国 [M]. 胡利平等译，北京：中信出版社，2016.

[41] [美] 亨利·基辛格. 世界秩序 [M]. 胡利平等译，北京：中信出版社，2015.

[42] [美] 亨利·基辛格. 大外交 [M]. 顾淑馨、林添贵译，海口：海南出版社，1998.

[43] [美] 詹姆斯·多尔蒂，小罗伯特·普法尔茨格拉夫. 争论中的国际关系理论 [M]. 阎学通等译，北京：世界知识出版社，1987.

[44] [德] 哈拉尔德·米勒. 文明的共存——对塞缪尔·亨廷顿"文明冲突论"的批判 [M]. 郦红、那滨译，北京：新华出版社，2002.

[45] [德] 卡尔·雅斯贝尔斯. 历史的起源与目标 [M]. 魏楚雄、俞新天译，北京：华夏出版社，1989.

二、期刊类

[1] 刘贞晔. 全球治理变革与全球学学科的构建［J］. 国际观察, 2012（1）.

[2] 余宪忠. 全球化的三个认知维度：理念·知识·制度［J］. 国际观察, 2012（1）.

[3] 秦亚青. 全球治理失灵与秩序理念的重建［J］. 世界经济与政治, 2013（4）.

[4] 张宇燕. 全球治理的中国视角［J］. 世界经济与政治, 2016（9）.

[5] 杨玲玲. 美国霸权主义的演变及其实质［J］. 中共中央党校学报, 2002（3）.

[6] 杨婷、陈曙光. 霸权的终结与世界秩序的重建——兼评"中国威胁论"［J］. 广东社会科学, 2016（5）.

[7] 时殷弘, 陈然然. 论冷战思维［J］. 世界经济与政治, 2001（6）.

[8] 陈学明, 李先悦. 福山的"历史终结论"的终结说明了什么［J］. 马克思主义理论学科研究（双月刊）, 2017（1）.

[9] 杨光斌. 自由主义民主普世价值说是西方文明的傲慢［J］. 求是, 2016（19）.

[10] 高立伟. 从西方非意识形态化思潮的角度看"普世价值"［J］. 马克思主义研究, 2010（4）.

[11] 侯惠勤. "普世价值"与核心价值观的反渗透［J］. 马克思主义研究, 2010（11）.

[12] 冯峰. "普世价值"与美国全球战略［J］. 现代国际关系, 2013（7）.

[13] 綦大鹏. 国际体系的历史性挑战与中国的应对［J］. 现代国际关系, 2016（5）.

[14] 唐彦林. 继承与发展——三代领导集体周边外交思想比较研究［J］. 当代世界与社会主义, 2005（4）.

[15] 张清敏. 中国对发展中国家的政策布局［J］. 外交评论, 2007（94）.

[16] 杨福昌. 中阿关系的历史与现实 [J]. 国际问题研究, 2013 (4).

[17] 陈晓东. 继往开来共创中阿关系美好未来 [J]. 国际问题研究, 2013 (4).

[18] 李文. 新自由主义的经济"成绩单" [J]. 求是, 2014 (16).

[19] 姜跃春. 当前世界经济的特征与未来发展趋势 [J]. 亚太经济, 2013 (5).

[20] 金灿荣. "文明冲突论"的启示意义 [J]. 世界知识, 1995 (9).

[21] 王金南, 苏洁琼, 万军. "绿水青山就是金山银山"的理论内涵及其实现机制创新 [J]. 环境保护, 2017 (11).

[22] 陈潭. 集体行动的困境：理论阐释与实证分析——非合作博弈下的公共管理危机及其克服 [J]. 中国软科学, 2003 (9).

[23] 杨宏伟, 刘栋. 论构建"人类命运共同体"的"共性"基础 [J]. 教学与研究, 2017 (1).

[24] 马国霞, 于方, 王金南等. 中国2015年陆地生态系统生产总值核算研究 [J]. 中国环境科学, 2017 (4).

三、报纸类

[1] 习近平. 谋共同永续发展　做合作共赢伙伴——在联合国发展峰会上的讲话 [N]. 人民日报, 2015-9-27.

[2] 习近平对世界如是说 [N]. 人民日报（海外版）, 2015-11-23.

[3] 习近平. 中国发展新起点全球增长新蓝图——在二十国集团工商峰会开幕式上的主旨演讲 [N]. 人民日报, 2016-9-4.

[4] 习近平. 携手推进"一带一路"建设——在"一带一路"国际合作高峰论坛开幕式上的演讲 [N]. 人民日报, 2017-5-15.

[5] 习近平. 携手建设更加美好的世界——在中国共产党与世界政党高层对话会上的主旨讲话 [N]. 人民日报, 2017-12-2.

[6] 认清西方"民主人权输出"的实质 [N]. 人民日报, 2012-5-25.

[7] 实现中华民族伟大复兴中国梦的正确指引（深入学习贯彻习近平同志系列重要讲话精神）[N]. 人民日报, 2014-4-24.

[8] 构建包容联动的全球发展治理格局［N］.人民日报，2016-10-3.

[9] 陈建中.共商共建共享的全球治理理念具有深远意义［N］.人民日报，2017-9-12.

[10] 在共商共建共享中赢得未来［N］.光明日报，2017-5-11.

[11] 黄皖毅."文明冲突论"的中国反思［N］.中国社会科学报，2013-5-27.

[12] 李慎明.西方文化霸权的扩张与危机［N］.中国社会科学报，2016-1-15.

[13] 日印聚焦可再生能源、清洁煤、能效合作［N］.中国能源报，2016-1-18.

[14] 金民卿.走出"普世价值"论的迷障［N］.中国社会科学报，2016-12-13.

[15] 夯实机制创新理念压实责任，绘就生态文明"中国图景"［N］.中国经济导报，2017-10-20.

[16] 李玉.联合国全球治理机制有待完善［N］.中国社会科学报，2017-6-21.

后记 CHINA CONCEPTION

《中国方案》是辽宁人民出版社组织编写的"国家宣言"系列研究丛书之一，该书是一部集理论性、学术性、思想性和通俗性于一体的读本。

"中国方案"指的是中国共产党和中国政府在国家治理和全球治理过程中提出的有别于西方国家的新理念、新思想、新战略、新规划、新建议、新思路等，体现了中国特色和中国自信，昭示了中国作为社会主义大国的使命和担当，有利于推动全球治理体制朝着更加公正合理的方向发展，也为人类探索更美好的社会制度提供新选择。党的十八大以来，习近平总书记多次向世界宣布，中国将从世界和平发展的大义出发，贡献处理当代国际关系的中国智慧，贡献完善全球治理的中国方案。中国方案一提出就引起了世界各国的广泛关注和热议，国际社会十分关注中国将以什么方式承担国际责任、以什么思想应对国际挑战、以什么行动发挥国际贡献，中国方案已经成为国际社会观察日益崛起的中国的一个窗口。因此，研究、阐释中国方案科学内涵、精神实质，大力传播中国方案所蕴含的中国智慧、所体现的中国责任与担当，让更多的人能够客观理性地认识和理解中国方案的理论和现实价值，让更多的国家和人民投身到公平、公正、合理的国际秩序的构建进程，以推动世界的和平发展，就自然成为理论工作者和社会科学工作者义不容辞的责任。

需要指出的是，中国方案具有极其广泛的内容，从一定意义上讲，习近平新时代中国特色社会主义思想所涵盖的治党治国治军、内政外交国防的新理念、新思想、新战略展现的就是中国方案。本书并不是全面研究这一意义上的中国方案，而是以党的十八大以来中国应对和处理全球问题所提出的新理念、新思想、新战略为研究内容，紧紧围绕中国提出的构建人类命运共同体这条主线，在认真学习习近平总书记关于中国对外政策系列重要讲话精神的基础上，结合中国政府处理全球问题的重大实践展开的研究。全书从七个方面系统梳理了党的十八大以来，以习近平同志为核心的党中央关于构建人类命运共同体这一中国方案的思想和实践，力图能够较全面和准确地展示全球治理的中国方案——构建人类命运共同体的基本内涵、精神实质和实践成就。因此，本书实质上关注的是全球治理的中国方案。

接受《中国方案》写作任务后，根据要求，对书稿的写作思路进行较大的调整，并确定以全球治理的中国方案——构建人类命运共同体为主线索进行写作。由于要求成书的时间比较紧，所以本人在写作过程中组织了部分青年教师和我的研究生参与进来，其中青年教师杨荣国、蒋海蛟，博士生成向东、李士尧、高正波、庄宏韬、刘栋参加部分章节的初稿写作，硕士生代家炜、张立国、王婉君、胡中圆、罗胜男参加了资料的搜集整理工作。在此基础上，本人用了大量的时间对全部书稿从文字、内容、逻辑关系、注释规范进行了系统的修改和写作，最终形成现在的书稿。同时对各位参与者的辛勤工作和付出表示感谢！

在写作过程中，本书参阅并吸收了学术界和理论界最新的研究成果，在此表示感谢！由于本书写作时间仓促，加之笔者研究水平有限，书中难免有不妥之处，恳请读者批评。

张新平

2019年2月